中國學術思想 研究輯刊

二一編

林慶彰 主編

第23冊

錢穆的朱子學研究

石力波 著

花木蘭文化出版社

國家圖書館出版品預行編目資料

錢穆的朱子學研究／石力波 著 -- 初版 -- 新北市：花木蘭文化
出版社，2015〔民 104〕
目 4+270 面：19×26 公分
（中國學術思想研究輯刊 二一編：第 23 冊）
ISBN 978-986-404-063-6（精裝）
1. 錢穆 2. 學術思想 3. 朱子學
030.8   103027164

ISBN-978-986-404-063-6

中國學術思想研究輯刊
二一編 第二三冊   ISBN：978-986-404-063-6

錢穆的朱子學研究

作 者 石力波
主 編 林慶彰
總 編 輯 杜潔祥
副總編輯 楊嘉樂
編 輯 許郁翎
出 版 花木蘭文化出版社
社 長 高小娟
聯絡地址 235 新北市中和區中安街七二號十三樓
電話：02-2923-1455／傳真：02-2923-1452
網 址 http://www.huamulan.tw 信箱 hml810518@gmail.com
印 刷 普羅文化出版廣告事業
封面設計 劉開工作室
初 版 2015 年 3 月
定 價 二一編 27 冊（精裝）台幣 50,000 元

錢穆的朱子學研究

石力波　著

作者簡介

石力波，女，1972 年 12 月出生，黑龍江省林甸縣人。1992-1996 年就讀於哈爾濱師範大學中文系；2005-2008 年就讀於東北大學文法學院；2009-2013 年就讀於西北大學中國思想文化研究所，師從張豈之教授，獲歷史學博士學位。現爲陝西理工學院經法學院講師。

近年來在各級各類期刊上共發表學術論文 20 余篇，碩士畢業論文《論墨家的科技倫理思想》獲東北大學優秀學位論文獎。博士畢業後，參與到張豈之教授主持的國家出版基金資助項目：「中華優秀傳統文化核心理念叢書」的撰寫工作中，負責《日新月異》單行本的寫作，目前單行本已由學習出版社出版。

本書共計 223245 字

提　要

作爲學通四部的史學大師，錢穆治朱子學的成績斐然；作爲 20 世紀新儒家史學方面的代表，錢穆治朱子學的觀點及方法都別具一格。

錢穆認爲，在中國學術思想史上，只有朱子堪與孔子並提。他矗立中道，無論是尊朱還是攻朱，中國中古以後的學術思想都是圍繞朱子學而展開。

在錢穆看來，朱子對中國學術思想史主要有四大貢獻，其最大貢獻體現在對儒家新道統之組成上，第二大貢獻是彙集並注釋「四書」，第三大貢獻是對經學地位之重新估定，第四大貢獻是集孔子以下學術思想之大成。

錢穆不僅看重朱子的綜合會通精神，而且讚賞朱子的別出創新精神，認爲宋明理學諸儒均是「別出儒」，而朱子正是「欲以綜彙之功而完成其別出之大業者」。

對於朱子學，除了在學術地位的評判上與眾不同外，在理氣論、心性論、學術精神等方面錢穆也提出了很多不同的觀點。錢穆認爲，在理氣論上，朱子學是「理氣一體渾成」而非「兩體對立」；在心性論上，錢穆反對學界的理學與心學的門戶之分，並極大地提高了「心」在朱子學體系中的地位，認爲歷來「善言心者莫過於朱子」；在學術精神上，錢穆賦予朱子學以「乾道」品格，並認爲這種學術品格是遠承《易》的傳統而來。

在方法論層面上，錢穆治朱子學主要有三大特色：於會通處觀朱子，以「一體兩分、兩體合一」的思維疏解朱子學，以史學立場解「理」言「心」說「性」，而這些方法體現的都是一種「以中治中」的思維。

整體而言，錢穆在朱子學的研究上成績卓著，這些成績無論是對於朱子學，還是對整個中國學術思想史研究的意義和影響都是深遠的。當然，錢穆的以朱子學爲代表的理學研究也存在著理論上的困境，主要體現在視野上民族性與人類性的衝突，範疇上會通性與差異性的矛盾等方面。

錢穆的朱子學研究也彰顯了錢穆本人的學術特質，這主要體現在五個方面：融會古今中西的自然主義天道觀，溝通理智與情感的客觀經驗論，以史證心、以心顯道——「唯道論」的學術本質，「一天人、合內外」的一體化思維和四部之學的融通——義理、考據、辭章相得益彰的學術樣態。

本文得出的最後結論是：從朱熹到錢穆——學脈的傳承與範式的轉換。

目

次

緒論：朱子學及錢穆的朱子學

一、錢穆其人其學

　　錢穆（1895～1990），字賓四，中國 20 世紀著名史學家。錢穆一生學術視野開闊，學淹四部，著作等身。

　　1895 年 7 月 30 日（甲午海戰中國戰敗之後），錢穆生於太湖之畔無錫古城一個五世同堂的書香世家，生時曾連哭三日三夜。七歲時在「至聖先師」孔子的牌位前恭恭敬敬地磕了幾個響頭後，正式開始了一生的從儒歷程。

　　12 歲時，年僅 41 歲的父親撒手人寰，孤兒寡母困苦不堪。錢母蔡氏雖目不識字，但堅持「爲錢氏家族保留幾顆讀書種子」。1912 年，錢穆因故輟學，後受一本專門記載多位歐洲名人自學成才故事的書籍——《修學篇》影響，開始自學苦讀。在家鄉中小學執教 18 年後，因《先秦諸子繫年》一書，被顧頡剛引薦，登上燕京大學講壇。1930 年因發表《劉向歆父子年譜》而蜚聲學術界。後陸續在北京大學、西南聯大、齊魯大學、武漢大學、華西大學、四川大學、江南大學等高等學府執教。在祖國大陸期間，錢穆的代表性著作還有：《中國近三百年學術史》、《國史大綱》、《湖上閒思錄》、《中國文化史導論》、《莊子纂箋》等，尤以《國史大綱》影響巨大，該書堅持國人必對國史抱有「溫情與敬意」的觀念，闡揚民族文化史觀，新義迭出，創見尤多，一度被定爲全國大學用書而風行一時。

　　1949 年 6 月，錢穆受其友張其昀之邀，南走香江辦學。同年 8 月，毛澤東在《丟掉幻想，準備鬥爭》一文中點了錢穆的名，錢穆爲此反應強烈，且一直不能釋懷。1949 年 10 月 10 日晚，新亞書院的前身——亞洲文商學院在

一所借來的中學裏舉辦了簡單的開學典禮，由此，錢穆也正式開始了他 16 年的居港辦學生涯。1953 年 3 月，亞洲文商學院正式更名爲新亞書院，意謂發揚宋代書院精神，重新賦予亞洲以新生命。新亞以「誠明」爲校訓，以培養通才、發揚中國文化、溝通中西文化爲旨歸。

居港期間，錢穆受美國耶魯大學東方語言學院之邀，赴美講學半年。在耶魯講學期間，錢穆又應哈佛燕京學社之邀，在其東方學研究所做學術講演。在 1960 年 6 月 13 日耶魯大學的畢業典禮上，錢穆被授予名譽人文博士學位，頒授詞裏稱讚錢穆爲「中國古老文化的代表者和監護人」。

1963 年 10 月，新亞書院加入香港中文大學，40 天後，錢穆向新亞董事會遞交辭呈，1965 年 6 月正式卸任。居港其間，錢穆筆耕不輟，先後共完成整理了 20 餘部學術著作，作表性的有《文化學大義》、《論語新解》、《中國歷史精神》、《中國歷代政治得失》、《宋明理學概述》、《中國思想史》、《四書釋義》、《國史新論》等，《湖上閒思錄》也正式出版。

1965 年 7 月，錢穆講學於馬來亞大學。1967 年赴臺定居。錢穆入臺受到臺灣當局的高度關注，蔣介石親自下令爲錢穆在雙溪外構建新居。次年 7 月，錢穆與夫人遷入新居。因在錢穆故鄉的無錫七房橋老宅裏，其母所住之地即是「素書堂」邊上的廂房，錢穆於是以「素書樓」命名此樓。

居臺期間，錢穆一邊講學一邊著述。1969 年，錢穆再受張其昀之邀，在素書樓爲中國文化學院研究生上課。同時，錢穆用六年時間完成了他的另一部巨著——《朱子新學案》。起初，爲順利完成朱子學的研究任務，錢穆以個人名義向哈佛燕京學社提出資助申請，哈佛燕京學社也史無前例地批准了這一申請。除《朱子新學案》外，錢穆在目盲之後，由他口授夫人執筆完成了 70 餘萬字的《晚學盲言》。1986 年 6 月 9 日，錢穆告別杏壇，他最後的寄語是：「你是中國人，不要忘了中國，不要一筆抹殺了自己的文化。」

1989 年 9 月，新亞書院 40 週年校慶之際，錢穆夫婦一道赴港。在寓舍中，突然之間錢穆自稱澈悟中國古代的「天人合一」觀，返臺後他以此時「澈悟」爲核心，寫下了一生中最後的文字《中國文化對人類未來可有的貢獻》。該文在錢穆去世 27 天後，由其夫人代爲刊出。這篇論文在中國大陸刊載後，受到了季羨林、湯一介、杜維明、費孝通等人的關注。

1990 年 8 月 30 日，錢穆這位歷史學家隱入了歷史。1991 年 1 月，錢夫人錢胡美琦依照錢穆魂歸鄉土的遺願，手捧先生靈骨歸葬於太湖西山之俞家

渡石皮山。之後，錢夫人與幾個錢門弟子一道，搜集、整理了錢穆留下了卷帙浩繁的著作。1998 年，共五十四冊的一千七百萬言的《錢賓四先生全集》由臺北聯經出版事業公司出版。2010～2011 年，中國大陸的九州出版社也得到授權，出版了該套叢書。

二、朱子學研究動態

朱熹（1130～1200），字符晦，一字晦庵，徽州婺源人，南宋時期人，是中國中古時期最負盛名和最具影響力的思想家。朱熹一生涉獵廣泛，著作宏豐，義理精深，《宋元學案》中稱其爲「致廣大，盡精微，綜羅百代」。自 1313 至 1905 年，朱熹思想成爲了元明清三朝的官方哲學。

不僅在中國，在 12 世紀以來的整個東亞，朱子學也是影響最大的思想體系。進入 20 世紀，朱子學的官方哲學地位雖然喪失，但作爲學術思想的朱子學已經成爲了一門國際性的學問。研究現代思想，不可能繞過朱子學。正如蔡仁厚所說，研究現代哲學，不能以朱子學爲標準，但不能不以朱子學爲中心。

朱子學有狹義和廣義之分，廣義的朱子學指以朱熹思想爲代表的程朱學派的思想，這個提法最早源於日本學者；狹義的朱子學主要指朱熹本人的思想。因爲錢穆對朱子學的研究主要著眼的是朱熹本人的思想，因此，本文也主要是在狹義的層面上談朱子學。

（一）中文世界的朱子學 [註1]

朱子學在 20 世紀的受到關注，既有時代的因素，又有文化的自覺。

從 20 世紀初至五四運動初，在激烈的反傳統過程中，朱子學主要是作爲受批判的對象而存在的，其地位和價值處於低谷期。

五四之後至建國之前，在朱子學的研究領域主要存在兩種取向：「以西治中」的取向和「以中治中」的取向。「以西治中」的取向，即以西方哲學的思維方式對整個中國傳統文化包括朱子學進行疏理，以馮友蘭爲代表。馮友蘭以西方的實證主義哲學爲工具，以朱子學爲主要思想資源，創建了自己的新理學體系，朱子學的地位也因此而開始上昇。「以中治中」的取向，即以傳統

[註 1] 參見：張立文：《超越與創新——20 世紀朱子學研究的回顧與展望》，《中華文化論壇》2001 年第 1 期，第 75～79 頁；武才娃：《朱子學研究的成果及意義》，《博覽群書》2011 年第 12 期，第 9～12 頁；等等。

儒學的方式研究朱子學，以呂思勉、周予同、陳鍾凡爲代表，他們雖然有對西學的關注，但更強調中體西用。

建國以後至 80 年代前，朱子學在大陸和港臺出現了不同的研究景觀。在大陸，新中國成立之後，朱子學主要是被作爲封建意識形態進行研究的，這時運用的主要理論工具是馬克思主義哲學。在港臺，朱子學的研究開始向縱深方向發展，錢穆於 1956 年出版了《宋明理學概述》，於 1970 年出版了《朱子新學案》，他以史學爲進路，拓寬了朱子學的研究視野，夯實了朱子學的理論基礎。與錢穆採取的史學進路不同，牟宗三採取了哲學的進路，對整個宋明理學進行了判教。在 1969 年出版的《心體與性體》中，牟宗三運用康德的道德形而上學理論，重新詮釋了朱子學，得出了朱熹是「繼別爲宗」的結論，尊陸王反程朱也成爲 20 世紀後半期以來港臺朱子學研究方面的整體趨向。

80 年代以後，大陸的朱子學研究逐漸擺脫意識形態因素的影響，開始向獨立方向發展。1981 年，張立文出版了他的《朱熹思想研究》，這是文革後大陸地區首部全面系統探討朱子學的專著。該書在方法論上，將朱子哲學進行了「哲學邏輯結構論」的分析；在內容上，注意到對朱子經濟思想的研究。值得一提的是，由侯外廬主編的《宋明理學史》，雖然也以馬克思主義哲學爲主要的理論工具，但卻較少受意識形態因素的影響，採取社會史與思想史相結合的研究方法，能較爲客觀、全面地評價朱子學，使大陸的朱子學研究呈現出一種引人注目的景觀。1988 年、1989 年，陳來分別出版了兩本朱子學研究的著作《朱熹哲學研究》和《朱子書信編年考證》，對大陸的朱子學研究起到了重要的推動作用。之後，朱子學研究領域的著作如雨後春筍般增多起來，對朱子學的研究涉及各個主題、各個領域，既有宏觀的疏理，又有微觀的辨析，其中涉及朱子的科技思想、教育思想、道德修養、賑災制度建設、自然哲學、倫理思想、經學思想、文學思想、美學思想、音樂思想、生平活動、家規鄉約等方面。

在港臺地區，20 世紀末葉，蔡仁厚、劉述先、余英時等學者分別把牟宗三和錢穆的朱子學研究向前推進。蔡仁厚秉承了牟宗三的判教思路，將南宋的理學分成三系，認爲朱熹思想由程頤而來，爲宋明理學的旁枝，是橫攝的他律系統，以朱子爲大宗，也只能是「繼別爲宗」；劉述先在《朱子哲學思想的發展與完成》一書中坦承，他在義理上取牟宗三，在考證上取錢穆；余英時在 21 世紀初寫成的《朱熹的歷史世界——宋代士大夫的政治文化》一書中，從政治史文化史的角度將錢穆的朱子學研究向前大大地推進了。

進入 21 世紀以來，朱子學研究的廣度和深度都在增加，如陳來開始了對天道的四德「元亨利貞」和人道的四德「仁義禮智」的關係的探討；林安梧對牟宗三的宋明理學系統說進行了再思考。學者們關注的核心問題是：如何把曾經作為華人世界佔據統治地位思想系統的朱子學的適合現時代的合理內核發掘出來，以服務於當下人類的精神世界與生活世界，換句話說，就是朱子學的現代化問題備受矚目。其中，劉述先著重發揮朱子的「理一分殊」思想，以期為構建普世倫理提供理論依據；蒙培元著眼於朱子關於「生」的思想，從生命哲學的角度挖掘朱子學的現代意義；還有學者努力把朱子的禮學思想在現時代進行創造性的轉化，如朱傑人，以期找到朱子思想所具有的超越時空的合理內核。

（二）外文世界的朱子學

12 世紀末期，朱子學開始作為中國儒學的正統向外傳播，先後影響了朝鮮半島、日本等地，成為了東亞一些國家的官方哲學，且延續達數百年之久。

到 16 世紀末，朱子學借助於傳教士漢學家們之手傳入了歐洲，雖然這時的朱子學沒有成為一種獨立的學說而立足於西方人的視野，但朱子學依然是作為中國文化的一個基本元素為歐洲人所瞭解。

1、美國的朱子學研究〔註2〕

美國的朱子學研究起步較晚。1849 年，美國傳教士裨治文（E.C. Bridgeman）選譯了《朱子全書》，這是美國對朱子文本的最早翻譯。之後，衛三畏（Samuelells Williams）在其《中國總論》中對當時中國的政治、經濟、文化、外交、宗教、歷史、地理和教育等方面都作了系統的介紹，其中也介紹了朱熹的思想。即便如此，朱子學在美國的影響依然不大。

一戰後，這種情形有所改觀，美國不斷建立各種基金會，對人文社科研究進行鉅額投資，美國的中國學發展迅猛。到太平洋戰爭爆發時，美國研究中國的專門機構已達 90 個，這對美國的朱子學多少有所觸動，但因為美國的中國學研究有著鮮明的戰略政策指向，因此作為中國傳統漢學一部分的朱子

〔註 2〕關於美國朱子學研究的最新學術動態，可參見：彭國翔：《近三十年（1980～2010）英語世界的朱子研究——概況、趨勢及意義》，湖南大學學報（社會科學版）2012 年第 1 期，第 34～38 頁；盧睿蓉：《美國朱子學研究發展之管窺》，《現代哲學》2011 年第 4 期，第 122～126 頁；吳長庚：《安徽安慶「朱子學及其在海外的傳播與影響」學術研討會綜述》，合肥學院學報（社會科學版）2010 第 11 期，第 23～25 頁；等等。

學在這一時期也沒有走向繁榮。1936 年《哈佛亞洲通訊》發表的霍金（William E. Hocking）的《朱熹的知識論》是有資料顯示的最早的美國關於朱熹研究的論文。

50 年代以後，美國的中國學界經歷了麥卡錫主義的衝擊，開始重視傳統漢學，對朱子學的研究相對加強。與此同時，受美國中國學「區域研究」的啟發，白樂日（Etienne Balazs）在法國也推出了「宋史研究計劃」，吸引了眾多的歐美、亞洲學者，該計劃歷時二十餘載，到 70 年代末才正式告一段落，這一計劃大大地推動了美國對中國宋代的研究，朱子學研究也因此而得以向前推進。

70 年代後，在北美大陸轟轟烈烈地展開了一場新儒學運動，《中國哲學季刊》、中國哲學學會、中國哲學大會就是這場運動的成果。這場運動不僅推動了美國朱子學的發展，而且更擴大了朱子學在世界範圍內的影響。杜維明、余英時、成中英、劉述先等人就是此次運動中享有國際聲譽的華裔學者，他們學養深厚、視野開闊，在中西交融的大背景下建立了自己的學術體系，亦培養了一大批美國朱子學研究的學者，如田浩（Hoyt Tillman）、賈德訥（Daniel J. Gardner）等人。

美國朱子學研究的蓬勃發展，與一位華裔學者篳路藍縷的開創之功是分不開的，這位學者就是陳榮捷。早在 1939 年，陳榮捷就與摩爾發起籌辦了第一屆東西方哲學家會議，並在會議上首次介紹了中國的二程、朱熹、陸王的思想。1949 年，第二屆東西方哲學家會議決議出版《東西方哲學》（Philosophy East and West）季刊。該刊於 1951 年正式發行，這是西方學界研究中國哲學的權威刊物，這個刊物也為朱子學研究提供了更為廣闊的交流平臺。之後，陳榮捷又與狄百瑞一道，為海外的朱子學研究者譯介大量中國哲學書籍，組織召開國際性的學術會議，把美國的朱子學推向了更高的階段。1982 年 7 月 6～15 日，首屆「國際朱熹會議」在夏威夷大學召開，陳榮捷擔任大會主席，來自世界各地的近百名學者出席了會議，三十餘場講座與研習會將朱子學研究推向新的高峰。

美國朱子學研究歷來有內、外兩種研究進路。陳榮捷、狄百瑞是「內在進路」的代表性人物，從陳榮捷和狄百瑞開始，從思想內部闡釋朱子學一直是美國朱子學研究的主流；田浩、包弼德（Peter K. Bol）是「外在進路」的代表人物。田浩的《朱熹的思維世界》拓寬了朱子學研究的視野，為朱子思想的產生、發展提供了更多社會史的依據。

2、日本的朱子學研究動態〔註3〕

朱子學在鎌倉時代（1185～1333）中葉開始傳入日本。在傳入之初，朱子學是作爲佛學的副產品而進入日本學者視野的，有「儒學在佛門學，儒生自佛門出」之說，因此這一時期的朱子學也就遠沒達到繁盛的程度。

日本朱子學的展開是從藤原惺窩開始的，而這已是江戶時代（1603～1867）的事。在江戶時代，爲了統治的需要，德川幕府必須確立一個能使社會關係穩固下來的思想系統，正是在這樣一種大的社會背景之下，藤原惺窩（1561～1615）和他的學生林羅山（1583～1657）順應了時代的需要，使朱子學不僅登上了政治的舞臺，而且眞正擺脫了佛禪的束縛，走向了獨立。但這時的朱子學還只是作爲官方哲學的朱子學，而不是具有鮮明的日本特色的學術的朱子學。

日本朱子學的正式形成是在山崎暗齋手裏實現的。但在山崎暗齋確立了朱子學正統道學地位的同時，古學派的伊藤仁齋和荻生徂徠則開始了對朱子學不遺餘力的批判，日本的朱子學也就在批判與反批判的博弈中繼續向前發展。古學派之後，日本朱子學出現了修身治心之學和格物窮理之學兩種趨向。18世紀下半葉，大阪朱子學派對朱子學進行了認識論上的革新。

明治維新以後，日本學界的關注點集中在日本近代化和朱子學的關係上；一直到二戰以後，日本學界對朱子學的研究主要還是探討朱子學對於日本近現代化的意義。其中，代表性的解讀有兩種：一種是以丸山眞男爲代表的攻朱的模式，一種是以井上哲次郎爲代表的尊朱的模式。1952年，丸山眞男出版了他的著名的《日本政治思想史研究》，在該書中，丸山眞男開創了以江戶思想史爲研究對象，並把江戶思想史與日本的近代化建立關聯的研究模式。他認爲，恰恰是江戶時代朱子學的分解，才導致了具有近代意義的徂徠學的形成。

至此之後，很多的日本學者將注意力集中在了朱子學和古學的關係上，並試圖在義理上把握兩者之間的動態關係。而在這些學者視野中的日本朱子

〔註3〕關於日本的朱子學研究動態，可參見：朱謙之：《日本的朱子學》，人民出版社，1999年版；陳榮捷：《韓國、日本、歐美之朱子學》，選自《朱熹》一書，華東師範大學出版社，2007年版；王玉強：《近世日本朱子學的確立》，吉林大學，2009年博士論文；韓東育：《「道統」的自立願望與朱子學在日本的際遇》，《中國社會科學》，2006年第3期；林月惠：《羅欽順與日本朱子學》，《湖南大學學報》（社會科學版），2012年第1期；等等。

學，在絕大多數情況下都是作爲徂徠學的前提而被置於否定的地位。與上述學者的攻朱的模式不同，井上哲次郎則認爲日本近代化的成功，與朱子學有著密切的關係。

總而言之，從與近代化關係的角度研究朱子學，是二戰以後日本學界朱子學研究的整體趨向，而其中，又以對近世日本朱子學的否定爲主流。但是，這種研究朱子學的模式也遭到了一些人的批判，這些學者著眼的是朱子學本身的學術發展，如黑住眞、相良亨、阿部吉雄等人，他們提出了很多具有學術價值的見解。

3、朝鮮半島的朱子學研究〔註4〕

最早把朱子學帶到朝鮮半島的是高麗末葉的安珦。1289 年，安珦在元大都初次接觸到《朱子全書》，並認定其是孔門正脈，於是手抄《朱子全書》，並摹寫孔子和朱子的畫像，於次年帶回國。

從高麗末葉到李朝開國前後是朝鮮朱子學的開創期，其中又可分成兩個階段：一是初傳階段，以安珦、白頤正、李齊賢、李穡等人爲代表，作爲先驅者，他們把朱子學引入高麗，開啓了高麗朱子學的先河；二是廣泛傳播階段，以鄭道傳、權近等人爲代表，鄭傳道、權近等人既是李朝建立初期朝鮮朱子學的傑出代表，又是李朝的開國功臣，有著較高的政治地位，正是在他們的手中，朱子學作爲李氏王朝實現改朝換代、重整社會秩序的思想武器，成爲了官方哲學。作爲李朝朱子學的傑出代表，鄭道傳、權近等人還以朱子學爲思想武器，對佛教展開了全方位的批判，這也就爲像李滉、李珥這樣的朱子學的集大成者的出現做好了前期的準備。

李朝開國一百餘年後，朝鮮朱子學迎來了它的全盛時期。由於對朱熹學說中「理」與「氣」關係的不同理解，通過「四七」論辯，形成了以主理爲特徵的嶺南學派和以主氣爲特徵的畿湖學派，而他們分別以李退溪和李栗谷爲宗主。退溪學和栗谷學將朝鮮朱子學發展到哲學思維水平的頂峰。

李退溪被稱爲「朝鮮之朱子」，《聖學十圖》是其代表作，主敬是其特色，

〔註4〕 關於朝韓的朱子學研究動態，可參見：陳榮捷：《韓國、日本、歐美之朱子學》，選自《朱熹》一書，華東師範大學出版社，2007 年版；張品端：《日本、朝鮮對朱子學的接受及其特徵》，選自《中華儒學》（第一輯），時代文藝出版社，2001 年版；李世財、楊國學：《朱子學在朝鮮、日本和越南的建構特徵比較》，《江西廣播電視大學學報》，2008 年第 3 期；梁承武：《韓朱子學的研究現狀與發展前景》，《杭州師範大學學報》（社會科學版），2008 年第 3 期；等等。

「四端七情說」是退溪學的精髓；李栗谷被稱為「百世之儒宗」，《聖學輯要》是其代表作，主誠是其特色，力主格致誠正之學，直接要求君王應正心誠意。

李朝朱子學的中心論題是：無極太極問題、四七理氣問題、性情善惡問題以及人心道心問題等。義理精神是貫串於整個李朝朱子學發展過程中的核心內容，韓國儒學因此也稱性理學，其基本內容就是朱子學。在李朝統治的500 年間，朱子學不僅在學術文化，而且在社會政治、倫理道德等各方面成為了指導理念和實踐綱領。

進入近現代以後，朝鮮半島發生了很多重大的變故，朱子學因這些變故受到了冷遇。人們經常把朝鮮朝亡國、近代化不振興等不幸皆歸咎於朱子學。

三、錢穆的朱子學研究概述

錢穆是一位有著鮮明理學特質的史學大家，對理學的鍾愛貫穿於錢穆學術生命的始終。但在理學領域，錢穆早年並非就歸宗朱子，而是對陽明學情有獨鍾。由陽明到朱子，這其中的曲折，錢穆自己曾有清晰的表述：

> 余治宋明理學，首讀《近思錄》及《傳習錄》，於後書尤愛好。及讀黃、全兩《學案》，亦更愛黃氏。因此，於理學各家中，乃偏嗜陽明。……及民國三十三年在成都華西壩，病中通讀《朱子語類》百四十餘卷，又接續《指月錄》全部，因於朱學深有體悟。一九五一年、一九五二年，寫《中國思想史》及《宋明理學概述》兩書，於舊見頗有更變。及一九六〇年赴美講學耶魯，始創為《論語新解》，前後三年，逐章逐句，不憚反覆，乃知朱子之深允。〔註5〕

從上引材料可以看出，錢穆對朱子學雖然早年就頗為關注，但其關注程度卻不如對陽明學。先是 1944 年（「民國三十三年」）通讀《朱子語類》，之後是1960 年寫作《論語新解》，由朱子而孔子，再由孔子而朱子，這樣的反覆沉潛，最終促成了錢穆晚年的「綜六藝以尊朱」。因此，可以說，錢穆最後歸宗朱子，是其對整個中國學術思想史的認識逐步深化的必然結果。

錢穆歸宗朱子的代表性著作，就是他晚年耗時六年撰寫的洋洋百萬言的《朱子新學案》。正因為對整個朱子學研究有著自己的考慮，因此，在《學案》的寫作上，錢穆採取了與自己寫作初衷相適應的獨特的學術進路。首先是他格外重視《文集》與《語類》，認為「不知《文集》與《語類》，即無以通朱

〔註 5〕錢穆：《中國學術思想史論叢‧序》（卷七），安徽教育出版社，2004 年版。

子之學」。同時，既要「就朱子述朱子」，就不能採用《宋元學案》那樣的舊學案體，而應既加大對朱子原文的援引力度，又能敘議結合，隨時對學術史上的「群言淆亂」處加以究彈，這也正是《學案》之「新」處、可貴處。

《朱子新學案》問世之後，受到了學界的高度關注，朱子學界把它看作是朱子學研究領域的重要成果，但學界普遍看重的是這本書對於朱子學本身的文獻價值，用陳來的話說就是，

  《朱子新學案》是現在的最好最全的思想資料的彙編。〔註6〕

陳來並且認為，這也正是錢穆著作此書的原因之一。確實如此。

該書的一些新見雖然也受到了關注，如張學智所說，

  元明而後，治朱子學者代不乏人，但範圍之廣泛，論述之深博，
  新見之豐多，當首推錢賓四先生之《學案》。〔註7〕

但整體而言，從朱子學研究的材料學的角度評估《學案》的價值是學界的普遍取向。其實，錢穆的《學案》對於學術思想史的意義是非凡的，正如戴景賢所說：

  錢先生盡其力以成《朱子新學案》一書，可謂已將中國學術史
  上此一批數量龐大的著作材料整理出規模，後人考一事論一義，按
  圖索驥，即意見有所不同，亦是可受其惠；其書之可貴，固不專在
  表現其一家之析論而已。〔註8〕

在此，戴景賢著重探討了《學案》對於整個中國學術史的意義，用他的話來說，這本書就相當於「按圖索驥」中的那個「圖」，該書所提煉出的問題是析解中國學術史奧秘的關鍵，這樣，他就把這本《學案》的學術史意義相當大地提高了。

以上，都是在就《學案》說朱子學，至於《學案》對於錢穆思想研究的意義，則少有人發掘。其實，作為錢穆晚年的一部代表作，《學案》不僅對朱子學研究有重要的價值，對於錢穆本人的思想、對於儒學思想的現代特徵研究都是有著重要意義的。而從錢穆的朱子學中，發掘出錢穆的學術特質，則是更少有人做的事，這更少有人做的事中，卻有著重大的學術史思想史意義，

〔註6〕陳來：《此亦一述朱，彼亦一述朱》，《讀書》，1989 年第 9 期，第 105～108 頁。

〔註7〕張學智：《錢穆先生治朱子學之方法舉隅》，《原道》（第三輯），1996 年 1 月。

〔註8〕戴景賢：《錢穆》，選自王壽南主編《中國歷代思想家·現代》（三），九州出版社，2011 年版，第 247 頁。

它涉及到中華文化的傳承與發展、傳統儒學的現代轉型等諸多問題。錢穆思想的研究固然是個案，但一生的學術生命幾近與二十世紀相始終的錢穆的學術思想所具有的理論意義與現實意義，卻不是能輕容易下結論的。因此，不光研究錢穆的朱子學有必要，借朱子學發掘錢穆的學術特質更有必要。

為了能更好地做到後者，有必要先疏理一下前者。這裡面首先涉及的問題是：錢穆為何會那樣關注朱子學，把朱熹的學術地位提到前所未有的高度？能找出錢穆高度重視朱子學的理由，也就抓住了錢穆的學術特質，這是一而二、二而一的問題。總體而言，錢穆歸宗朱子的理由是多方面的，這諸多理由中，有他自己明確且重點闡述的，有他自己雖明確卻沒有重點闡述的，還有他自己不明確而沒有加以闡述、尚有待後學去研究的。為了避免枝蔓，我們先只看一下他自己明確且重點闡述的理由。

在錢穆看來，朱子是整個中國學術思想史上繼孔子之後又一集大成式的人物。這一集大成式的人物正是解讀中國學術思想史的關鍵人物，因為朱子「矗立中道」，「為中國學術思想史上正反兩面所共同集嚮之中心」，要得「全體之通貫」，就必須「注意」朱子。但朱子距今僅 800 年，後人對朱子的闡發「容未能盡」，而朱子學研究領域「群言淆亂」，使人不易獲定論。於是錢穆發意要通過自己的著述使朱子學能歸於一是，得一定論。

錢穆所說的「群言淆亂」是有多方面意指的，主要意指是朱子學研究領域多「困於門戶之見」，對朱子學沒有一個適當的評價，這既指全祖望的《宋元學案》、王白田的《年譜》，也指學界的各種現有的紛爭，如程朱與陸王之分、漢學與理學、宋學與漢學之辨等，這些都是囿於門戶之見而導致的學術弊端。因此錢穆打算「本朱子自己言說加以闡述」，以期「發明真相」。

錢穆治朱子學的特色是與他對朱子的獨特認識一脈相承的。概而言之，錢穆治朱子學的特色體現在內容和方法論兩個層面上。在內容上，錢穆提出了很多與眾不同的觀點，例如：在朱子學術地位的評價，認為朱子既是「集孔子以下學術思想之大成」的綜彙儒，又是「欲以綜彙之功而完成其別出之大業者」的別出儒；在理氣論的問題上，有別於學界「以西治中」的「一元」、「二元」的劃分，採取「以中治中」的方法，提出了「理氣一體渾成」說；在心性論上，反對學界對宋明理學「理學」、「心學」的劃分，認為「心」在朱子學中非常之重要，「善言心者莫過於朱子」；在學術品格上，認為朱子學一反漢代諸儒和宋代諸儒的「坤道」精神，而是擁有以「格物致知」為特徵的「乾道」精神。

在方法論層面上，錢穆治朱子學也具有突出的特徵：於會通處觀朱子，以「一體兩分、兩體合一」的思維疏解朱子學，以史學立場解「理」言「心」說「性」，等等。下面，就對這三個特徵進行大致的分疏。

（一）於會通處觀朱子

這個「會通」，可以從幾個方面理解。

首先，錢穆對朱子學的考量是在整個中國學術史的大背景下進行的。既不僅著眼於理學，也不僅著眼於儒學本身，而是以整個中國傳統學術為背景，尤其是儒、道兩家為背景，來認定朱子的「集大成」，而這與錢穆眼中的「寬鬆的」儒學的定義有莫大關係。

其次，錢穆對朱子學的研究也不受學科門類的限制，是經史子集方方面面都囊括於其中，正因為如此，在《學案》中，錢穆也就做到了義理、考據、辭章的有機結合，這是讀錢穆書總能輕鬆就抓住核心觀點，且從不會感到枯燥的根本原因。

再次，錢穆對朱子學眾多義理範疇的解讀也是著眼於會通，不著力對其間的矛盾衝突進行追問，這也與錢穆力圖通過對朱子學的研究來闡揚中華文化的特性有關。

（二）以「一體兩分、兩體合一」的思維疏解朱子學

重會通，看問題必然會有一種一體化思維。以一體的思維分析兩分的問題，也就必然會得出一而二、二而一的結論。這一必然體現在朱子學的研究上，錢穆就喜歡用「一體兩分，兩體合一」的思維來解讀朱子學中的諸多範疇，且對朱子思想的理解始終是以「一體兩分，兩體合一」的方式進行，他自言：

> 蓋北宋理學諸儒，能言宇宙界者，端推濂溪康節橫渠三家，二程則較遜。朱子乃會通此三家以完成其宇宙論之體系。大要言之，不外是一體兩分，兩體合之兩語。其論理氣，論陰陽，論鬼神，皆是。又如其言仁與神之與理氣，亦仍是一體兩分，兩體合一。其論宇宙界與人生界，亦仍還是一體兩分與兩體合一。識得此意，推而求之，則於朱子一切所言，自有迎刃而解之樂。〔註9〕

在這裡，錢穆列舉了朱子學中的一些典型的對立範疇，但無論哪一對範疇，錢穆都以「一體兩分，兩體合一」的方式為之進行了疏解，或許可以這樣說，

〔註9〕錢穆：《朱子新學案・朱子學提綱》（一），臺北三民書局，1971年版，第65頁。

在錢穆看來，如果朱子學是一道難題，而「一體兩分，兩體合一」的解讀方式正是這道難題最適合的解題方法。

（三）以史學立場解「理」言「心」說「性」

對於錢穆治朱子學時提出的「理氣一體渾成」說，劉述先表示了質疑，之所以會如此，其主要原因是各自基於不同的學術視角、學術立場。錢穆是史家，他對朱子學的解讀自然具有鮮明的史學特色。但錢穆的史學既不同於傳統史學，也不同於同時期的實證主義史學，他的史學是一種文化史學。文化本身重在傳承與化成，能傳承的就是精華，精華的相通之處即是「道」即是「理」，體現在事物本身即是「性」；能化成的就是文明，文明有物質的與精神的之分，說到底，任何物質的文明都是精神文明的具化，因此，精神文明更爲根本。所有的精神文明說到底又都是「心」之展現，而這「心」，在錢穆看來，已不只是個體心，而是族類大群傳承下來的精華，即「道」即「理」長久作用於當前的個體心，必然會成長歷史心與文化心。這樣，基於史學立場，錢穆所解讀的朱子學中的核心概念「理」、「心」及「性」，就不會是先驗論的，而必然是經驗論的，但這種經驗論又非一般的有局限性的經驗論可比，錢穆稱其爲「客觀經驗」，我們也可稱他的經驗論爲客觀經驗論。

可以說，錢穆整個學術思想的立基在史學，錢穆對朱子學的解讀主要運用的也是歷史思維，但並非說錢穆就沒有哲學思維。錢穆不反對哲學，只是反對脫離史學的概念性的推演，純粹的理性主義和主觀的經驗主義錢穆都是不能接受的。在錢穆看來，任何眞理都具有相對的屬性，只有在相對眞理內部，才有所謂絕對眞理的存在。既然眞理都具有相對性，那麼眞理就不能是「必然」的，而只能是「蓋然」的；既然要在相對眞理的內部尋找絕對眞理，那麼眞理就不能依據「偶然」，而只能依據最大限度的「蓋然」，而這一最大限度的「蓋然」只能是整部人文發展的歷史。在錢穆看來，中國近七百年的學術史上，也只有朱子眞正地做到了以最大限度的「蓋然」來爲人類大群提供生存眞理，而這一依據最在限度的「蓋然」得來的人類生存眞理必然要在心上知覺，要靠心的主觀能動性來求，這樣，基於史學立場，錢穆就把「理」與「心」緊密地關聯了起來，而「理」與「心」之間，就是工夫，至此，錢穆就在史學的鏈條上，打通了朱子學的方方面面：宇宙論、心性論、工夫論，無一遺漏。

當然，錢穆治朱子學也不是沒有值得進一步商榷之處，如視野上民族性與人類性的衝突、範疇上會通性與差異性的矛盾等。

　　以上，僅是簡要地闡述了一下錢穆朱子學的獨特之處，可以說，錢穆的朱子學研究還有很多豐富的內涵沒有被挖掘出來。從某種意義上說，《學案》就是錢穆整個學術思想的「寓言」，是開啓錢穆學術思想寶庫的一枚鑰匙。

四、本文的研究思路及研究方法

（一）研究思路

　　論文題目擬定以後，首先遇到的問題就是：把關注點放在錢穆身上，還是放在朱熹身上？經過反覆思考，筆者最終認爲，任何理論的產生都與切入的視角有關，我們固然不能否定絕對眞理的存在，但絕對眞理也是相同視域下達成的共識。而朱子學在錢穆眼中的樣態，恰恰是錢穆學術特色的體現。因此，從錢穆的朱子學中映照出的與其說是具有「絕對眞理」色彩的朱子思想，毋寧說是生動地展現了錢穆本人的學術思想。從此看來，朱子學僅是瞭解錢穆思想的一個很好的切入點，對錢穆治學特色的把握才是重中之重。雖然如此，因爲本文要從朱子學研究來看錢穆的學術特質，所以在筆墨的分佈上，還要向錢穆朱子學的內容及方法論上的獨特之處傾斜。於是，在論文的整體研究思路上擬以錢穆爲主線，以錢穆的朱子學研究爲重點，以錢穆的學術特色爲鵠的；同時，在比較中深化對朱子學的認識，在分析中加深對中國傳統思想中一些關鍵命題的理解。

　　在論文的具體寫作上，本文擬從錢穆對朱子學的早期研究入手，力圖在對比中多角度、多層面分析錢穆把朱子地位擡高到前所未有的程度的緣由，努力把握錢穆思想發展的內在理路，這部分內容從錢穆早年的陽明學研究寫起，重點介紹錢穆朱子學研究方面的知識性的東西，是爲第一章。第二章、第三章從內容和方法論兩個角度探討錢穆朱子學研究的獨特之處。因爲這部分內容寫作的關鍵在於全面性與準確性，因此，在材料的準備和選擇上，力求全面而有代表性。而第四章是承襲前幾章而來，在該章中本文擬把錢穆的朱子學研究放在學術思想史的大背景下進行考察，力求理性客觀地評價其成敗得失，因爲朱子學是錢穆學術思想史研究的重鎭，因此從朱子學研究中就可以看出錢穆在治學方面的許多特色，於是，也就引出了本文研究重心從朱子轉向錢穆轉移的一章，這也就爲本文最後結論的——「從朱子到錢穆——學脈的傳承與範式的轉換」的得出作了最基本的鋪墊。

（二）研究方法

在研究方法上，本文首先採用的是社會史與思想史相結合的方法，在廣闊的社會背景之下考察思想的產生與發展。這種方法從某種程度上說，也就是歷史文化分析法。所謂歷史分析，就是把一種理論置於其得以產生的具體的歷史環境中，對這一歷史時代的政治、經濟狀況，以及這些因素對這一理論的提出和建立這一理論的影響做出具體分析。所謂文化分析，就是把一種理論放在它當時所處的大的文化背景下，並參照當時的文化發展的基本特徵以及哲學、倫理學、語言學等相關領域的思想、科學技術方面的成就，對這一理論給出持之有故的說明。之所以要用到這種研究方法，是因爲任何一種學術思想的倡導者都是生活於特定社會歷史階段的人，因些，要理解一種學術思想，就必須探求孕育並生成這種思想的根據——思想家置身其間的社會環境、所面對的社會問題、一定的文化背景等。有了對這些因素的認識，才有可能進一步理解受這些因素制約而形成的一種學術思想的特有性質，也才有可能更爲客觀地解釋涉及這些思想的文本。

其次，視角主義的方法是本文大量使用的方法。「視角主義」一詞最初指文藝復興以來的一種繪畫技法（透視法），到了尼采那裡，它被賦予了哲學方法論的內涵。尼采用「肉眼」象徵生命價值論中的自然主義視角，聲稱有各種種樣的眼睛，因而就有各式各樣的眞理。到了海德格爾那裡，視角主義有了更形象化的隱喻：

> 林乃樹林的古名。林中有路。這些路多半突然斷絕在杳無人跡之處。
>
> 這些路叫做林中路。
>
> 每條路各自延展，但卻在同一林中。常常看來彷彿彼此相類。然而只是看來彷彿如此而已。
>
> 林業工和護林人識得這些路。他們懂得什麼叫做在林中路上。

〔註10〕

作爲一種方法論思潮，視角主義出現於上個世紀的 60 年代，之後就迅速風靡全球，時至今日，依然具有巨大的影響力，只是中國大陸對其關注度不夠

〔註10〕 〔德〕馬丁・海德格爾：《林中路》（修訂本），孫周興譯，上海世紀出版集團，2005 年版，扉頁。

而已。視角主義體現的是對一種固定不變觀點的放棄，是對多元化、多面化思維的張揚，於是有學者認爲，視角主義實質就是相對主義。從某種意義上說，視角主義也的確與相對主義有相通的一面，但不能因此就把兩者輕易地混同。視角主義不是不要絕對眞理，而是要在彼此達成共識的基礎上來談絕對眞理。本文所理解的和使用的視角主義方法主要體現在兩個層面上，一是努力使視角與被研究者「融合」，在「融合」之後再談被研究者的得失成敗；二是在盡可能把握更多的研究視角的前提下，盡可能客觀地解讀被研究的對象。

縱橫比較法的方法也是本文經常用到的方法。胡適非常強調比較方法對於研究中國古代哲學和邏輯的必要性和重要性。他說：

> 因爲古代哲學去今太遠，久成了絕學。當時發生那些學說的特別時勢，特別原因，現在都沒有了。當時討論最激烈的問題，現在都不成問題了。當時通行的學術名詞，現在也都失了原意了。但是別國的哲學史上，有時也曾發生那些問題，也曾用過那些名詞，也曾產生大同小異或小同大異的學說。我們有了這種比較參考的資料，往往能互相印證，互相發明。〔註11〕

梁啓超認爲，比較研究的實質就是要在「同中觀異，異中觀同」。他在《中國歷史研究法》一書中，舉歷史研究工作爲例說：

> 天下古今，從無同鑄一型的史蹟，讀史者於同中觀異，異中觀同，則往往得新理解焉。此《春秋》之教所以貴「比事」也。〔註12〕

比較研究就是要在進行比較的兩個對象中，既發現它們的共同性，又能看到它們各自的特殊性，從而得到新的理解和認識。

歸納法也是本文必須用到的研究方法。歸納法是一種從個別到一般的論證方法，錢穆的朱子學研究就是歸納法運用的一個很好的例子。在打算撰寫《學案》之前，錢穆就大量閱讀了朱子《語類》與《文集》，並做了三千餘條的資料彙編，錢穆所有的結論也都由此資料彙編而來。新學案體的設計，就是歸納法的具體展現。對於錢穆朱子學的研究，離不開歷史文化分析，離不開古今中西的比較，也離不開從個別現象總結出一般結論的歸納法。無論是對朱子、錢穆的文本研究，還是對學界紛繁複雜的觀點的分析，都要採用歸納法進行。

〔註11〕 胡適：《中國哲學史大綱》，東方出版社，1996年版，第23～24頁。
〔註12〕 梁啓超：《中國歷史研究法》，東方出版社，1996年版，第130頁。

第一章 從陽明到朱子
——錢穆朱子學研究的歷程

1.1 從「高明」到「粗疏」——錢穆的陽明學研究概述

錢穆是一位有著鮮明理學特質的史學大家。吳展良曾說：

理學的道理，是錢先生的眞生命而不僅是研究的對象。[註1]

的確如此。錢穆一生鍾愛理學，對理學家的詩文也是情有獨鍾，還曾專門整理出版了《理學六家詩鈔》一書。對於宋明理學，他最重視的是朱子和陽明。他自言，他早年「偏嗜陽明」，而晚年「乃知朱子深允」，且與他晚年歸宗朱子形成鮮明對比的是：他對陽明的認同是隨著對朱子認同的加深而呈遞減的趨勢。

下面兩段文字就分別代表了他對陽明學前後截然不同的看法：

陽明平素教人，只指點出天理，人欲的分別，不再主張有內心、外物的分別，這是王學的高明處。[註2]

他這《朱子晚年定論》的裒集，亦可謂始終未能擺脫朱熹的牢籠。同時羅欽順即已指出其極易覺察的幾條錯誤。稍後陳建特著《學蔀通辨》詳加指謫，幾於體無完膚。從來以一代大儒、一代宗師來寫一本書，總沒有像此書般的粗疏的。[註3]

〔註1〕 吳展良：《學問之入與出：錢賓四先生與理學》，臺大歷史學報第 26 期（2000 第 12 期），第 63～98 頁。

〔註2〕 錢穆：《陽明學述要》，九州出版社，2010 年版，第 72 頁。

〔註3〕 錢穆：《宋明理學概述》，九州出版社，1997 年版，第 221 頁。

錢穆在這兩段文字中分別用了「高明」和「粗疏」來評價陽明學，雖然我們不能因此就說錢穆早期認爲陽明學完美無缺，後期認爲陽明學一無是處，但我們可以肯定地說，錢穆對陽明學的看法前後期是有變化的，「高明」和「粗疏」兩詞姑且可以標誌這種明顯的變化。

1.1.1「高明」的陽明學──錢穆早期的陽明學研究

《國學概論》是錢穆在 1928 年寫成的著作。其中，在談到陽明時，他這樣說：

> 及陽明出，單提「致良知」一語，從行事著眼，而後「吾心」之與「外物」，「居敬」之與「窮理」，比可以溝貫而無閡。蓋明道、象山偏於內，其失也涵養持守而無進學，不免於空疏。伊川、晦庵偏於外，其失也記誦博覽而無湊泊，不免於支離。惟陽明即本吾心之真誠發露，而一見之於行事，即知即行，相尋而長，乃可以超乎居敬窮理之上，而收心物兼濟、內外交盡之功也。故言宋明理學者，濂溪、橫渠窮極於宇宙萬物本原一派，終不免爲斷港絕潢。雖朱子格物補傳之說，汪洋恣肆，彙爲大觀，亦復非朝宗所極。而明道「識仁」之意，至姚江出而言「致良知」，乃然後心物兼貶，體用一源，爲可以無遺憾也。故理學之有姚江，如百川之赴海，所謂不達而不止者也。〔註4〕

從上述引文可以看出，早年錢穆對陽明是極爲推崇的。他用「百川之赴海」來比喻陽明學的出現，無疑認爲陽明學已集理學之大成。在那時的他看來，陽明之前的理學諸賢都有著這樣或那樣的問題，只有陽明學是「無遺憾」的。

那時的錢穆之所以會如此推崇陽明，是因爲錢穆看好了陽明的「致良知」一語。在他看來，「致良知」是「從行事著眼」，有「收心物兼濟、內外交盡之功」。因此，錢穆盛讚道「理學之有姚江，如百川之赴海，所謂不達而不止者也」。

同樣盛讚陽明學的話在《陽明學述要》中也可看到：

> 據普通一般見解，陽明是偏向象山，歸入「心即理」的一面；其實陽明雖講心理合一，教人從心上下工夫，但他的議論，到底還是折衷心、物兩派。……既不偏在心，也不偏在物，他在心、物之

〔註4〕錢穆：《國學概論》，商務印書館，1997 年版，第 238 頁。

間特別指點出一個「感應」來，這是王學的超過朱、陸處。〔註5〕

同樣是對陽明學的盛讚，這段文字著眼的角度有所不同。雖然都是在讚美陽明學的博大、圓融，上一段文字單提「致良知」一語，這段則拈出「感應」一詞。「感應」能使「心與外物同時分明起來」，這樣，也就說明了「心無內外」。不主張有心與外物的分別，不意味著不分別天理與人欲。而能分別天理與人欲，說到底，還是因為人人都有良知。從中不難看出，錢穆始終還是讚美陽明的良知學說。既高揚了天理的大旗，擁有了萬物一體之仁，又彰顯了個體性原則，發揮了主體內在的能動性，在早年的錢穆看來，只有陽明學才做到了這一點，因此，在宋明理學中，王學是超過朱、陸的，也只有陽明學才是最高明的學問。

那麼，具體陽明是如何打通心、物的呢？這就引出了錢穆對陽明「知行合一」命題的看法：

> 朱子言格物窮理，未免偏重「知」上說，而陽明言格物窮理，則根本脫離不了一「行」字。天理在實踐中，良知亦在實踐中。天地萬物與我一體亦在實踐中。不實踐，空言說，則到底無是處。〔註6〕

不僅如此，在早年的錢穆看來，陽明的「知行合一」對整個學術史的發展來說還具有著非同尋常的意義，因為他解決了北宋以來難以解決的學術難題：

> 陽明所謂的「知行合一」，豈不即是北宋傳下的一個「敬」字？所謂的「致良知」，豈不是北宋傳下來的一個「義」字？但北宋以來所謂的「敬、義夾持」，本來分成兩橛的；此刻到陽明手裏，便渾化為一了。〔註7〕

以上是從一些具體學術命題著眼分析陽明學，而對於陽明學整體精神的把握，對陽明學的解讀方法，錢穆這樣說道：

> 講理學最忌的是搬弄幾個性理上的字面，作訓詁條理的工夫，卻全不得其人之精神所在。次之則爭道統，鬧門戶。尤其是講王學，上述的伎倆，更是使不得。王學雖說是簡易直捷，他的簡易直捷還

〔註5〕錢穆：《陽明學述要》，九州出版社，2010年版，第70頁。

〔註6〕錢穆：《講堂遺錄・中國學術思想史十八講》，九州出版社，2010年版，第77頁。

〔註7〕錢穆：《王守仁》，商務印書館，1937年版，第51頁。

是從深細曲折處來。……讀者脫棄訓詁和條理的眼光直透大意,反
向自心,則自無不豁然解悟。〔註8〕

他還說:

> 王學的萌芽,他良知學說的根柢,是有生命的,是有活力的,
> 是那樣地執著,那樣地跳脫,從多方面的興趣,複雜的經驗中流變
> 出來的。他有熱烈的追求,有強固的抵抗,他從懇切的慕戀裏,轉
> 換到冷靜的洗伐,又從冷靜的洗伐裏,轉換到懇切的慕戀。他狂放
> 地奔逐,他徹悟地捨棄。他既沉溺,他又灑脫。他的良知絕不是現
> 成的東西,也不是平易簡單的把戲,更不是空疏無著落的一句話。
> 要研究王學的人,不要忘了他成學前的一番經歷。他說立志,說誠
> 意,說事上磨練,說知行合一,說易簡,說眞切,他說的一切,要
> 把他成學前的種種來爲他下注釋,忘了他的實際生活,來聽他說話,
> 永不會瞭解他說話的眞義。聽了他的說話,忘了你自己的實際生活,
> 更不會瞭解他說話的眞義。〔註9〕

一言以蔽之,以上所引述的錢穆的話,在內容上大致涵蓋了三個要點:一是
研究王學不能糾纏於字句而忘記了其人的眞精神所在;二是良知學說是有根
柢的,來自於陽明成學之前的複雜經歷,良知非現成良知;三是研究王學應
反求諸己,方能有所得。

可以說,在治學的早期,錢穆對陽明的學問是推崇備至的。他用「高明」
一詞概括了他早年對陽明學的由衷欣賞。正因爲有這樣的看法作基底,他沒有
也不願意對陽明學使用「訓詁條理的工夫」,因爲他認爲那樣會走失了陽明的
眞精神。而他對陽明眞精神的把握,來自於他對陽明成學前坎坷經歷的體貼。
這種體貼在他的筆下化成了激情四溢的語言,他用文學化的筆觸,用詩人一樣
的情懷來讚美陽明和他的良知學說。同時,也正因爲陽明的個案切合了多災多
難的大時代裏每個生命個體的「心」,所以,錢穆也自然對於陽明的學問「心
有戚戚焉」,錢穆之所以能在複雜艱難的現實人生中高標遠指,高揚個體生命
意志,不隨波逐流,可以說,陽明良知學說的指引功不可沒。至於良知學說的
思想史來源及其理論困境,則不是此時的錢穆想關注的。因此,我們可以說,
錢穆在此時的陽明學研究中固然有一些個人情感的因素滲透在裏面,有著沒有

〔註8〕 錢穆:《王守仁》,商務印書館,1937 年版,第 51 頁。
〔註9〕 錢穆:《王守仁》,商務印書館,1937 年版,第 1 頁。

做深入研究而導致的理性上的偏差，但這都是因爲有很多現實因素夾雜於其中；也可以這樣說，錢穆喜歡陽明學主要不是出於學術研究，而是現實功用。但從學術研究的角度著眼，情感的偏向也就導致了價值中立的不可能。

錢穆早年在陽明學問題上的情感性偏向，在「四句教」中得到了很好的體現：

> 後人對陽明《四句教》引起很多爭論，有人認爲《四句教》的第一句「無善無噁心之體」當改爲「至善無噁心之體」才對。其實這種改法也是多餘的。因「無善無惡」就是「至善」的意思。比方說：人的眼睛沒有任何遮蔽的時候，就是他能看到東西極清明的時候，因此人之心體在「無善無惡」的時候，也就是他能識別「至善」的時候。〔註10〕

對於陽明學的偏愛，對於陽明學中的理論困境，錢穆顯示了用心迴護的努力。但這種努力隨著他對宋明理學研究的深入而有了很大的變化。

1.1.2「粗疏」的陽明學──錢穆後期的陽明學研究

如前所述，錢穆對陽明學產生看法起源於民國三十三年在成都病中通讀了《朱子語類》。隨著對陽明學情感色彩的消褪、對朱子學由衷地欽佩，漸漸地，錢穆對陽明學開始了從義理方面進行的考察，而這種考察首先是從經學入手：

> 宋明儒學界朱、王之對壘，其主要論峰，乃集中於《大學》一書。〔註11〕

而對於《大學》一書中最關鍵的概念──致知、格物，錢穆進行了如下的分析：

> 孟子：「人之所不慮而知者，其良知也。」可見孟子講「知」字與講「良知」字有別，斷不可將孟子書中「知」字，盡釋爲「良知」。《大學》此處明明是講「知」，而非講「良知」，二者範圍不同。陽明講法，決非《大學》「致知」之本義。「致知」之義既屬誤解，則「格物」正義亦難捉摸。〔註12〕

〔註10〕 錢穆：《講堂遺錄‧中國學術思想史十八講》，九州出版社，2010年版，第167～168頁。
〔註11〕 錢穆：《四書釋義‧大學中庸釋義》，九州出版社，2010年版，第240頁。
〔註12〕 錢穆：《新亞遺鐸》，生活‧讀書‧新知三聯書店，2007年版，第693頁。

在這裡，錢穆從經學角度出發，先指出孟子的「知」和陽明的「良知」的不同；接下來，又明確了《大學》中的「知」與陽明所講「良知」的區別，這樣，就從經學角度否定了陽明的「良知」在來源上的合法性，使得陽明的良知學說失去了立論的根基。

接下來，錢穆又分析道：

> 《大學》應歸入荀子系統之內，明乎此，陽明以孟子系統講大學，自必失之。……《論語》講「心」，《孟子》講「性」，《大學》中避去「性」字不講，雖講及心，而重要只在講「意」字和「知」字，此即是《大學》爲荀子主性惡一派。〔註13〕

認爲《大學》應歸入荀子系統，錢穆在原文中還有很多分析，在此從略。在錢穆看來，陽明以孟子性善系統的語言解說荀子性惡系統的的語言，自然是背離了經文。

錢穆對陽明學在經學背景下的考量，還涉及到了天泉證道的「四句教」。與前文對「四句教」努力進行迴護不同，錢穆在《晚學盲言》的《靈魂與德性》篇，開始了對「四句教」不遺餘力的批判：

> 陽明天泉橋四句教，謂心爲無善無惡之心，則《大學》何以言正心？意爲有善有惡之意，則《大學》何以言誠意？知善知惡爲致知，則致知當另有一套工夫，不得謂之良知。爲善去惡爲格物，則《大學》言致知在格物，須格物後乃後知善惡，何得以爲善去惡爲格物。《大學》先以明明德親民止於至善爲三綱領，果心是無善無惡之心，即不得謂之爲明德。非先格物，亦無以親民而止於至善，何以格物不在三綱領之中，而轉爲八條目之首。是則陽明所言，乃於《大學》本文無一可合，而亦於孟子言有違。〔註14〕

在此，錢穆還是從經學的角度，仔細地分疏了「四句教」與《大學》、與孟子的不同之處，藉此說明「四句教」的不合理。陽明的「四句教」既不合於荀子系統的《大學》，也不合於孟子的言論，那麼，它的理論權威性自然就值得懷疑了。

前面已列舉了一些錢穆後期對陽明學的看法，可以說主要是批判，那麼，錢穆此時對朱子學又是如何看待的呢？對比一下就可以總結出來：

〔註13〕錢穆：《新亞遺鐸》，生活·讀書·新知三聯書店，2007 年版，第 693～694頁。

〔註14〕錢穆：《晚學盲言》，生活·讀書·新知三聯書店，2010 年版，第 190 頁。

　　　　《孟子》由內以及外，《中庸》舉物以包人。這是顯相殊異的兩

　　　條路。晦翁偏近《中庸》，陽明偏近《孟子》，惟此兩人似乎都承認

　　　《孟子》與《中庸》自有障隔，因此晦翁常要牽拉孟子到《中庸》

　　　一邊去，陽明又常要牽拉《中庸》到《孟子》這邊來。因此兩人便

　　　不免各生幾許罅隙與漏洞。……陽明在人生方面言之，若親切易簡，

　　　當下可使人用力向前，此乃其長處。但要把心來包羅宇宙萬物，又

　　　嫌唐大不實，在理論方面太單薄，牢籠不住。此則王學之所短。

　　〔註15〕

錢穆在此首先是客觀地分析了陽明學與朱子學各自的路線特徵，對朱子沒有
過分的推崇，對陽明也沒有過分的批評，只是在適當的時候提出了陽明學在
理論上的又一難題，即「在人生方面言之，若親切易簡，當下可使人用力向
前，此乃其長處。但要把心來包羅宇宙萬物，又嫌唐大不實，在理論方面太
單薄，牢籠不住」。也就是說，錢穆認為，陽明學的「心即理」適用的範圍只
是人生方面，而不能擴展到宇宙方面，但是，在他看來，陽明晚年卻有將良
知學擴展到宇宙方面的傾向：

　　　　本來王守仁的良知學，專就人生界講心即理，這是無可非難的。

　　　但守仁晚年也有好些話侵入了形上學本體論的境界域去。所以他要

　　　說：「充天塞地，中間只有這個靈明。」又說：「人的良知，就是草

　　　木瓦石的良知。」又說：「天地無人的良知，亦不可為天地。」

　　〔註16〕

而良知學說「侵入了形上學本體論的境界」，才就會出現相應的問題：

　　　　陽明良知學，最先立腳在人生實踐上，很近象山。後來要邁進

　　　宇宙論範圍，也就窒礙叢生了。〔註17〕

因此，對於陽明和朱子的學術定位，錢穆後期的看法就與前期有了明顯的不
同：

　　　　陸象山論學最主心，明代王陽明繼之。陸王之學，亦稱心學，

　　　均偏重存養。朱子則存養與格物窮理並重，始為內外交盡，心物並

〔註15〕錢穆：《中國學術思想史論叢》（卷五），安徽教育出版社，2004 年版，第 257
　　　　頁。

〔註16〕錢穆：《宋明理學概述》，九州出版社，1997 年版，第 326 頁。

〔註17〕錢穆：《中國學術思想史論叢》（卷五），安徽教育出版社，2004 年版，第 266
　　　　頁。

重，得儒家孔孟之正傳。《中庸》所謂尊行德性道問學，惟朱子爲得
其全。〔註18〕

本來錢穆認爲只有陽明提出的「致良知」才做到了「心物兼賅」，可後期卻說
只有朱子才做到了「內外交盡，心物並重」，這樣的變化不能不引起人的深思。

錢穆評價陽明的《朱子晚年定論》時所用的「粗疏」二字，看來，也可
以用在錢穆後期對陽明學整體的評價上了。

1.1.3 錢穆的陽明學研究簡評

總體而言，錢穆在陽明學的研究上至少具有如下幾個特點：

一、總是力圖在思想史和學術史的大背景下考察陽明學；

二、總是基於一個固定的立場研究陽明學；

三、對陽明學的研究集中在「致良知」、「知行合一」、「四句教」等幾個
問題上；

四、在不要門戶之見的理性主義原則指導下，不時地滲入了感性的因素。

不可否認，在陽明學的研究上，錢穆後期的看法比前期的看法更理性，更精
微，視野更開闊。那麼，是不是說，他後期的所有看法都是正確的，前期的所有
看法都是錯誤的？很顯然，不可能如此。因爲，「正確」與「錯誤」的判斷不是
那麼輕容易就做出的，在人文學科領域，「正確」與「錯誤」的判斷是以切入問
題的視角密切關聯的。那麼，到底應該如何評價錢穆的陽明學研究呢？爲了解決
這個問題，本文就擬從錢穆對陽明學進行研究時的幾個關注點入手進行分析。

（一）致良知

錢穆早年盛讚「致良知」是「心物兼賅，體用一源」，而晚年卻認爲良知
只適用於人生界，不適用於宇宙界；要是邁入宇宙界，就「窒礙叢生」了，
但陽明學卻有侵入宇宙界的趨向。那麼，他的哪一種說法更切合陽明學的實
際呢？這不是從單一視角出發就可以回答的問題。

如果立足於「心即理」的立場，

身之主宰便是心，心之所發便是意，意之本體便是知，意之所
在便是物。〔註19〕

〔註18〕錢穆：《宋代理學三書隨劄》，生活・讀書・新知三聯書店，2002年版，第143
頁。

〔註19〕陸九淵、王守仁：《象山語錄　陽明傳習錄》，楊國榮導讀，上海古籍出版社，
2000年版，第172頁。

　　無疑，錢穆早期的看法是沒有問題的，「致良知」也的確能做到打通心、物，使得體用不二。

　　如果依據「性即理」的立場，問題就出現了：說「致良知」是「心物兼賅，體用一源」，無疑是混淆了心與物、體與用的區別。「心物兼賅，體用一源」不是不可能，但要在「格物窮理」達到「豁然貫通」之後。而要「格物窮理」，就不能不邁入宇宙界。邁入宇宙界就要肯定有與德性之知相對的見聞之知。而見聞之知則是「致良知」學說無法範圍的。在缺失了見聞之知的情況下，又想邁入宇宙界，說良知可以生天地神鬼，在後期的錢穆看來，這自然是荒謬的。

　　要想對「致良知」進行一個準確的評價，其實，繞不開一個核心的問題：陽明到底想沒想過要「侵入」宇宙界？事實上，陽明所關注的從來就不是存有論意義上的宇宙界，而是價值論意義的宇宙界，或者說關注的始終是「意義世界」。因此，研究陽明學首先需要追問的是其研究視角的合法性，接下來才能談到其命題的對與錯。在沒有考察研究者視角的合法性之前，就冒然肯定或否定命題所具有的意義，都是不夠客觀的做法。我們可以說陽明在講「致良知」時，基於倫理本位，突出了德性之知而淡化了見聞之知，則可；說陽明侵入了宇宙界，則是不合陽明原意的。因此，對「致良知」的評價，首先應該知道陽明的本義是什麼，然後再來談其成敗利害。

　　而錢穆以「致良知」與北宋以來的「敬、義夾持」的「義」相比，可以說是考慮欠妥。無論是基於何種立場，兩者都無法進行機械地相比。僅從「致良知」中的」致」本身就有「至」和「推」兩義出發，就可以斷其不可。

　　在「良知」一詞來源的問題上，錢穆後期的研究是有見地的，陽明對「格物致知」的解讀也的確背離了《大學》原文。但在《大學》歸屬系統的問題上，錢穆卻又出現了無法自圓其說的問題：既然《大學》屬於荀子性惡論一系，那麼「明明德」的「明德」又該作何解釋？性惡和「明德」無疑是矛盾的。陽明所用「良知」的確不是《大學》本義，但也不能因此而完全否定「致良知」思想所具有的獨立的理論意義和時代意義。

（二）四句教

　　如前所述，對於「四句教」，錢穆前後期的看法更是截然相反。如果結合陽明本人在這一問題上的相關看法，無疑，錢穆在前期對「四句教」的解讀更切合陽明的原意。

無善無惡者理之靜，有善有惡者氣之動。不動於氣，即無善無惡，是謂至善。

只在汝心循理便是善，動氣便是惡。

聖人之心如明鏡，只是一個明，則隨感而應，無物不照；未有已往之形尚在，未照之形先具者。〔註20〕

在陽明的「四句教」中，最另人費解的是第一句「無善無噁心之體」。若依據上引語錄，陽明的這句語在理論上就是可以理解的。陽明所說的「無善無噁心之體」，顯然指的是他認為的「心體」所具有的樣態。它有著明鏡一般的「明」，有著順遂天理、沒有一絲人欲的薰染的「靜」，這種樣態是無可名狀的，自然也就是用平常的「善」與「惡」的觀念所無法範圍的。只有這樣的樣態，才是「心體」的本眞樣態。而錢穆後期批判「四句教」，依然是本著「性即理」的立場，並以《大學》和《孟子》原文爲依據來指責陽明背離了經學。事實上，可以說陽明誤解了《大學》，但不能說他誤解了孟子，因爲他並沒有從根源上否定「性善論」，相反，他在「性善論」的基礎上，又將孟子的這一思想發揚光大了。孟子側重談的是「性」，雖然也有談到「心」，但主要是基於「情」（如「四端」）來談。是陽明把「天理」以「良知」的方式眞正地引入了「人心」，同時對於「心體」又進行了從縱向到橫向的全方位的解說。

而後人之所以會對「四句教」議論紛紛，關鍵是陽明在語言表述上有問題。他所說的「無善無惡」中的「善」和「性善論」的「至善」很顯然不是一個層次上的概念，既然說心體是「無善無惡」，又主張性善論，在同一層次上理解這句話，自然是陋洞百出。從這樣角度講，就像他的《朱子晚年定論》一樣，也就難怪錢穆說他「粗疏」了。

（三）知行合一

在「知行合一」的問題上，錢穆在後期並沒有著手去分析。在他早年的評價中，認爲「知行合一」等於北宋以來的「敬、義夾持」中的「敬」，這就不能不引起人的深思。「敬」的基本含義是主一、不走作，陽明也認爲「敬」是一於理。「敬、義夾持」中隱含的知行關係是知先行後，這和陽明的「知行合一」根本就不是一回事。

再者，陽明的「知行合一」的命題可以說是有得有失。從其凸顯了「行」

〔註20〕陸九淵、王守仁：《象山語錄　陽明傳習錄》，楊國榮導讀，上海古籍出版社，2000 年版，第 179 頁。

的價值，注意到善與惡的細微差別，更看重個人在道德修爲上的自律性等方面來說，「知行合一」學說在當今無疑也具有著重要的意義；但就其「以行歸知」、「以知銷行」、混淆知行這方面來說，其理論的缺陷也是明顯的。

（四）關於陽明學的學術定位問題

在《中國學術通義》中，錢穆認爲，宋明儒學是「別出之儒」，他所說的「別出之儒」，實際上是讚美之詞，用以彰顯宋明理學的創新性。既然如此，評價陽明學也就不應該只關注「似乎」是「失」的地方，而忽視了「肯定」是「得」的地方。把陽明學放回其特定的歷史時代背景，順著陽明的思維，排除其語言表述上的干擾，再進而進行多角度、多側面的考察，努力避免情感上的偏差，才有可能對陽明學做出一個準備的判斷

1.1.4　錢穆的陽明學研究引發的思考

其實，錢穆在陽明學的研究問題上也有比較客觀理性的時候。他始終重視陽明晚年在《答顧東橋書》中提出的「拔本塞源」之論就是明證：

> 篇中所論說，固於史實未必盡當；然此實良知學者一個理想的「烏托邦」。論其遠源，頗近於古代的《禮運篇》，但《禮運篇》只指出一理想，並沒有如何實現此理想的步驟與計劃，陽明的《拔本塞源論》，從人類的心性上出發，從教育上下手，依此逐步推進，《禮運》的理想社會始有實際幾及之可能。

錢穆在此之所以高度推崇陽明的「拔本塞源」論，因爲這裡面既有著遠大而美好的構想，又有著具體的實施步驟與計劃。但接下來的話，就能看出錢穆此時已經開始將朱子的地位置於陽明之上了：

> 但陽明此論，似乎朱子的《大學章句序》已發其端。〔註21〕

將朱子與陽明並提，側重於二人之間的聯繫，其實錢穆早在《中國近三百年學術史》中就已開始：

> 陽明之樹異於朱子，猶朱子當日所以樹異於漢唐諸儒。陽明之推本象山，亦無異於朱子之推本伊洛。象山在明，伊洛在宋，亦俱非當時朝廷科舉之所尊也。就此一端言，則朱子、陽明所論雖異，意趣則一。〔註22〕

〔註21〕錢穆：《陽明學述要》，聯經出版事業公司，1998年版，第87頁。
〔註22〕錢穆：《中國近三百年學術史》，商務印書館，1937年版，第7頁。

只是這種側重於二人之間聯繫的研究路向後來被側重於二人之間不同的研究路向所取代。談聯繫，談不同，在進行學術研究時都要涉及，只是不能只見其一，不見其二，只有如此，才能對學問進行一個系統而全面的研究，保持一種不偏不倚的態度，試想：若錢穆一直能保持這種不偏不倚的態度去研究陽明學，效果一定會更好，這樣也就和他一貫的不立門戶的主張相一致了。換句話說，錢穆在理性上是不主張立門戶的，但在具體的研究中卻沒有排除情感因素的滲入，這樣無疑就導致了他從總體而言不能全面客觀地考察陽明學。

錢穆的這種學術特質除了在陽明學的研究中有所表現外，在其它方面的研究中也有較明顯的體現：因為對於中學的偏愛，對西學少了點寬容；因為對宋明理學的偏愛，對清代考據學少了點客觀。

可以說，錢穆學通四部，著作宏豐，學力罕有其比。他治學，尤其治史學，以《國史大綱》為標誌，在學術研究中滲入了強烈的民族責任感，對中華五千年的文明史充滿的「溫情與敬意」的學術品格，是值得後學學習與敬重的。但是，在學問的具體研究中，他卻不能避免因為情感上的偏向而出現厚此薄彼的現象。研究中的價值中立是必要的，只有在真正的不夾雜個人主觀情緒的前提下，才有可能把握學問最本真的東西；也只有這樣，才能為事實上的取其精華去其糟粕提供可能，也才能真正地使學術服務於人類的現實和未來。

當然，在人文科學的研究領域中，事實上的價值中立是不可能實現的，門戶之爭也不能簡單地歸結為情感意氣之爭，這裡面涉及了太多的歷史與現實因素。但努力做到價值中立，則是研究者應該具備的學術品格。只有這樣，才能在汲取前人精神養分的基礎，走得更遠更好。

1.2 錢穆早期朱子學研究概述

在撰寫《學案》之前，錢穆對朱子學已有涉獵。早在 1931 年出版的《國學概論》中，錢穆就對朱子學有過研究；1945 年，錢穆又專門撰寫《朱子學術述評》〔註 23〕一文，對朱子學從學術史的層面進行專門探討。在該文中，錢穆認為，朱子對於整個中國學術史有三大貢獻：

〔註23〕原載於《思想與時代》雜誌第四十七期，1975 年曾收入《中國學術通義》，後經作者增訂收入《中國學術思想史論叢》（卷五）。

　　朱子在學術思想史上貢獻最大而最宜注意者，厥為其對儒家新道統之組成。……其次，朱子又於孔孟之間增入曾子、子思兩傳，而有孔、曾、思、孟四書之彙集，此即《論語》、《大學》、《中庸》、《孟子》是也。……朱子注四書，正猶孔子修六經。孔子修《六經》未必有其事，而朱注《四書》則其影響之大，無與倫比。此為其第二大貢獻。……朱子第三大貢獻，在其對經學地位之新估定。〔註24〕

如從朱子自身著眼，

　　朱子則確是集孔子以下儒學之大成，這是朱子第四大貢獻。〔註25〕

從學術史的角度來探討朱子學的學脈淵源，還有錢穆寫於1948年的《周程朱子學脈論》〔註26〕、寫於1954年的《程朱與孔孟》〔註27〕等。在這些文章中，錢穆既從微觀著力分疏朱子與孔、孟、周、二程的差別，又從宏觀指出朱子與先秦儒、北宋儒的血脈相通之處。錢穆認為朱子學勝過周程之處，主要在於朱子能會通周程而上通孔孟，藉朱子學而上推至孔子之學，以為校正宋明心性儒學的準據，這也就成為錢穆此後評騭宋明理學的一貫準則。

　　對於朱子學中「心」這一重要範疇的分疏，集中體現在錢穆於1948年寫成的《朱子心學略》〔註28〕一文中。在這篇文章中，錢穆深入地辨析了朱子思想的特質。他這樣分析「心」在朱子學中的地位：

　　程朱主性即理，陸王主心即理，學者遂稱程朱為理學，陸王為心學，此特大較言之爾。朱子未嘗外心言理，亦未嘗外心言性，其文集語類，言心者極多，並極精邃，有極近陸王者，有可以矯陸王之偏失者。不通朱子之心學，則無以明朱學之大全，亦無以見朱陸異同之真際。〔註29〕

〔註24〕錢穆：《中國學術通義》（增訂三版），臺灣學生書局，1982年版，第101～105頁。

〔註25〕錢穆：《中國學術通義》（增訂三版），臺灣學生書局，1982年版，第105頁。

〔註26〕該文最初刊載於徐復觀、張丕介在南京主辦的《學原》雜誌的第二卷第2期上，後作者增補收入《中國學術思想史論叢》（卷五）。

〔註27〕該文原為錢穆為香港新亞書院文化講座的演講詞，刊載於《人生雜誌》六月八卷三期，題名為《孔孟與程朱》，又收入《新亞文化講座錄》，後經全文改寫收入《中國學術思想史論叢》（卷五）。

〔註28〕該文最初刊載於《學原》雜誌第二卷第6期，後收入《中國學術思想史論叢》（卷五）。

〔註29〕錢穆：《中國學術思想史論叢·朱子心學略》（卷五），安徽教育出版社，2004年版，第129頁。

而錢穆對朱陸思想異同的分析，實質就是依託於自己從歷史和文化角度對「心」的理解：

> 今就人文演進之歷程言，必先由人類之欲望及行動引出知識，並不是先有知識了，始生欲望與行動。此方面實是陸、王理論較勝。但及人文演進已深，已經歷了一個相當時期，人類種種經驗和發明積累已多，人心本屬相同，為何不承接這一分遺產，偏要深閉固拒，獨自一人從頭做起？所以陸、王在理論上固是簡捷，但引用到工夫上來，卻反似徑而實紆。因此他們要捏造出一個心體來逃避那種似徑實紆的方法論。這一邊程、朱在工夫上，借聖言來作己心之參考，卻是似紆反徑。但在理論上，又要妝點出一個「理先氣後」，則像是支離了。所以就人文源頭處說知行本體，則陸、王之言為是。就日常實際說修習軌轍，則朱子之論為允。〔註30〕

除上述幾篇文章外，錢穆還在 1955 年寫的《朱子讀書法》〔註31〕，1956 年寫的《朱子與校勘學》〔註32〕等文章中，繼續探討朱子為學特色。在 1952 年出版的《中國思想史》、1953 年出版的《宋明理學概述》兩書中，錢穆又闢專章闡發朱子學義理。這些早年的涉獵，為錢穆晚年撰寫《新學案》、歸宗朱子打下了堅實的基礎。

1.3 歸宗朱子

1.3.1 錢穆歸宗朱子的原因

前面已經提到，錢穆早年是偏嗜陽明的，自 1944 年病中通讀了《朱子語類》之後，學術偏嗜開始向朱子傾斜，直到 1960 年赴美國耶魯講學期間，歷時三年撰寫《論語新解》，在反覆深潛中，深悟朱子理論，於是正式歸宗朱子。

錢穆由陽明轉向朱子，原因是多方面的，這裡面固然有個人情感方面的因素，但從根本上來說，是錢穆的學術與時俱進的必然產物。

錢穆在其有關思想史類的著作和文章中曾反覆強調，中國學術思想史最重要也是最根本的兩個屬性：一是史學，一是心學，而史學心學兩個概念融

〔註30〕 錢穆：《中國學術思想史論叢‧朱子心學略》（卷五），安徽教育出版社，2004年版，第 155 頁。

〔註31〕 本文原為香港孟氏圖書館講辭，後收入《學籥》一書。

〔註32〕 本文刊載於 1957 年《新亞學報》二卷二期，後收入《學籥》一書。

通爲一即是錢穆的歷史心與文化心。而此歷史心與文化心的提出，是早在 1937 年完成了《中國近三百年學術史》之後的事。可以說，儘管錢穆治學的興趣在不同的階段有所不同，但以歷史心與文化心爲思想核心，這是一生不變的，這也是錢穆的「一以貫之」。但在 1937 年以前，「心」與「史」在錢穆那裡還是心是心、史是史，並未合一。由對史的關注，錢穆有了他的考據學巨著《先秦諸子繫年》；由對「心」的關注，錢穆走近了陽明學。早年喪父、失學的不幸經歷，都讓他深深地體悟到一個人心志強大對於這個人成長的重要性，因此，在情感上走向陽明也是必然的事。但後來隨著閱讀量的增多，治史心得的逐漸豐富，開始認識到「心」與「史」的密切關聯，《國史大綱·引論》就是這一認識最恰當的注腳。由最初的心是心、史是史，到 1937 年以後，尤其是在《國史大綱》寫作期間的心史合一，已經預示了錢穆歸宗朱子的必然性，因爲在他看來，

> 程朱論性，便從歷史心與文化心之積累大趨中見。程朱論理，亦從歷史心與文化心之積累開悟中得。……但陸王一面，則不免太重視了人類當前的個體心，而忽略了人類所積累而有之歷史心與文化心。〔註33〕

《心與性情與好惡》是錢穆在 1955 年寫作的文字，從中可以看出他的學術偏嗜已經開始從陸王向程朱傾斜。

對於錢穆由陽明走向朱子的深層原因，戴景賢曾有探討，他說：

> 錢先生對於朱子與陽明之所論，其實亦皆有其屬於個人之擇取；而此擇取之標準，與此處所言錢先生對於史學與義理之學之分疏有關。

> 錢先生之對於朱子與陽明立說有所擇取，主要在於錢先生與朱、王二家「知識立場」之差異。此一點，亦顯示錢先生不僅不主張以「經學」爲核心之儒學，其實亦並不發展以「理學」爲核心之儒學。蓋「理學」之爲儒學，不僅乃一種義理之學，亦是一種企圖將儒學於某種程度「哲學化」之哲學。而就中國魏晉以來之哲學發展需言，認識論之建設，或討論，或一種認識論立場之選擇，爲精於思想者所無可迴避。儒家於此方面，若以統整之時間而論，

〔註33〕錢穆：《中國學術思想史論叢·心與性情與好惡》（卷二），安徽教育出版社，2004 年版，第 84 頁。

實已視道、釋二家爲落後，故宋代理學必至朱子而後乃完成其哲學化之第一種系統類型。而朱子一生之理論建構，亦必以其所爲之《〈大學〉格物補傳》關係最大。凡此皆有其屬於哲學史發展上之原由。

至於陽明承其前之象山（陸九淵，字子靜，1139～1193），必不得不於朱子之外，另發展出自成體系之系統，則亦是基於同一種哲學建構之需求使然。其所成就，可歸屬爲「理學成功哲學化」之第二種主要系統類型。

錢先生之於二家，雖同時有取於朱子之《大學章句序》與陽明之《答顧東橋書》中之「拔本塞源之論」，認爲皆屬重要，然錢先生之考陽明晚年之說，於陽明教言之涉及唯心論之重要主張，皆視之爲歧義。其於關係極大之「良知四句教」，則以爲王龍溪（王畿，字汝中，1498～1583）當時之以「四無」立論，乃出自陽明以「虛無」說「良知」之言，因而謂陽明師、弟子之相承，有其必至。且又明謂：後人於二人之爲辨，即不得不承認有其「必不得已」之所在，就學者之所可據論之材料言，實亦無可爲辨。〔註34〕

在此，戴景賢從義理立場及儒學觀的角度，對錢穆由陽明轉向朱子的深層原因進行了分析。他認爲，雖同爲理學，但朱子是「以統整之時間」而立論的，因而有著史學的內在支撐，沒有完全走向哲學化；而陽明的心學，則是不再依託史學的哲學化的理學，這是一種徹底的「唯心」的唯個體之心的套路，因此，錢穆漸漸認爲「朱子深允」。

可以說，戴景賢的評價是深得錢穆意趣的，這也與余英時堅決認爲錢穆是史學家而不是狹義的新儒學的立場是一致的。〔註35〕

1.3.2 錢穆歸宗朱子的典型標誌——《朱子新學案》

從上節的分析我們也可以看出，錢穆歸宗朱子不是一下子完成的，而是逐步走近的，錢穆歸宗朱子的典型標誌是其晚年撰寫了洋洋百萬言的《朱子新學案》。

〔註34〕 戴景賢：《論錢賓四先生之義理立場與其儒學觀》，《臺大文史哲學報》（第七十期），2009 年第 5 期，第 85～111 頁。

〔註35〕 參見余英時《錢穆與新儒家》一文，選自《猶憶風吹水上鱗——錢穆與現代中國學術》，三民書局股份有限公司，1991 年版。

　　錢穆立意撰寫《學案》的想法可以說由來以久。在《中國學術思想史論叢》第五冊的「序」中，錢穆就曾說過，在三十歲以前，他就「有意改寫全氏《學案》，而學力未允，遂以擱置」。〔註36〕這時雖說錢穆還沒有明確的寫作《新學案》的想法，但《新學案》的寫作在很大程度上是針對作爲理學入門讀物的黃全二人的《學案》的。在離開新亞之前，錢穆就在一篇有關辭職的文章中提到，他之所以執意離開新亞，其中一個重要原因就是要潛心學術，用三五年時間寫出一部有關朱子學的專著。

　　離開新亞後，錢穆就正式地開始了他的朱子學研究工作。

　　他首先重新研讀朱子著作，特別重視的是《文集》、《語類》。錢穆自言，在《新學案》的寫作過程中，於《文集》、《語類》和全祖望的《宋元學案》、王白田的《年譜》多用心力。對於《語類》，錢穆曾通體閱讀過三遍。接下來，錢穆從《文集》、《語類》等書中抄錄了三千餘條引文，爲他正式寫作《新學案》做足了前期的材料準備工作，這一準備工作就做了三年。

　　1966 年 2 月，錢穆的《新學案》撰寫工作正式開始。其間，錢穆以個人名義向哈佛燕京學社申請經費資助，而在楊聯陞的相助之下，哈佛燕京學社史無前例地通過了錢穆的這一來自非學術機構的申請。

　　該書於 1969 年 11 月殺青。《朱子新學案》是錢穆晚年的代表作，洋洋逾百萬言，爲便於讀者閱讀，錢穆於次年又寫作了《朱子學提綱》冠於書首。後該提綱發行了單行本，作爲「開路先鋒」，《提綱》對學界瞭解《新學案》、錢穆的朱子學研究發揮了重要的作用。國際漢學批評家楊聯陞讀過《提綱》後，曾讚歎不止，認爲錢穆的中國學術思想史博大精深，並世無人能出其右。

　　《新學案》全書分五卷兩大部。卷一、卷二爲思想之部，卷四、卷五爲學術之部，介於思想與學術之間者歸入卷三。思想之部下分理氣、心性兩大部分。學術之部分經、史、文學三部分，經學部分再細分爲《易》、《詩》、《書》、《春秋》、《禮》及《四書》諸題。又在三部外添附校勘、考據、辨僞諸篇，並遊藝格物之學一篇。卷三包括朱子從遊延平，朱子評濂溪、橫渠、二程及門人、五峰等人諸篇，又有關於朱陸異同的文字三篇，朱子論當時學弊三篇，闢禪學兩篇，朱子評述孔門以下歷代諸儒並附其論莊老一篇。

　　在《學案》中，錢穆不僅深入論述了朱子的學術思想，而且花大功夫系統梳理了有關朱子的思想資料。作者把朱子放在整個中國學術思想史上來考

〔註36〕錢穆：《中國學術思想史論叢‧序》（卷五），安徽教育出版社，2004 年版。

察，突出了朱子在中國思想史後半期的重要歷史地位，認為朱子不僅是北宋以來理學思想的集大成者，而且是孔子以來中國學術思想的集大成者。同時，本書還針對朱子卒後七百餘年來學術思想史上爭論不休、疑而未決的一些重要問題，提出了自己的看法，如用理氣一體渾成的解讀化解學者對理氣二元或一元的爭論，也用心性一體兩分兩體合一的解讀溝通程朱與陸王，等等。

錢穆對朱子學的研究是全方位的，克服了很多研究者受專業限制研治朱子產生的弊端。這樣，在錢穆筆下，就再現了作為百科全書式人物的朱子形象。

《朱子新學案》出版後，受到了學界的廣泛關注。杜維明評價說：

> 錢穆在闡釋朱熹之學上確實做出了重大貢獻，自從王懋竑的《朱子年譜》在18世紀出版以來，在中文著作中，還沒有哪一部作品對朱熹的思想和學術做出過這樣廣泛深入而且又慎重負責的研究。從錢穆的五卷著作中所呈現出來的朱熹的形象，表現了漢學文獻中難以找到的完整性。錢穆這種整體性的特點，無疑將為今後評判對朱熹的各種偏見提供資據。毫無疑問，朱熹的哲學在牟宗三的《心體與性體》中得到了更明白的分析；朱熹的生平歷史則在王懋竑的《年譜》中得到了更生動的描繪；但是，對朱熹的偉大體系的完整構圖，我們是在錢穆的著作中找到的。錢穆的著作做到了把朱熹在整個儒學傳統中承前啟後的主要關係都加以了展現。〔註37〕

錢穆的朱子學研究對其弟子及再傳弟子都產生了巨大影響，余英時的《朱熹的歷史世界》〔註38〕和田浩的《朱熹的思維世界》〔註39〕，從某種意義上說，都是導源於錢穆的《朱子新學案》。這都是已見到的影響，至於未來還會產生怎樣的影響，則有待時間給出答案。

〔註37〕 杜維明：《儒學傳統的重建──錢穆〈朱子新學案〉評介》，見《錢穆印象》，學林出版社，1997年版，第240～241頁。

〔註38〕 余英時：《朱熹的歷史世界──宋代士大夫的政治文化》，生活·讀書·新知三聯書店，2004年版。

〔註39〕 〔美〕田浩：《朱熹的思維世界》，陝西師範大學出版社，2002年版。

第二章　錢穆朱子學研究的重要觀點

2.1 學術地位：「欲以綜彙之功而完成其別出之大業者」

朱子是中國古代思想史上舉足輕重的人物，朱子之後至今的八百餘年，對朱子的學術地位的評價已有很多不同的版本。進入二十世紀以來，隨著儒家思想所依託的重要載體——科舉制的不復存在，學界對朱子學術地位的評價更是呈現出前所未有的多樣性。排除極左思維的影響，學界對朱子學術地位的評價主要有以下幾大類：

一、多角度評價朱子的歷史地位，即認可朱子在諸如教育、政治、文學、思想、經學、理學等多個領域取得的突出成就，稱其為教育家、文學家、政治家、思想家等。因為這種提法是一種平鋪式的研究，因此，與下面的評價體系沒有多少衝突性。

二、集大成說與正宗說，這是影響最大的評價體系。集大成說與正宗說在很多評論者那裡是一致的，即，既認為朱子是集大成者，同時又是儒學正宗。其中，集大成說又包括集理學之大成、集宋代思想之大成、集儒學思想之大成、集孔子以下學術思想之大成等幾種提法。

以西方實證主義哲學為參照系來研究朱子學的馮友蘭曾明確宣稱，朱熹是「集大成者」〔註1〕：

> 而道學家中，集周邵張程（指程頤——引者注）之大成，作理學一派之完成者為朱子。〔註2〕

〔註1〕 參見馮友蘭：《三松堂全集》（第十三卷），河南人民出版社，2000 年第 2 版，第 486 頁。

〔註2〕 參見馮友蘭：《中國哲學史》（下），商務印書館，2011 年版，第 361 頁。

基於馬克思主義的立場，侯外廬等認爲：

> 朱熹是封建社會後期學問最廣博、影響最深遠的學者，從宋明
> 理學的發展歷史來考察，朱熹是程朱理學的集大成者。〔註3〕

三、非集大成與別出說，即，既不認爲朱子學是集大成的產物，又不承認其在儒學史上正宗的歷史地位。這一類評價體系又可分爲兩大類：

其一，雖不認可朱子學的集大成，但肯定其「別子爲宗」的學術史意義，以牟宗三及其部分學生爲代表。牟宗三認爲，朱子不是宋明儒學的集大成者和正宗，而是「別子爲宗」，其思想體系爲「歧出」之旁枝。在他看來，朱子思想體系是承繼程伊川程頤而來，而伊川論學以《中庸》、《易傳》與《大學》合，並以《大學》爲主，對於客觀言之的「於穆不已」之體以及主觀言之的仁體、心體與性體似乎均未能有相應的體會，因此，在治學的模式上，朱子既不同於北宋前三家，也不能與先秦儒家的發展相呼應。朱子的心態同於伊川，於是承續伊川，開出了另一系非正宗的義理系統。蔡仁厚堅持師說，把牟宗三的觀點繼續向前推進，認爲朱子的義理系統是一種「橫攝」的系統，非儒學正宗的「縱貫」系統；而牟宗三的另一學生林安梧則在其師說的啓發之下，對宋明理學進行了重新的判教，認爲朱子學非「橫攝」系統而是「橫攝歸縱」系統，象山、明道的治學模式相近，皆屬一道德美學式的實踐，陽明則再由此轉爲「縱貫橫推」的系統。此「縱貫橫推」之系統實乃朱子「橫攝歸縱」的轉折發展，由此，林安梧認爲，朱子學是宋代理學之「集大成」，是一儒學重要轉折發展，但不是歧出，不是「繼別爲宗」。〔註4〕這樣，林安梧就在牟宗三的非集大成說與別出說的框架之下，完成了向集大成說與正宗說的回歸。

整體而言，別出說是在另一種層面上對朱子學的肯定〔註5〕；

其二、既不認可朱子學的集大成，又不肯定朱子學別出的學術史意義，認爲朱子的獨尊地位是歷史造成的，其學術思想的眞正價值一直處於被無限誇大的過程中，因此，朱子的學術地位應予以重估，代表性的人物是勞思光。

〔註3〕 侯外廬、邱漢生、張豈之：《宋明理學史》（上），人民出版社，1984年版，第368頁。

〔註4〕 林安梧：《儒學的轉折：從王陽明〈朱子晚年定論〉說起》，選自吳光主編《陽明學綜論》，中國人民大學出版社，2009年版，第70～73頁。

〔註5〕 中國建國初期至80年代之前期間出現的「反動學術權威」的提法，從某種意義上講，也是一種別出說。

勞思光雖然與牟宗三心學立場一致，但極大地否定朱子學的「集大成」之說：

> 朱熹之學，以其綜合系統爲特色，此即後世推崇者所謂「集大成」之意。但若取嚴格理論標準及客觀歷史標準衡度之，則朱氏此一綜合工作究竟有何種正面成就，則大爲可疑，蓋就理論說，朱氏之說不代表儒學眞實之進展；就歷史說，則朱氏只是糅合古今資料，造出一「道統」，亦非眞能承孔孟之學。〔註6〕

勞思光認爲朱子學的特色體現在其是「綜合系統」，朱子的貢獻只是「糅合」古今資料，「造出」一道統。顯然，「綜合系統」並不是相類於「集大成」，因爲如以菜品爲喻，「集大成」是取各類做法之長，而融通爲一，做出一款新的菜品，而「綜合系統」只是把各類做法的成果擺在一起，藉以組成合成自己的一道菜，這一道菜也就屬於拼盤一類的東西。勞思光的話語是振聾發聵的，對於後人重新認識朱子的學術地位有著重要的啓示作用，但其一筆抹殺朱子學對於儒學史和學術思想史的價值，則不免過於激進。

　　以上，大致評述了近些年學界對於朱子學術地位的評價，但錢穆對朱子學術地位的判定，可以說很不眾不同：一方面，他把集大成說發揮到了極致，認爲朱子是「集孔子以下學術思想之大成」〔註7〕；另一方面，錢穆又認爲朱子是別出說的完成者，換句話說，朱子學是集大成與別出的完美綜合體。錢穆曾在最早刊載於《中國學術通義》中的《朱子學術述評》一文中，從儒學史著眼，明確指出，

> 朱子確是集孔子以下儒學之大成。〔註8〕

而在寫於 1961 年的另一篇文章中，錢穆則進一步認爲，就兩漢以下儒學大傳統而言，宋代理學諸儒都屬於別出派，明確指出了朱子學術「別出」的特點：

> 朱子之學，可謂是欲以綜彙之功而完成其別出之大業者。〔註9〕

這就是說，在錢穆看來，朱子不僅是「別出儒」，而且是「欲以綜彙之功完成

〔註6〕　勞思光：《新編中國哲學史》（三卷上），廣西師範大學出版社，2005 年版，第245 頁。

〔註7〕　錢穆：《朱子新學案·朱子學提綱》（一），臺北三民書局，1971 年版，第 1頁。

〔註8〕　錢穆：《中國學術通義·朱子學術述評》，聯經出版事業公司，1998 年版，第105 頁。該文最初寫作於 1945 年，後收入《中國學術思想史論叢》（卷五），有增訂。

〔註9〕　錢穆：《中國學術通義·中國儒學與文化傳統》，聯經出版事業公司，1998 年版，第 86 頁。

別出之大業者」，這樣的評價既是極高的又是極特別的，也與錢穆自己在學術上追求綜合創新的目標是一致的。因爲在錢穆眼中，只有朱子能做到「彙綜儒」與「別出儒」的完美結合，所以錢穆把朱子的學術地位提到前所未有的高度，認爲朱子「乃吾國學術史上中古惟一偉人」〔註10〕，只有孔子才能與其媲美。

整體而言，錢穆不光對朱子「集大成」的讚譽高於所有的朱子學的評論者，就是對「別出」的判定也與牟宗三的「別子爲宗」說不一樣，是特出的，下面就逐一闡述。

2.1.1「集大成」說〔註11〕

錢穆對朱子學的考量，不僅著眼於理學，也不僅著眼於儒學，而是以整個中國學術思想史和文化史爲背景進行的。錢穆對於朱子學集大成的特點的論述，是從以下幾個方面進行的：

首先論述的是朱子集理學之大成。

錢穆認爲，理學在北宋只有伊洛程門傳播廣遠。到了南宋，所謂的理學傳宗自然同時也就是伊洛傳宗，朱子也是從這個傳統而來。但只是到了朱子，才開始推尊周敦頤濂溪，並將之奉爲理學開山，確認濂溪之學與二程之學之間的深厚的淵源關係，認爲二程於濂溪，非若孔子之於老聃郯子萇弘。爲了使更多人瞭解濂溪之學，朱子開始爲《太極圖說》與《通書》作解，對濂溪的著作一一進行整理與發明。同時，又替濂溪稽考生平，即便是小節也不遺漏，這才使得後世之人重知濂溪其人之始末與其學之蘊奧。錢穆認爲，確定周程之間有傳承雖發端於胡五峰，但真正形成體系的表述卻在朱子。

除推尊周濂溪之外，朱子於另一北宋學者也極加重視，這人即是張載橫渠。二程於橫渠，固然十分重視其《西銘》，然而程明道曾經說，有有德之言，有造道之言，《西銘》則僅是造道之言。程伊川也在《答橫渠書》一文中認爲，橫渠之學從整體氣象來說，有苦心極力之象，而無寬裕溫和之氣，所以非明睿所照，是考索至此。朱子則非常推崇橫渠之學，認爲橫渠在心性論、神化說、工夫論上都有二程所未及的精闢論述。同樣也是爲了發揚橫渠之學，朱子爲《西銘》作義解。

〔註10〕錢穆：《朱子新學案・例言》（一），臺北三民書局，1986年版。
〔註11〕參見錢穆：《朱子新學案・朱子學提綱》（一），臺北三民書局，1971年版，第23～35頁。

　　朱子當時的理學界，只知重二程，不知重周張。陸九淵兄弟、呂祖謙東萊、張栻南軒等人都與朱子學術交往甚多，但都或多或少對《太極》《西銘》持異議，並與朱子有爭辯。朱子去世之前幾日還爲學生講說《太極圖》和《西銘》。

　　朱子於北宋理學，不僅彙通周張二程四家，使之會歸合一又擴大其範圍，同時又及於邵雍堯夫、司馬光君實兩人，並特作六先生畫像贊，使康節涑水與周張二程並舉齊尊。早年二程與康節同住洛邑，過從甚密。康節長於數學，但二程對此很忽視。朱子則對康節數學、史學特加讚賞。朱子作《伊洛淵源錄》之所以不列康節，是因爲認爲康節與伊洛治學途徑有異。把康節列於理學六先生，是想在理學傳統內拓寬路徑。涑水擅長史學，著有《資治通鑒》，朱子爲之做了《綱目》，錢穆認爲，這也顯示了朱子意欲以史學擴大理學範圍的學術傾向。

　　綜上所述，錢穆認爲，朱子雖爲理學大宗師，其名字與濂溪橫渠明道伊川並重，後人稱爲濂洛關閩，然而朱子的理學疆境，實際上比北宋四家遠爲開闊，稱之爲集北宋理學之大成，朱子決無愧色。

　　其次，錢穆論述了朱子集宋學之大成，這是從理學興起以前北宋諸儒之學的角度立言。錢穆分北宋儒學爲三類，一是政事治道之學，一是經史博古之學，一是文章子集之學，在錢穆看來，只有朱子做到了將北宋的這三類儒學既全有推進，又綜彙爲一。

　　朱子一生雖歷事四朝，然仕於外者僅九考，立於朝者僅四十日。即便如此，朱子於政事治道之學，較理學諸家最爲特出。僅以壬午、庚子、戊申諸封事爲例，朱子議論光明正大，指陳確切著實，體用兼備，理事互盡，厝諸北宋諸儒及古今名賢大奏議中，斷當在第一流之列。再加上朱子在州郡之行政實績，如在南康軍救荒，在漳州正經界，雖其事有成有敗，然其精心果爲，與夫強立不反之風，歷代名疆吏施政，其可讚佩，也不過如此。且朱子又能對歷代人物賢奸、制度得失、事爲利病、治亂關鍵，無不探討精密，瞭如指掌。尤其對於北宋的熙寧變法、新舊黨爭，能平心評判，抉摘幽微，既不蹈道學家之義理空言，亦不陷於當時名士賢大夫之意氣積習。

　　經學也一貫不被理學諸儒所重視，雖然當時也有說經之言，但主要是借說經來自申己意，因此多無當於經文之本旨。朱子博覽群經，衡評北宋諸儒與二程橫渠之說，於歐陽王蘇諸人極多稱重，反對程張轉多貶辭，認爲程張

是以理學說經，而北宋諸儒則是以經學說經。如果把經學與理學分開來看，那麼，朱子的理學固然承襲程張而來，但其經學則是接續北宋諸儒而來。在錢穆眼中，能縮結經學與理學爲一體，由朱子開其端。

史學更非理學家所重。朱子的史學，不僅接跡於溫公司馬光，而且時有超越之處。同時的好友如呂東萊，也是精治史學，他們常有切磋。待呂東萊去世後，其學流衍爲浙東功利一派，則大爲朱子所非。朱子之所以重視史學，在錢穆看來，是朱子欲求理學史學之一貫，而史學正可以開廣理學之門庭。朱子雖重視史學，但如史學違離理學而獨立，也是朱子所不許。

至於文學，更爲理學家所鄙視。只有朱子能精妙文辭，並自言其學文章是由慕傚曾鞏入門。若專就理學立言，那麼即便是古文章大家韓愈柳宗元，朱子也都表示過不滿；若專就文學立言，那麼即便如蜀學的蘇軾，朱子也大加讚賞。尤其在作詩方面，在錢穆看來，朱子是欲超宋越唐，上追選體，以舊風格表新意境。北宋理學家中擅長作詩的只有邵康節，然而朱子特重康節之數學與史學，卻不重視其詩，所以，從此可以看出他襟懷之開闊，識解之平允。

至於子集之學，理學諸家中，周濂溪推崇顏子，二程重視孟子。雖說二程也曾泛濫百家，但實際上他們卻能廣泛吸納百家之長。北宋諸儒，多是基於韓愈之言立說，於西漢舉出董仲舒與揚雄，於隋朝舉出王通，於唐代舉出韓愈，認爲這是儒家道統所在。朱子於董揚王韓四人皆多評騭，尤其對於王通的《中說》，辨其僞而存其正，闢其駁而抉其失，可見其用意之深；對於董仲舒，朱子則只取其「明其道不計其功，正其誼不求其利」兩語；對於揚雄和韓愈，朱子貶抑之辭尤多。即便是孟子，朱子也時有微辭，謂其不如顏子，因爲顏子能明得四代禮樂，有此本領，可見於治道講究有素，而孟子則說得粗疏，只說「五畝之宅樹之以桑，如其禮樂，以俟君子」等話，看不出孟子做得與做不得，只是說著教人歡喜而已。在錢穆看來，此等分辨乃發理學家所未發。朱子論理學興起，認爲北宋范文正公、山東孫明復、徂徠石守道、湖州胡安定，都對理學的興起功不可沒。

老釋之學，理學家同所申斥，朱子則不然。於莊老兩家多有發揮，朱子不全加廢棄；於釋氏，尤其對於禪宗，朱子有過很多精闢的分辨，朱子也是理學家闢禪之語最多的人。後代理學家所辨儒釋疆界，其說幾乎全本於朱子。

最後，錢穆論述了朱子集漢唐儒學之大成。

在錢穆眼中，漢唐儒學的主要成就在於經學，北宋儒學則不僅在經學，而且在文史百家之業方面都有突破，不再如漢唐諸儒一般孜孜於章句注疏，而是重創新，發新論，所以，錢穆稱北宋儒學爲一種新儒學或新經學。朱子治經，則承襲北宋諸儒，而其在創新義、發新論方面，又不斷有新的突破。但同時朱子也很看重漢唐經學傳統，他極重視注疏，早年曾撰《論語訓蒙口義》，並說該書是「本之注疏以通其訓詁，參之鋒文以正其音讀，然後會之於諸老先生之說，以發其精微」。這就是說，從一開始，朱子即以會通漢唐經學與當時新興理學家言論爲幟志，此一幟志可以說是一生未變。朱子將論道與解經分開，不僅欲以此矯北宋諸儒之通病，更是要矯當時理學家之通病。

朱子於漢唐儒中最重視鄭玄，認爲鄭注廣博、深厚、明白；其次朱子也看重馬融，並且也推重盧植、王肅諸家。只是朱子對於古注並非是一味推尊，如認爲趙岐孟子拙而不明，王弼周易巧而不明等。朱子論經學，既重注疏，並重專家與師說，於《易》則兼取胡瑗石介歐陽修王安石邵雍程頤張載呂大臨楊時，《書》則兼取劉敞王安石蘇軾程頤楊時晁說之葉夢得吳棫薛季宣呂祖謙，《詩》則兼取歐陽修蘇軾程頤張載王安石呂大臨楊時呂祖謙，《周禮》則劉敞王安石楊時，《儀禮》則劉敞，「二戴」《禮記》則劉敞程頤張載呂大臨，《春秋》則啖助趙正陸淳孫明復劉敞程頤胡安國。所以說，朱子於經學，雖主以漢唐古注疏爲主，但同時也兼采北宋諸儒及理學諸家，也包括南宋時與朱子同時之人，其意實欲融貫古今、彙納群流、採擷英華、釀製新實。如此偉大的氣魄、寬宏的局度，在錢穆看來，在儒學傳統中或許也只有鄭玄才可與之相伯仲；但朱子又晚鄭玄一千年出生，因此隨學術思想之遞衍，朱子學自是「積愈厚而變益新」。

朱子不僅欲創造出一番新經學，實欲發展出一番新理學。經學與理學相結合，又增之以百家文史之學。至其直接先秦，以孟子學庸羽翼孔門論語之傳，而使當時儒學達於理想的新巓峰，這又是漢唐以至北宋諸儒所無法做到的。所以說朱子集孔子以下儒學之大成，其言決非過誇而逾量。

朱子不僅在儒學方面能集孔子以下之大成，而且於方外之學也多有綜彙。朱子曾於各家說莊老之見解博觀縱覽，並想以解經方法來解莊老，以求發得莊老二書之本義與真相。只是因精力不夠，興趣不濃，才放置一邊沒有去做，但在錢穆看來，莊老之學的精華朱子已自如地應用於自己的理學思想闡述之中。

　　作爲一位博通四部的史學大師，錢穆宏大的學術視野及深厚的國學素養是罕有其匹的，因此他對朱子學的集大成說的判定與論證也就非常値得我們注意。

2.1.2「別出」說

　　錢穆對朱子學「別出」的判定及其具體分析，集中體現在《中國儒學與文化傳統》等幾篇探討學術史的文章中。

　　與牟宗三從哲學層面分疏理學各家的義理系統、由此判定朱子爲「歧出」不同，錢穆從整個儒學發展的歷史的角度出發，認爲朱子是「別出之完成大業者」。

　　首先，錢穆將儒學分爲六期。〔註 12〕第一期是儒學之創始期，指先秦時代，孔孟荀及同時代儒者都屬於這一時期；第二期是兩漢儒學，爲「奠定期」，內容即是經學；第三期是魏晉南北朝時期，爲「擴大期」〔註 13〕；第四期是唐代儒學，爲「轉進期」，此一時期儒學與文學實現了匯合；第五期是宋元明時期，爲「綜彙期與別出期」；第六期是清代儒學，也叫「綜彙期與別出期」，但內涵已與宋元明時期不同，是由別出回歸到了綜彙的時期。〔註 14〕

　　錢穆對儒學的分期是基於史學立場進行的，與一般基於哲學立場的「三期說」〔註 15〕或「四期說」〔註 16〕甚至「五期說」〔註 17〕自然有很大不同。

〔註 12〕錢穆對中國學術思想的分期與對儒學的分期是不同的，他認爲中國學術思想應分三期，兩漢以前爲第一期，魏晉以後爲第二期，明末以來進入第三期；期間又有過渡期，東漢爲一、二期學術思想的過渡，明末至今爲學術史上又將轉入一新時代之過渡。錢穆劃分的標準是時代核心矛盾，第一期是經學與子學對抗，第二期是佛學與理學爭衡，第三期是中學與西學的抗爭。參見錢穆：《中國學術思想史論叢・中國學術思想之分期》（卷三），聯經出版事業公司，1998 年版，第 331～338 頁。

〔註 13〕錢穆對魏晉時期儒學是「擴大期」的判定理由很多，如《十三經注疏》中「注」的部分成於此時代人之手的占一半，「疏」的部分占十之八九，這一時期又特創義疏之學，而且經學分南北，所重各不同，最重要者，在於此時經學已擴大到史學方面，新史學接踵繁興，等等。參見：《中國學術通義・中國儒學與文化傳統》，聯經出版事業公司，1998 年版，第 76～79 頁。

〔註 14〕關於錢穆對儒學分期的具體闡述，詳見錢穆：《中國學術通義・中國儒學與文化傳統》，聯經出版事業公司，1998 年版，第 73～95 頁。

〔註 15〕「三期說」的明確提出者是牟宗三，由杜維明散佈世界，產生具體廣泛的影響力。「三期說」的平衡標準是內聖之學的超越性，主張者認爲，心性論是儒學的精髓與命脈。1948 年，牟宗三等人在《鵝湖書院緣起》中提到「儒學三期論」，認爲這三期分別是：孔孟荀董爲儒學第一期，程朱陸王爲儒學第二期，

可以說，錢穆立足於豐富的史料，對儒學史上任何做出過突出貢獻的學者都沒有忽視，而在肯定所有的對儒學發展做出過突出貢獻的學者的同時，擇善固執。其中，錢穆最大的興奮點是宋元明時期，因為這是一個「綜彙」與「別出」並存的時期，錢穆將之稱為「綜彙期與別出期」。說「綜彙」，是指宋元明諸儒綜合了兩漢、魏晉南北朝以及隋唐經、史、文學的各方面成就，並在其基礎上進行發揮，北宋諸儒大體全如此，並在兼通匯合的基礎上，創造出一套宋儒新面目。〔註18〕

那麼，「別出儒」又怎麼理解呢？且看錢穆自己的直接表述：

> 以上是說了北宋諸儒在綜彙經、史、文學而成其為儒學之一面。但在另一面，則別有一種新儒家出現，我姑稱之為「別出儒」，以別於上述之「綜彙儒」。如周濂溪、張橫渠、程明道、伊川諸儒皆是。他們與綜彙儒之所異：一則他們都不大喜歡作詩文，似乎於文學頗輕視，另則他們亦似乎不大注意談史學。即在經學方面，對兩漢以下諸儒治經功績，彼輩皆不甚重視。故他們之所學所創，後人又別

現階段到達了儒學發展的第三期。儒學第三期的文化使命是「三統並建」，即：重開生命的學問以光大道統，完成民主建國的任務以繼續政統，開出科學知識以建立學統。30餘年後，牟宗三更明確具體地闡發了「儒學三期說」，認為從先秦儒家到東漢末年為儒家學術發展的第一階段，魏晉南北朝隋唐這一時期雖長但就儒家學術而言是歧出，宋明儒學由前一時期的歧出回轉到儒家主流，因此屬於儒家學術發展的第二階段，現如今是儒學發展的第三階段，儒家當前的使命是由內聖開出新外王。80年代以來，杜維明更加關注的是儒學第三期發展的前景和儒家思想的現代價值問題，關心儒家思想在中國文化乃至世界文化的主導性問題。

〔註16〕李澤厚為了應對當代現實問題的挑戰，針對杜維明大力宣揚的「儒學三期說」，提出了「儒學四期說」。他的劃分與牟、杜最大的不同，就是肯定荀子和漢代儒學的貢獻，因此，他把前者的儒學第一期分成兩部分，即孔孟荀為一期，漢代儒學為一期，其餘兩期的劃分與前者相類似。李澤厚的「儒學四期說」的主要思想依據不僅是「內聖」，更有「外王」。

〔註17〕「五期說」是近年方提出的，提出者是青年學者柳河東。他認為，儒學應分五期，第一期是原始儒學，即堯、舜、禹、夏、商、周時代，是儒學的原始萌發期；第二期是原典儒學，包括春秋、戰國時期孔子及其弟子、再傳弟子的著述及學術，主要指孔孟荀學；第三期是漢唐經學，包括秦、漢、魏、晉、隋、唐數朝；第四期是四朝理學，包括宋元明清四朝；第五期是當代儒學，主要指1919年以後的儒學。

〔註18〕參見錢穆：《中國學術通義·中國儒學與文化傳統》，聯經出版事業公司，1998年版，第83～84頁。

稱之爲「理學」。我今乃就兩漢以下儒學大傳統言，故說宋代理學諸
儒，乃係儒學中之別出派。〔註19〕

宋儒中別出一派，未嘗不於儒學舊傳統中所重之經、史、文學
同時注意。惟彼等更注意在與當時之方外道、釋爭衡，換言之，則
是更注重在思想義理方面，故對兩漢以來儒學舊傳統，比較不如其
對此下儒學開新方面之更受重視。〔註20〕

既有繼承又有創新，這正是錢穆認爲最重要的學術品質，但北宋諸儒或重繼
承，或重創新，能使兩者平衡發展，且能同時把「綜彙」與「別出」進行完
美的結合的，在錢穆眼中只有一人，這就是朱子。在錢穆看來，雖出自道南
一派的李侗門下，但與其師相比，朱子的門徑是有巨大的變化的，這一變化
具體體現在：

朱子乃中國儒學史中一傑出之博通大儒，至今讀其全書，便可
窺見其學術路徑之宏通博大，及其詩文辭章之淵雅典懿。朱子在此
方面，可謂實是承續北宋歐陽一派綜彙之儒之學脈而來。但朱子之
特所宗主欽奉者，則在濂溪、橫渠、二程，所謂別出之儒之一支。
於二程，尤所推尊。其所著《伊洛淵源錄》一書，即以孔、孟道統
直歸二程。朱子之學，可謂是欲以綜彙之功而完成其別出之大業者。
因此其對經學傳統，亦予以甚大之改變，彼將《小戴禮》中《大學》、
《中庸》兩篇抽出，合《論語》、《孟子》而定爲四書。又另定《五
經》讀本。於《易》有《本義》，於《詩》有《集傳》，《書經集傳》
則囑付其弟子蔡沈爲之。史學方面，則承襲司馬溫公路向，認爲司
馬氏之《資治通鑒》，即猶孔子當時之《春秋》，而特爲加以綱目，
此實遠承王通續經之意見者。後人於王通則加輕視，於朱子則加推
尊，此亦未爲公允。於《禮》則有《儀禮經傳通解》，以十七篇爲主，
取大、小戴及他書傳所載繫於禮者附之，又自爲《家禮》一書，以
當時可通行者私定之。於文學，則有《韓文考異》、《楚辭集注》，所
下功夫亦甚精湛。在經、史、文學三方面，皆有極深遠之貢獻，所

〔註19〕 錢穆：《中國學術通義·中國儒學與文化傳統》，聯經出版事業公司，1998 年
版，第 84～85 頁。
〔註20〕 錢穆：《中國學術通義·中國儒學與文化傳統》，聯經出版事業公司，1998 年
版，第 85 頁。

　　　　影響於後來儒學者，可謂已遠超北宋歐陽修一派綜彙諸儒之上。而
　　　　觀其《伊洛淵源錄》一書，則知朱子所特別尊奉，乃在二程、周、
　　　　張別出之一支。〔註21〕

這是錢穆集中爲朱子「別出」的特點進行論說的文字，從字裏行間，時時能
感受到錢穆對朱子作爲「欲以綜彙之功而完成其別出之大業者」的推崇。那
麼，在錢穆看來，「別出」是什麼意思呢？錢穆又是如何看待「別出儒」中的
另一支陸王之學呢？

　　　　若謂濂溪、橫渠、二程爲儒學之別出，則象山實當爲此別出派
　　　　中之尤別出者。〔註22〕

　　　　陸、王之學爲理學中之別出，而陽明則可謂乃別出儒中之最是
　　　　登峰造極者。因別出之儒多喜憑一本或兩本書，或憑一句或兩句話
　　　　作爲宗主，或學的。如二程常以《大學》、《西銘》開示學者；象山
　　　　則專尊孟子，又特提「先得乎其大者」一語。而陽明則專拈孟子「良
　　　　知」二字，後來又會通之於《大學》而提出「致良知」三字，作爲
　　　　學者之入門，同時亦是學者之止境，徹始徹終只此三字。後來王門
　　　　大致全如此，只拈一字或一句來教人。直到明末劉蕺山又改提「誠
　　　　意」二字。總之是如此，所謂「終久大」之「易簡工夫」，已走到無
　　　　可再易再簡，故可謂之是登峰造極。然既已登峰造極，同時也即是
　　　　前面無路。〔註23〕

陸王之學總是與朱子之學如影隨行，朱陸異同也一直是學術史上一大熱點，
雖同爲「別出儒」，但與對朱子的「欲以綜彙之功而完成其別出之大業者」的
評價不同，錢穆認爲陸王之學又是理學這一別出之儒學中之別出者，陽明更
是「別出儒中最是登峰造極者」，因爲他們都是僅憑儒學中的一兩本書或一兩
句話立論，甚至晚明王門中人更是到了只拈一字來教人的地步。從錢穆的如
上陳述中不難看出錢穆對陸王之學的不滿，這也就再次凸顯了其對朱子的推
崇。

〔註21〕錢穆：《中國學術通義‧中國儒學與文化傳統》，聯經出版事業公司，1998 年
　　　　版，第 86～87 頁。
〔註22〕錢穆：《中國學術通義‧中國儒學與文化傳統》，聯經出版事業公司，1998 年
　　　　版，第 88 頁。
〔註23〕錢穆：《中國學術通義‧中國儒學與文化傳統》，聯經出版事業公司，1998 年
　　　　版，第 90～91 頁。

2.1.3 總體評價

以上，本文從「集大成」說與「別出」說兩個方面，概述了錢穆對朱子學術地位的評價。「集大成」與「別出」一起出現似乎很矛盾，但細細想來卻不然，因為，任何的「集大成」都必然會「別出」，不能「別出」，還叫什麼「集大成」？當然，「別出」有很多種方式，「集大成」只是其中的一種。事實上，朱子學也的確是「集大成」的產物，是「別出的」典型，所以，從這個意義上講，錢穆對朱子學術地位的評價，可謂獨具隻眼。

但「集大成」不就等於「完美無缺」，如果說朱子學相當於做雜面饅饅，那麼，這個雜面饅饅是彙聚麵粉種類最多、外形做得最大的那個。因為力到的不夠、發酵時間的不充足，這個饅饅蒸出來自然會有這樣或那樣的疙疙瘩瘩、不盡如人意的地方，但無論如何，這個「饅饅」都是自孔子卒後最大也是最好的一個。

在此，有兩點需要特別指出，在錢穆的整個學術生命中，與錢穆對陽明的評價是隨著對朱子認識的加深而呈遞減的趨勢相應，錢穆對朱子學的評價整體而言也是隨著對朱子認識的加深而呈現遞增的趨勢〔註24〕，這是第一點；第二點是，在大致同一時期的不同的語境下，錢穆對朱子學的評價也有著些許的不同，這是因為側重點不同所致，而不是前後有明顯矛盾。

2.2 理氣論：「理氣一體渾成」

在理氣論方面，認為朱子學是「理氣一體渾成」，是錢穆的朱子學研究中最受人矚目的結論之一。之所以受人矚目，原因有三：第一、理氣論是朱子學的核心，解讀朱子學必須從理氣論入手；第二、作為中國思想史研究方面的著名學者，錢穆的每一項創見自然備受關注；第三、錢穆的「理氣一體渾成」說擁有與「一元論」、「二元論」所不同的學術品格，對於我們進一步思考朱子學甚至整個中國思想文化史的整體學術屬性有著極其重要的啓示作用。

2.2.1 關於「一元」還是「二元」的爭論

郭齊勇、汪學群在《錢穆學術思想探討》一文中曾說：

〔註24〕對於錢穆早年對朱子的評價，可參見《國學概論》、《王守仁》、《中國近三百年學術史》等幾部著作。

　　　　錢穆用理氣一體渾成的道理解決了學者對理氣二元或一元的爭
　　論，也用心性一體兩分的道理，打破了思想界關於程朱與陸王的門
　　戶之見。〔註25〕

我們可以這樣理解這段文字，第一、中國學術思想史上，自理學產生之日起，
就存在著理氣二元或一元的爭論、程朱與陸王的門戶之見；第二、無疑，在
郭齊勇、汪學群看來，錢穆在朱子的理氣論和心性論上的研究都是成功的（當
然也包括部分的成功），因為它們或是「解決了」或是「打破了」一些朱子卒
後學術思想史上爭論不休、疑而不決的重要問題。

　　有關錢穆在朱子心性論方面的研究得失，下一節會進行具體的探討，這
裡，我們重點看一下錢穆對朱子理氣論的研究是否真如郭、汪二人所言，有
那樣重要的歷史貢獻。但在探討錢穆的「理氣一體渾成」論之前，有必要先
回顧一下朱子學研究領域的「一元」與「二元」的爭論。因為理氣論歸屬於
宇宙論和本體論兩大方面，因此，從一元或二元的角度分析朱子的理氣關係，
就是很通行的研究思路。

　　「一元」與「二元」本是西方的學術語言，自從中國傳統學術思想受到
西方哲學觀念的衝擊以後，中國的學者就開始試圖用西方的話語系統來疏解
中國傳統思想觀念。例如，在由中國人撰寫且出版時間最早的中國哲學史著
作——謝無量的《中國哲學史》中，就有一個令人矚目的觀點，即認為朱子
學是理氣二元論：

　　　　蓋認理氣為決然二物，此所以名之為理氣二元論也。〔註26〕

而鍾泰則反對謝無量把朱子學定性為理氣二元論，認為其

　　　　未為真知程、朱者也。……蓋雖理、氣並言，而仍以理為本。
　　此宋儒相承之命脈。〔註27〕

無疑，鍾泰傾向的是理一元論。

　　以上提及的就是從 20 世紀初期開始，在中國學術思想界就開始出現了用
西方的「一元」、「二元」論思維定性朱子理氣論的研究模式。其實，就學術
發展的內部理路而言，此前雖無明確的「一元」、「二元」的劃分，但這種研
究傾向早已出現。

────────────

〔註25〕郭齊勇、汪學群：《錢穆學術思想探討》，《學術月刊》，1997 年第 2 期，第 20
　　　　～26 頁。
〔註26〕謝無量：《中國哲學史》（五），上海中華書局，1916 年版，第 57 頁。
〔註27〕鍾泰：《中國哲學史》，東方出版社，2008 年版，第 226 頁。

明代中期與陽明心學形成抗衡之勢的朱子學的中堅人物是羅欽順，但他雖力尊朱子，卻對朱子理氣論表示了質疑：

> 周子《太極圖說》篇首無極二字，如朱子之所解釋，可無疑矣。至於「無極之眞，二五之精，妙合而凝」三語，愚則不能無疑。凡物必兩而後可言合，太極與陰陽果二物手？其爲物也果二，則方其未合之先各安在耶？朱子終身認理氣爲二物，其源蓋出於此。
> 〔註28〕

陳來認爲羅欽順的理氣論對朱子學已構成挑戰，體現在兩個方面：

> 一方面，理氣一物說邏輯上包含了對理在氣先說的批判。另一方面，強調理氣一物，反對認理氣爲二物，是反對本體論的二元論，主張一元論，而這種一元論是以氣爲實體的一元論。〔註29〕

羅欽順對朱子理氣論的分析，對以後的朱子學研究都產生了不同程度的影響。這之後的朱子學研究者，都會或多或少地在理氣到底是一物還是二物的問題進行思索盤桓。這種思考一直在持續，到目前爲止也是如此，只不過有了各種不同的「版本」。蒙培元說：

> 西方柏拉圖以來的傳統，就是本質主義傳統。理念作爲本質，就是「原型」，現實中的事物只是「摹本」，永遠達不到「原型」。西方的二元論，從柏拉圖就開端了，近代笛卡兒的精神實體與物質實體的二元論，只是最典型的代表罷了。後來的康德也不例外。但是，朱子哲學很難用這樣的觀點進行解釋。理既不是可望而不可即的「原型」，也不是與事物平行而毫無關聯的精神實體，更不是現象背後的本體。理雖然具有客觀普遍性，但是只能在事物中存在並決定其性質。從觀念上說，理是「純粹」的，但在現實中，理是具體的，是由氣決定的，氣有清濁、偏全之分，理也有全與不全之別。人物之分，也是如此。就此而言，則「有是氣則必有是理」。〔註30〕

蒙培元從西方的本質主義傳統入手，認爲柏拉圖、笛卡兒、康德等人的二元論思維並不適合用於對朱子理氣論的分析，因爲朱子的「理」既不是「原型」，也不是與事物平行而毫無關聯的「精神實體」，更談不上是現象背後的「本

〔註28〕羅欽順：《困知記》卷下19章，閻韜校注，中華書局，1990年版，第29頁。
〔註29〕陳來：《宋明理學》（第二版），華東師範大學出版社，2004年版，第234頁。
〔註30〕蒙培元：《朱熹哲學十論》，中國人民大學出版社，2010年版，第26頁。

體」，這樣的「理」只能「在事物中」存在並決定其性質。說「理」是「純粹」的只能是從觀念上講，從現實而言，理是「具體」的，只能「有是氣則必有是理」。很明顯，蒙培元反對「二元論」的提法，認爲朱子學在理氣關係上是一元論，而且蒙培元側重說的都是「蓋天地之間一氣而已」，就此而言，可以認爲蒙培元是持氣一元論立場者。

　　吳展良對朱子的世界觀體系進行了整體的架構，認爲朱子的世界觀具有此世一元、循環演化、生命化及天理化這四大特質，並以此爲基點，更明確地表示了與蒙培元相近的哲學立場：

　　　　朱子的氣一元論，或曰萬物爲一氣之化論，在其著作中處處可見。〔註31〕

而精於中國哲學研究，所撰《新編中國哲學史》問世二十餘年再版不斷、備受推崇的勞思光則認爲：

　　　　就存有論而言，「理」與「氣」決不可混；但就運行顯現言，「理」與「氣」決不可分。……蓋「理與氣」二字既不能互代，則必有一定分別。〔註32〕

這無疑是羅欽順看法的現代版本。同樣的考慮在劉述先的筆下也呈現出來：

　　　　由形上構成的角度看，朱熹是二元論，由功能實踐的角度看，朱熹是一元論；兩方面融爲一體，才能夠把握到朱熹思想的全貌。〔註33〕

　　　　理氣雖在實際上不可分，但理自理，氣自氣，二者決不可以互相化約，這是朱子一貫的思想。故由形上構成的角度看，朱子主張理氣二元不離不雜的思想是不容辯者。〔註34〕

在此，劉述先明確了表明了自己對朱子學「二元論」的判定，只不過他表示得更具體而謹慎，並在這一判定前面加上「由形上構成的角度看」這一前提。

〔註31〕吳展良：《朱子世界觀體系的基本特質》，《「東亞近世儒學中的經典詮釋傳統」國際學術研討會論文集》，臺灣大學，2004 年 3 月，後發表於《臺大文史哲學報》（第 68 期），2008 年第 5 期，第 135～167 頁。

〔註32〕勞思光：《新編中國哲學史》（三卷上），廣西師範大學出版社，2005 年版，第 208～210 頁。

〔註33〕劉述先：《理想與現實的糾結》，吉林出版集團有限責任公司，2011 年版，第 215 頁。

〔註34〕劉述先：《理想與現實的糾結》，吉林出版集團有限責任公司，2011 年版，第 222 頁。

　　以上只是簡單舉幾例，說明有關朱子「一元」、「二元」的爭論不僅由來已久，而且並非如郭齊勇、汪學群所言，錢穆以他的「理氣一體渾成」的提法「解決了」這一爭論。那是錢穆的「理氣一體渾成」的提法沒有理論價值呢，還是問題本身就很錯綜複雜呢？很顯然，是後者。但要想解釋清楚這個問題，還要先從概念入手進行分析。

　　「一元」、「二元」的思維模式雖源自西方，但作為術語，「元」和「一元」本是中國固有的詞彙。我們先看西方的含義，再看中國的含義，對比之後我們就會發現問題的癥結所在。

　　《哲學大辭典》中這樣解釋「一元論」與「二元論」：

　　　　一元論（monism）：最早由德國哲學家 Ch.沃爾弗創造。主張世界的本原只有一個。與「二元論」、「多元論」相對。有唯物主義一元論和唯心主義一元論。……哲學史上，凡是較徹底的哲學（無論是唯物主義或唯心主義）都主張世界只有一個本原，堅持一元論。〔註35〕

　　　　二元論（dualism）：主張世界有精神和物質兩個本原。與「一元論」相對。它認為這兩個本原各自獨立、性質不同、互不聯繫、平行發展。哲學史上二元論的著名代表人物之一是法國笛卡兒。他認為物質和精神分屬兩種實體，彼此獨立、互不相關。物質不產生意識，意識不依賴物質，笛卡兒割裂了物質和意識二者的關係，以致得出無論是物質實體還是精神實體，都是「有限實體」，它們最後都統一於上帝這個「無限實體」的結論。……二元論也泛指任何將宇宙分為兩個獨立部分的宗教教義或哲學學說。〔註36〕

當然，這裡面的解釋只是一種大致的看法，有些細節之處並非沒有異議，如關於「一元論」的最早提出者問題，就有不同版本。但這不是關鍵，關鍵是這裡面已經提供了哲學界對「一元論」、「二元論」的大致看法。當然這裡面也有從整體而言，「一元論」好於「二元論」的價值評判。

　　中國從來就沒有「二元」的詞彙，下面，來看中國對「元」和「一元」的理解。

〔註35〕馮契：《哲學大辭典》（上），分類修訂本，上海辭書出版社，2007 年版，第16 頁。

〔註36〕馮契：《哲學大辭典》（上），分類修訂本，上海辭書出版社，2007 年版，第17 頁。

先說「元」。許慎在《說文解字》中說：

元，始也〔註37〕

《中國哲學大辭典》中解釋「元」主要有二義：

①指天地萬物之本原。《春秋繁露・重政》：「《春秋》變一謂之元，元猶原也。……故元者萬物之本。」《易・彖》認爲「乾元」、「坤元」分別爲萬物的「資始」、「資生」。②指元氣。……〔註38〕

《故訓彙纂》中列舉的「元」的諸個義項中，提到「元」的兩個義項：

（6）元是物始。《易・乾・文言》：「元者，善之長也。」孔穎達疏。〔註39〕

（14）元者，氣之始也。《易・乾・象傳》：「大哉乾元。」〔註40〕

從上引材料是否可以說，「元」字在中國最先應是談宇宙起源方面的術語？隨著人類思維的發展，或者說隨著人類抽象思維能力的發展，「元」字在中國就開始出現了作爲本體論方面術語的義項，但其最初的義項並沒有消失。也就是說，在中國談「元」，有從宇宙論和本體論兩個大的視角切入的特點。

接下來看「一元」。《中國哲學大辭典》中解釋爲：

一元：中國哲學史用語。指宇宙混沌未開的原始狀態和天地萬物的本原。《春秋繁露・玉英》：「謂一元者，泰始也。」〔註41〕

這裡的解釋雖然不能代表所有人的看法，但至少說明了兩個問題：一是中國人談的「一元」當然不排除有從類似於本體論方面進行思考的可能，因爲這裡並沒有說這個「原始狀態」或「本原」一定是物質的還是精神的，因此也就沒有辦法用西方的唯物或唯心的術語來加以定性；二是中國古人談「一元」中的「一」並非就是數目的指謂，而是「整體一個」〔註42〕的意思，因爲是整體的，所以沒有辦法談數目，一定要說與「一元」並提的「二元」，是不符

〔註37〕臧克和、王辛：《說文解字新訂》，中華書局，2002 年版，第 1 頁。

〔註38〕張岱年：《中國哲學大辭典》，上海辭書出版社，2010 年版，第 163 頁。

〔註39〕宗福邦、陳世鐃、蕭海波：《故訓彙纂》，商務印書館，2004 年版，第 171 頁。

〔註40〕宗福邦、陳世鐃、蕭海波：《故訓彙纂》，商務印書館，2004 年版，第 171 頁。

〔註41〕張岱年：《中國哲學大辭典》，上海辭書出版社，2010 年版，第 163 頁。

〔註42〕吳展良也曾指出：「大體而言，近代西方科學、哲學的大傳統走的是元素及原子觀，而中國的大傳統走的是一元整體觀。」參見吳展良：《朱子世界觀體系的基本特質》，臺大文史哲學報（第 68 期），2008 年第 5 期，第 135～167 頁。

合中國人傳統的思維模式的，因此，不僅「二元論」不符合中國人的傳統思維，「一元論」的提法也不同於中國的「一元」。一定要用西方的「一元論」或「二元論」分析中國古代思想，無疑是出產生削足適履的問題；而且，從中還可以看出中國人宇宙論思維的另外一個顯著的特點，即認為只可追問到可以回答的程度，回答不了的就都歸入為「元」或「一元」，或者叫「天」。「天」是中國人的最高信仰，「天」作用於人就是「天命」。這不是說中國人自古以來就有神秘主義傾向，莫不如說中國人自古以來就清楚自己是誰，清楚自己能做什麼和不能做什麼。

　　歷來以「一元論、」二元論」思維分析朱子學，有「理一元論」、「氣一元論」與「理氣二元論」等不同的提法。那麼，哪種提法更適合朱子本意呢？因為朱子的理氣論是一個非常複雜的問題，鑒於篇幅，本文只從「理」「氣」到底是哪個更為根本的的角度入手進行分析。可以說，朱子對理氣關係的探討，時有相互矛盾之處，於是有學者認為這是朱子學的「與年轉進」(錢穆語)，當然可以這樣看，但更應看到，朱子學體系自身的完整性與貫通性，因此，從宏觀整體上解讀朱子學，似乎更為恰當。接下來，本文就試以《朱子語類》中的原文為例，不再重點考慮時間的因素來分析朱子的理氣關係。

　　朱子說：

　　　　天地之間，一氣而已。〔註43〕

又說：

　　　　理離氣不得。而今講學用心著力，卻是用這氣去尋個道理。

　　〔註44〕

這是主張「氣一元論」的依據。理是氣之理，天地之間，一目所見唯有氣。因此，可以認為，從宇宙生成論的角度看，朱子學是氣一元論。

　　只是朱子還說：

　　　　未有天地之先，畢竟也只是理。有此理，便有此天地：若無此理，便亦無天地，無人無物，都無該載了！有理，便有氣流行，發育萬物。〔註45〕

〔註43〕　朱熹：《易學啓蒙》(卷一)，朱傑人嚴佐之、劉永翔主編：《朱子全書》(1)，上海古籍出版社，安徽教育出版社，2002年版，第212頁。

〔註44〕　黎靖德：《朱子語類》(卷四)，中華書局，1999年版，第72頁。

〔註45〕　黎靖德：《朱子語類》(卷一)，中華書局，1999年版，第1頁。

　　　　有是理後生是氣，自「一陰一陽之謂道」推來。〔註46〕

這是「理一元論」的依據。理在氣先，有理才有氣，無疑理更根本。但理卻
不是一有形跡之物：

　　　　若理，則只是個淨潔空闊底世界，無形跡，他卻不會造作。

〔註47〕

如此說來，「理一元論」是從本體論的角度立論。

　　　　只是無論從宇宙生成論還是本體論的角度立論，都不能否認，「理」「氣」
既名不同，則：

　　　　所謂理與氣，此決是二物。但在物上看，則二物渾淪，不可分
　　　　開各在一處，然不害二物之各為一物也；若在理上看，則雖未有物
　　　　而已有物之理，然亦但有其理而已，未嘗實有是物也。大凡看此等
　　　　處須認得分明，又兼始終，方是不錯。〔註48〕

在此，朱子對理與氣關係的真正看法是：從不同角度理解理與氣，就會有不同
的結論。很明顯，研究朱子的理氣關係，也要切入朱子的看問題視角，才會得
出最符合朱子原意的結論。只是朱子在「此決是二物」與「然不害二物之各為
一物」中所用「物」字很不嚴謹，已以很多學者指出，但其所意指還是明確的，
即理氣雖關係密切，但是絕對不能把兩者當作一個去看，換句話說，就是：

　　　　所謂太極者，不離乎陰陽而為言，亦不雜乎陰陽而為言。〔註49〕

只是朱子的理氣「不雜」，就為後人判定他的學說體系是「理氣二元論」預留
了空間。

　　　　從上引材料及對其簡單的分析中不難看出，無論持有「理一元論」、「氣
一元論」還是「理氣二元論」，就朱子原文而言，都是有所依據的，只是各執
一偏。本文認為，只有把這所有的材料都統起來，深入理解朱子如此分疏理
氣關係的用意所在，才不難得出最終的結論。若要從整體上把握朱子學的特
點，必須先從朱子所面臨的時代矛盾入手，因為時代的核心矛盾是決定一種
理論整體屬性的最根本原因。

〔註46〕黎靖德：《朱子語類》（卷一），中華書局，1999 年版，第 2 頁。
〔註47〕黎靖德：《朱子語類》（卷一），中華書局，1999 年版，第 3 頁。
〔註48〕朱熹：《答劉叔文》，《晦庵先生朱文公文集》（卷四十六），朱傑人嚴佐之、劉
　　　　永翔主編：《朱子全書》（22），上海古籍出版社，安徽教育出版社，2002 年版，
　　　　第 2146 頁。
〔註49〕黎靖德：《朱子語類》（卷四），中華書局，1999 年版，第 67 頁。

　　朱子所生活的南宋時期，是中國宗法制社會內憂外患並存、世風開始日下、人心已經不古的時期，本是治世中堅力量的儒家士子，又多受理論精緻的出世的禪宗的薰染，遁入佛門。為了解決這樣的時代矛盾，作為一個儒家學者，朱子必須設計出一套比禪宗更加精緻的義理系統，把士人的視線吸引回現世人生，為宗法制社會服務。要解決外患，必須先從內憂入手；要解決世風日下、人心不古的內憂問題，就得統一認識，凸顯法則的力量，就此而言，朱子學必須就重視「理」、彰顯「理」。而為了與佛學的空理相區別，與禪宗相抗衡，就必須以擁有實際屬性的「氣」為依託，如此，方能顯示儒家之理為「實理」。就此而言，朱子在重視「理」的同時，也必須重視「氣」。但是，這裡面就又出現了問題：「理」與「氣」雖然都很重要，但二者不離的同時也是不雜的，這就必然要引出哪個為先哪個為後、哪個為主哪個為次的問題，於是，問題就越來越複雜化。朱子本人在處理這些問題的時候，因為有著明確的問題意識，因此可以說從整體上他是有著清醒的認識的，只不過有時語焉不詳或表意不明，因此，引出了很多不必要的誤解。

　　朱子說天氣之間只是一氣，理不能離氣，

　　　　天下未有無理之氣，亦未有無氣之理。〔註50〕

是他為「實理」的出場所作的必要鋪墊。朱子說理在氣先，有理後才有氣，不是為了表明哪個在先哪個在後的問題，因為事實上二者並無時間上的先後可言：

　　　　或問：「必有是理，然後有是氣，如何？」曰：「此本無先後之

　　可言。然必欲推其所從來，則須說先有是理。然理又非別為一物，

　　　　即存乎是氣之中：無是氣，則是理亦無掛搭處。」〔註51〕

朱子之所以要回答理氣先後的問題，一方面，這是理氣分言之後必須面對的問題，另一方面，是為了凸顯「理」為主的觀念。朱子說：

　　　　天道流行，發育萬物，有理而後有氣。雖是一時都有，畢竟以

　　理為主，人得之以有生。〔註52〕

以氣為依託的理，自然是實理而非虛理，這就明確區分了儒家之理與佛門之理。但與多、變的氣相比，理是一，是常，因此，理的優先屬性也就彰顯出來：

〔註50〕黎靖德：《朱子語類》（卷一），中華書局，1999年版，第2頁。

〔註51〕黎靖德：《朱子語類》（卷一），中華書局，1999年版，第3頁。

〔註52〕黎靖德：《朱子語類》（卷三），中華書局，1999年版，第36頁。

問：「有是理而後有是氣。未有人時，此理何在？」曰：「也只
在這裡。如一海水，或取得一杓，或取得一擔，或取得一碗，都是
這海水。但是他為主，我為客；他較長久，我得之不久耳。」〔註53〕

只有把握了這樣的理，才會使宗法制社會有理想的法則與秩序，才會讓現世
人生變得更加美好。但理依舊是氣中之理，理與氣實際上並不能分。就像菜
品與菜譜，沒有菜品就不會產生出菜譜，菜譜即體現在菜品之中，但菜譜產
生出來之後可以相對獨立於菜品。因為菜譜是常，菜品是變，因此也就可說
先有菜譜後有菜品，是菜譜為主菜品為次。若一定要說哪個在先，則是不好
說的，因為可以說是先有菜譜後有菜品，但菜譜又是由菜品總結而來，如此
的周而復始、循環往復，再探討已沒有必要，朱子所理解的理氣先後關係即
是如此。他說：

如乾四德，元最重，其次貞亦重，以明終始之義。非元則無以
生，非貞則無以終，非終則無以為始，不始則不能成終矣。如此循
環無窮，此所謂「大明終始」也。〔註54〕

既然天地萬物都不可以終始言，那麼再探討理與氣孰先孰後的問題已無必
要，真正有必要探討的是如何從這無始無終中，提煉出對現世人生有用的「實
理」，這，也正是朱子最為關心的。認為世間萬物都無始無終，這無疑正是儒
家的傳統思維，儒家在談天道的時候，只是推論到自認為可以認知的程度，
不能認知的，統統歸於天道，所以，儒家重天意，重天命，始終能保持著對
天的一份敬畏。就此而言，不能說朱子學是「理氣二元論」，因為在朱子學中，
沒有西方那種對立的「二元論」思維，只有東方的辯證統一的「一體兩分」
思維，「二分」思維是基於「一體」進行的。正如錢穆所說：

朱子言理氣，乃謂其一體渾成而可兩分言之，非謂是兩體對立
而合一言之也。此層最當明辨，而後可以無失朱子立言之宗旨。
〔註55〕

所以，可以說，朱子學也既不是「理一元論」，也不是「氣一元論」，因為，
理氣是一體不離，理氣都無始終，何來孰先孰後？就此而言，錢穆的「理氣
一體渾成」論斷確實是有見於朱子學的，體現的是和中國傳統的「一元」思

〔註53〕黎靖德：《朱子語類》（卷一），中華書局，1999年版，第72頁。
〔註54〕黎靖德：《朱子語類》（卷六），中華書局，1999年版，第105頁。
〔註55〕錢穆：《朱子新學案》（一），臺北三民書局，1971年版，第238頁。

維一脈相承的東方思維模式。只是朱子為何要一體兩分，為何要說理在氣先，錢穆卻不僅沒有正面提到，也沒有給予相當的重視，只是說「理氣當合看，但有時亦當分離開來看。分離開來看，有些處會看得更清楚」，這不能不說是錢穆的千慮一失。

一言以蔽之，朱子雖然理氣並提，但其思想本質上體現的還是中國傳統思維，只不過他的抽象思維已明顯增強，對於理氣關係有時合說有時分說而已。朱子說理氣先後，實質上是為了凸顯理氣有主次。理在先，就是理為主，就是理有優先性；氣在後，就是氣為次，就是氣要依理而行。說到底，理是常，氣是變。理之常是由氣之變而來，因此，理似乎可以獨立，但是由氣而來，因此，離不得氣。就此而言，錢穆的「理氣一體渾成」論是符合朱子學實際的，朱子學之「理」實際上是有著先驗論表象的人類經驗之理，是人類歷史經驗之「常」。

因此，我們可以說，錢穆的「理氣一體渾成」說體現的是一種「以中治中」的研究模式，比「以西治中」的研究模式顯然更切合朱子學實際，從這個意義上言，「理氣一體渾成」說對於朱子學研究、對於中國古代思想史研究的確居功甚偉。

就此我們不妨要注意，不僅「一元論」「二元論」這樣對立的思維不適合對中國傳統思想的定性，就是在使用「一元」這個詞彙的時候也要謹慎，因為這裡面有西方的思維和中國傳統思維兩種模式，要確定自己是在何種意義上使用它，否則只會再次引起不必要的學術紛爭。從這樣一種意義上說，錢穆的「理氣一體渾成」的提法是符合中國古代思想實際的，因此，這種「以中治中」的思維方式比「以西治中」的思維方式的學術意義要重大得多。

以上從「一元論」、「二元論」的角度談了不能機械套用西方的學術語言來分析中國傳統思想的觀點，其實，在朱子學中不僅「一元」還是「二元」的紛爭存在，就是「理本論」還是「氣本論」的紛爭也有白熱化的趨勢。從馮友蘭用西方的實證主義思維分析朱子學開始，「理本論」的提法就佔據主流，但近年有很多學者側重談「氣」在朱子學中的價值，如上文提到的蒙培元和吳展良即是代表。其實，一如上面對「一元論」「二元論」的分析，無論是「理本論」還是「氣本論」，這樣的提法本身就有問題。李澤厚就明確指出，

　　本體論（ontology）一詞搬用於中國，未必恰當。……而在中國

「不即不離」，即現象與本體既不等同又不分離的傳統中從根本上便
很難提出這個「最終實在」的「本體」問題。〔註56〕

如果我們認爲李澤厚的這句話是正確的話，那麼，我們是否可以同樣說，「理本論」、「氣本論」這樣的分疏，也不適用於朱子理氣論？當然，我們也不能完全否認借用西方的本體論思維分析朱子理氣論的價值，但無論如何，我們都要明白，這樣的分析只是一種爲了我們更深入更明白理解朱子學的不得已的手段，而不是說朱子理氣論眞的就適於使用這樣的術語來分析。

現時代的研究人員在朱子理氣論的問題上之所以爭論不休、相持不下，原因除以上面提到的中國傳統思想自身具有特殊性，不能完全套用西方哲學術語之外，還有一個重要原因，就是：研究者在交流對話時視角的不統一或概念的不一致。李澤厚曾說：

哲學本只是視角，它製造概念以圖把握人生和世界。〔註57〕

概念是哲學把握人生和世界的手段，沒有了這個手段哲學就寸步難行；但光有概念還不行，還要在相同或相似的視角上理解概念或使用概念，這樣哲學才會有眞正的交流，思想家或哲學家之間才會碰撞出智慧的火花。而在實際的運作上，我們的研究工作是否做到了這一點呢？遠的且不說，僅在朱子學研究領域，這方面的問題就很突出。且不說對「理」這個最重要的問題的解讀有彼此之間有很大的出入，就是對於「元」「本體」「本」這樣最基本的術語，相互之間也有很大的出入。以「本」爲例，「本」現在有「根本」、「基本」、「基礎」、「主體」「來源」、「根源」等多種義項，但因爲這個詞語在日常中使用的頻率非常之高，所以很多人認爲在使用它的時候無須進行概念的分疏與限定，以致在朱子學研究領域，「理本」或「理本論」的提法似乎也就無須更多的解說。只是，「理本」或「理本論」是說以理爲本體呢，還是說以理爲主體？抑或是說以理爲基礎呢，還是以理爲根源？

《說文》中解釋「本」：

本，木下曰本。從木，一在其下。〔註58〕

也就是說，「本」的意義一開始指的是事物的具體部分，之後，才向外生發了

〔註56〕李澤厚：《歷史本體論·己卯五說》（增訂本），生活·讀書·新知三聯書店，2006 年版，第 19 頁。
〔註57〕李澤厚：《人類學歷史本體論》，天津社會科學出版社，2008 年版，第 251 頁。
〔註58〕臧克和、王辛：《說文解字新訂》，中華書局，2002 年版，第 1 頁。

多個抽象的義項,而這些義項在使用的時候並沒有主次之別,因次,我們在以「本」爲語素合成另外一個概念或術語的時候就要進行必要的分疏,否則還是要起不必要學術紛爭的。

學術自由是必須的,學術規則也是必要的。各說各話,如何能推動學術的向前發展?對此,吳展良曾有精闢的論述:

> 許多學者研究朱子時,開頭便問朱子思想是唯物的還是唯心的,是本體論還是宇宙論,是理一元論還是理氣二元論,理先氣後是邏輯上的先或是時間上的先等一系列「哲學基本問題」。(例如:陳來,《陳來自選集》,桂林:廣西師範大學,1997,頁 77～78;該文原爲陳來所著《朱熹哲學研究》,北京:中國社會科學,1993,第一章。)或者如牟宗三先生,從康德式「外界知識」與主體道德二分的前提出發,認定朱子的道問學之路不行。(《中國哲學十九講》,臺北:學生,1983,頁 15。)這些問題不是不能討論,這樣的觀點也不見得沒有意義,然而如果我們尚未弄清楚朱子世界觀的基本面貌,而直接研究這些從未進入朱子頭腦的西方哲學問題,或用西方某大家的哲學架構來「判教」,要契入朱子的思想,恐怕很難。我們不是不能用某些現代或西方的學術術語去研究朱子,然而重點是必需從朱子自己的理路出發,真正進入朱子的心靈世界,以描述及整理他的思想爲首要目標,而不是直接用西方的哲學架構去解剖朱子。〔註59〕

2.2.2 錢穆對「理氣一體渾成」的論述

通過上面的分析對比,我們已經大致知道了錢穆所提的「理氣一體渾成」論的價值,下面,我們就展開分析錢穆對「理氣一體渾成」的論述。

在朱子理氣論的問題上,錢穆從兩個大的角度展開了對「理氣一體渾成」觀點的論述,其一是義理層面的分疏,其二是學術史層面的分辨。

首先,在義理分疏的層面上,錢穆從宏觀整體上概述了自己對朱子理氣論「一體渾成」特點的認識,

> 朱子論宇宙萬物本體,必兼言理氣。氣指其實質部分,理則約略相當於寄寓在此實質內之性,或可說是實質之內一切之條理與規

〔註59〕吳展良:《朱子世界觀體系的基本特質》,臺大文史哲學報(第 68 期),2008年第 5 期,第 135～167 頁。

範。朱子雖理氣分言，但認爲只是一體渾成，而非兩體對立。此層
最當深體，乃可無失朱子立言宗旨。〔註60〕

上引文字可以從幾個角度進行理解：其一、朱子在論及宇宙萬物本體的時候，
既不專言理，也不專言氣，是理氣兼言的；其二、氣是實質，理是內在於實
質的條理與規範，或可說，氣是形而下可觸可感的，理是形而上可思可想的；
其三、朱子有時的理氣分言並不妨礙理氣事實上的「一體渾成」、「非兩體對
立」的關係；其四、能以「一體渾成」、「非兩體對立」的思維疏解朱子的理
氣論及整個朱子學，方無違朱子立言宗旨。錢穆在闡發他對「理」「氣」涵義
時，沒有採用西方的「形式」、「質料」的含義，而且側重強調「理」的「寄
寓」於氣的屬性，認爲「理」是實質之內的「條理與規範」。

宏觀上對朱子的理氣論進行概括之後，接下來就是如何論證的問題。一如
在《朱子新學案・例言》中所說「本書專就朱子原書敘述朱子」〔註61〕，錢穆
在朱子的理氣論方面一開始即就朱子原文立論，只不過爲了論證的需要，錢穆
把朱子原文，尤其是《語類》中的材料進行了一個先後次序上的排列重組。

錢穆先就朱子原文論述了理氣混合不離的特點：

朱子云：「天下未有無理之氣，亦未有無氣之理。」「有是理，
便有是氣。」「理未嘗離乎氣。」無理，將不能有氣。但無氣，亦將
不見有理。故此兩者，不僅是同時並存，實乃是一體渾成。〔註62〕

既然理氣是一體渾成的關係，那朱子何必要理氣分言呢？接下來，錢穆就引
述材料，力圖解決這一問題：

「……然要得分明，又不可不拆開說。」把理氣拆開說，把太
極與陰陽拆開說，乃爲要求得對此一體分明之一種方便法門。不得
因拆開說了，乃認爲有理與氣，太極與陰陽爲兩體而對立。理與氣
既非兩體對立，則自無先後可言。〔註63〕

在錢穆看來，理氣分言是研究上的一種「方便法門」，即是說，理氣原本是一

〔註60〕錢穆：《朱子新學案・朱子學提綱》（一），臺北三民書局，1986 年版，第 36
　　　　頁。

〔註61〕錢穆：《朱子新學案・例言》（一），臺北三民書局，1986 年版。

〔註62〕錢穆：《朱子新學案・朱子學提綱》（一），臺北三民書局，1986 年版，第 36
　　　　頁。

〔註63〕錢穆：《朱子新學案・朱子學提綱》（一），臺北三民書局，1986 年版，第 37
　　　　頁。

體渾成，拆開來說只是論證的需要，是爲了看得「分明」，因此，理氣也就沒有時間先後的問題。那麼，既然如此，朱子的原文中爲何還有大量論說「理先氣後」的文字呢？這就是錢穆下一步要解決的問題。

> 但若有人堅要問個先後，則朱子必言理先而氣後。故曰：「未有天地之先，畢竟也只是先有此理，便有此天地。若無此理，便亦無天地，無人、無物，都無該載了。」又曰：「先有個天理了，卻有氣。」「有是理，便有是氣，但理是本。」但朱子亦並不是說今日有此理，明日有此氣。雖說有先後，還是一體渾成，並無時間相隔。惟若有人硬要如此問，則只有如此答。但亦只是理推，非是實論。〔註64〕

錢穆在此解決的主要是「理先氣後」與「理氣一體渾成」並不矛盾的問題，在錢穆看來，朱子的所謂「理先」並非說是理在時間上先於氣，而是「推」上去才有的結論，即「只是理推，非是實論」，這與馮友蘭的觀點是相近的，也就是說，「理在氣先」只是說「理」在邏輯上在先，而非時間上在先。

　　既然理氣在時間上無先後可言，那麼自然，天地也不可以本始言，

> 朱子又說：「陰靜是太極之本。然陰靜又自陽動而生。一靜一動，便是一個闔闢。自其闔闢之大者推而上之，更無窮極，不可以本始言。」必要言天地本始，朱子似無此興趣，故不復作進一步的研尋。
> 〔註65〕

對於「天地本始」問題，「朱子似無此興趣」，這個分析好，不僅朱子如此，整個儒學大傳統即如此。要說，只說自己能說明白或近己的問題，這體現的正是《論語》中的「切問近思」的精神和「知之爲知之，不知爲不知」的智慧。只是既然理氣分言只是一種方便法門，理在氣先只是一種邏輯在先，卻爲何不說「氣先理後」呢？錢穆的解讀是：

> 爲何定不說氣先理後，理不離氣，有了氣自見理，太極即在陰陽裏，有了陰陽也自見太極，因若如此說，則氣爲主而理爲附，陰陽爲主而太極爲副，如此則成了唯氣論，亦即是唯物論。宇宙唯物的主張，朱子極所反對，通觀朱子思想大體自知。〔註66〕

〔註64〕 錢穆：《朱子新學案・朱子學提綱》（一），臺北三民書局，1986 年版，第 37 頁。

〔註65〕 錢穆：《朱子新學案・朱子學提綱》（一），臺北三民書局，1986 年版，第 37 ～38 頁。

〔註66〕 錢穆：《朱子新學案・朱子學提綱》（一），臺北三民書局，1986 年版，第 38 頁。

主張「氣先理後」，就成了唯氣論或唯物論，因爲朱子極力反對宇宙唯物的主張，所以不說「氣先理後」。錢穆在此的解讀相當於繞了一個圈，又回到了原地，朱子反對宇宙唯物並不是朱子不說「氣先理後」原因，只能說不主張「氣先理後」是朱子反對宇宙唯物的一種具體體現。雖然如此，但上引文字還是有理論價值的，體現在提示了我們：朱子反對宇宙唯物論。朱子的確反對唯物，因爲唯物會讓人陷入物質世界而缺失了道德超越的可能，換句話說，如果主張「氣先理後」，則朱子後面的心性論、工夫論將無法展開，朱子學的倫理屬性也就無法彰顯。

但話又說回來，任何事物都不是絕對的，這一點在中國思想裏體現得尤爲明顯，不說「氣先理後」也是如此。如果圈定了一個適當的範圍，那麼，「氣先理後」也是可以成立的。何以見得？

> 朱子又說：「若論本原，則有理然後有氣。若論稟賦，則有是氣而後理隨而具。」此處分別從宇宙與人生界來論理氣先後，更爲明晰。《中庸章句》亦云：「氣以成形，理亦賦焉。」從宇宙界說，是理在氣先。從人生界說，則又氣在理先。〔註67〕

在錢穆看來，朱子的「理在氣先」是從本原、宇宙論的角度立論，若從稟賦、人生論的角度立論，則情形就不同了，「氣在理先」也就可以成立了。以宇宙界和人生界的劃分來分疏朱子理氣論中的矛盾，既是錢穆的朱子學研究的一個特點，也是錢穆所有對義理進行分疏時常用的手法，這也體現了錢穆一貫的「一體兩分、兩體合一」的思維模式。只是即便錢穆認爲朱子在人生界主張「氣在理先」，也不能就此認爲朱子在宇宙論上主張唯物，上文已提到。且在錢穆看來，在宇宙論，朱子不僅反對唯物，而且也反對唯理：

> 但既曰理爲本，又曰先理後氣，則此宇宙是否乃是一唯理的，此層朱子亦表反對。朱子說：「佛氏卻不說著氣，以爲此已是渣滓，必外此然後可以爲道，遂至於絕滅人倫，外形骸，皆以爲不足恤。」又曰：「事事物物上便有大本。若只說大本，便是釋老之學。」又曰：「有一種人，思慮向裏去，嫌眼前道理粗，於事物上都不理會，此乃談玄說妙之病，其流必入於異端。」〔註68〕

〔註67〕 錢穆：《朱子新學案・朱子學提綱》（一），臺北三民書局，1986 年版，第 42 頁。

〔註68〕 錢穆：《朱子新學案・朱子學提綱》（一），臺北三民書局，1986 年版，第 38 ～39 頁。

主張宇宙是唯理的，就會導致滅絕人倫、輕視形骸，這與儒家的積極入世的情懷、修齊治平的主張是背道而馳的，最終必會流入釋老異端之學，因此唯理論朱子也是要反對的。在宇宙論上既不唯物也不唯理的最好解決辦法就是理氣並提，並在不同的情況下對理與氣進行適當的分疏，在這一點上，在錢穆看來，朱子做到了，並且做得很完美：

> 所以理氣當合看，但有時亦當分離開來看。分離開來看，有些
> 處會看得更清楚。理是一，氣是多。理是常，氣是變。沒有多與變，
> 便看不見一與常。但在理論上，究不能說只有多與變，沒有一與常。
> 縱使離開了多與變，此一與常者究竟還存在。但朱子又不許人真個
> 離了多與變來認此一與常。似乎又不認多與變外還另有一與常。故
> 說周子曰無極而太極，是他說得有功處。朱子此項理氣一體之宇宙
> 觀，在理學思想上講，實是一項創見，前所未有。〔註69〕

從一與多、常與變的角度考察理氣的分別，表面上看是一種哲學思維，實際上是一種史學思維，是錢穆基於經驗事實立論的一種歸約。眾所周知，錢穆是史家，他的所有著作都有著鮮明的史學印跡，他的朱子學研究也不例外，他慣於以「常」解「理」：

> 朱子言理，尤重於言理之常。伊川言有變始有常，朱子則言有
> 常始有變。……能理會常處，則遇變亦可使之常。若專從變處理會，
> 則不易理會出那常處來。〔註70〕

說「朱子則言有常始有變」，實質上即是從史學角度肯定朱子的「理先氣後」說的價值，也可以說是「理生氣」說的價值。但一在多之中，常在變之中，如同理不可離氣一樣，一也不可離開多，常也不可離開變。一、常重要，多、變同樣重要，而「時」是其間溝通的關鍵：

> 常中有變，變中亦有常，中國古人用一時字，即兼容並包此常
> 與變之兩義。〔註71〕

論變，論常，更論到「時」，這體現的不正是一種史學思維嗎？不正是錢穆試圖從史學立場疏解朱子理氣論的明證嗎？這樣，朱子理氣論的現實性也在錢

〔註69〕 錢穆：《朱子新學案·朱子學提綱》（一），臺北三民書局，1986 年版，第 40
頁。

〔註70〕 錢穆：《朱子新學案·朱子學提綱》（一），臺北三民書局，1986 年版，第 257
～258 頁。

〔註71〕 錢穆：《晚學盲言》（上），生活·讀書·新知三聯書店，2010 年版，第 51 頁。

穆的一轉手中實現了。對於錢穆治學的這一特點，余英時曾明確指出：

> 一言以蔽之，他所走的是一條崎嶇而曲折的史學研究之路，其
> 終極的目標是要在部分中見整體，在繁多中見統一，在變化中見常。

〔註72〕

以上，錢穆從義理分疏的角度上解讀了朱子學的理氣論，接下來，錢穆主要從學術史的角度入手，對朱子卒後一直以來爭論不決的問題進行了解答。

首先，錢穆認為朱子的理氣論實質上導源於道家的自然義，只是經過朱子的融會，實現了從莊老道家向孔孟儒家的回轉，此一點，很多學者都曾談到，因此此處從略。

接下來，錢穆列舉了學術史上對朱子理氣論的疑義，並以自己的方式進行了分析，他首先談到的就是朱子的人馬之喻。

為了使人能更形象化地理解理氣關係，朱子曾有一個「人乘馬」之喻。朱子卒後，明代前期理學的代表人物是曹端，他雖然繼承了朱子思想，但對朱子的這個比喻表示了質疑：

> 周子謂「太極動而生陽」，「靜而生陰」，則陰陽之生，由乎太極
> 之動靜。而朱子之解，極明備矣，其曰「有太極則一動一靜而兩儀
> 分，有陰陽則一變一合而五行具」，尤不異焉。及觀《語錄》，卻謂
> 「太極不自會動靜，乘陰陽之動靜而有動靜耳」，遂謂「理之乘氣，
> 猶人之乘馬，馬之一出一入，而人亦與之一出一入」，以喻氣之一動
> 一靜而理亦與之一動一靜。若然，則人為死人，而不足以為萬物之
> 靈；理為死理，而不足以為萬化之原。理何足尚而人何足貴哉？今
> 使活人乘馬，則其出入行止疾徐，一由乎人馭之何如耳。活理亦然。

〔註73〕

對於學術史上這一重要的紛爭，陳來是這樣表達他的看法的：

> 曹端要強調的是理（太極）對於事物運動的能動作用，這種能
> 動性並不意味著太極具有時空內的機械位移。他所理解的理的能動
> 性近於活人騎馬，理對於氣雖然有乘載其上的關係，但更有主導、

〔註72〕 余英時：《猶憶風吹水上鱗——錢穆與現代中國學術·錢穆與新儒家》，三民
書局股份有限公司，1991年版，第44頁。
〔註73〕 曹端：《太極圖說述解序》，《周子全書》（卷五），商務印書館，萬有文庫本，
1937年版，第79頁。

駕馭的作用。因此曹端反對朱熹「太極不自會動靜」，並不是認爲太極自身會運動，而是突出太極作爲所以動靜者對於氣之運動的能動作用，用他自己的話來說，就是把「死理」變成「活理」。曹端這個思想就理學史來說是有其理由的。二程把理規定爲氣之動靜的所以然，這種內在地支配氣之運動的理，並不是死理，而就朱熹在論太極動靜時用的「乘載」觀念而言，並不能反映出理或太極或太極作爲氣之動靜的所以然的思想，因而曹端的這種修正對朱熹理論上的問題是有所見的。〔註74〕

在陳來看來，曹端的死人活馬之喻是有著積極意義的，並爲之進行疏解，認爲曹端所說的「動」側重強調的是理或太極的能動，而非時空內的位移；並且曹端的這個看法，從理學史而言是有源頭的，這個源頭就是二程認爲的理是「氣之動靜的所以然」，就此而言，曹端對朱子理氣論的修正是有所見的。

但是，錢穆的看法卻不同，且先看錢穆對此的分疏：

> 朱子乘馬之喻，特謂理必載於氣，氣必載理而行，月川呆看了，遂有死人乘活馬之疑。因疑此理亦是死理。但朱子言理氣，主要在言宇宙自然界，故有理弱氣強之說。若使宇宙自然界，理之乘氣，亦如活人乘馬，出入行止疾徐，一由乎理之馭之，則此宇宙自然，當已一切盡美盡善，更何待於人之贊育。……理與氣，必當合而觀，又當離而觀。無極而太極，此太極指理。太極動而生陽，此太極乃指氣。（按：此處與陳來不同，陳來認爲太極動而生陽是說理的能動性，錢穆認爲此處太極指氣，氣「動」自無須多說）故曰太極非是別爲一物，即陰陽而在陰陽也。月川所疑，蓋因過分看重了理氣之合而爲一，而不曾細看得理氣之又可離而爲二也。〔註75〕

之所以在人馬之喻上會出現紛爭，在錢穆看來，是曹端「呆看了」的緣故，也就是說，朱子的比喻只是對理氣關係的一個大致的形象化描述，而曹端卻要認死理，過分看重了理氣有「合」的一面，而不知理氣還有「分」的一面。

可以說，錢穆在這個問題上是有所見的，體現在他觸摸到了朱子乘馬之喻的用意是在於強調理氣有合有分和理弱氣強，但也是所有蔽的，體現在他

〔註74〕陳來：《宋明理學》（第二版），華東師範大學出版社，2004年版，第170～171頁。

〔註75〕錢穆：《朱子新學案》（一），臺北三民書局，1986年版，第281頁。

對曹端用意的揣摩。曹端雖「呆看了」，但必竟還是看到了一些東西；曹端雖未體察朱子用意，但卻也在另一個角度指出了朱子學存在的問題。或者說，曹端側重談的是理氣的動靜問題，而不是理氣的分合問題。關於理氣動靜問題，在朱子的著作中的確有相互矛盾的情形。對於朱子學中留下的這個懸而未決的問題，在朝鮮李朝時期的大儒李退溪那裡，進行了深入的探討。李退溪明確肯定理自身能夠動靜。他說：

> 延平答朱子曰：「復見天地之心，此便是動而生陽之理。」按朱子嘗曰，「理有動靜故氣有動靜，若理無動靜，氣何自而有動靜乎？」蓋理動則氣隨而生，氣動則理隨而顯。濂溪云「太極動而生陽」，是言理動而氣生也；《易》言「復見天地之心」，是言氣動而理顯，故可見也。二者皆屬造化而二致。〔註76〕

理自身能動靜這個觀點，是退溪學的一個顯著特徵，這就把朱子學向前推進了。

接下來，錢穆從學術史的角度出發，認爲曹端的「死人騎活馬」之喻，開啓了與王陽明同期的羅欽順的「天地無非一氣」的思想：

> 通天地，亙古今，無非一氣而已。……朱子有云，理與氣決是二物。又云氣強理弱，又云若無此氣，則此理如何頓放，似此類頗多。

對於羅欽順對朱子學的質疑，錢穆又以「一體兩分、兩體合一」的思維替朱子進行了分疏，錢穆的分析是：

> 朱子言理氣，有合而看，有離而看，如整庵所引諸條，此皆離而看之語也。然更有合而看之一邊，故整庵亦僅謂朱子小有未合。
>
> 實則朱子之言乃更周到，更細密，勝於整庵之只看一邊也。〔註77〕

如果說曹端的問題是只知「合看」，在錢穆看來，而羅欽順的問題就是「離而看之」。「只看一邊」自然不會得朱子之全，會背離朱子立言宗旨。如果說錢穆對曹端的死人騎活馬之喻的分析是有得有失，那麼其對羅欽順理氣觀的分析則有隔靴搔癢之感。其實，羅欽順之所以與朱子理氣論似乎有所不同，是立足角度和側重點不同導致的。若借用西方學術用語而言，朱子是從宇宙論

〔註76〕李退溪：《增補退溪文集・鄭子中別紙》（2），成均館大學、大東文化研究院，1978年版，第17～18頁。
〔註77〕錢穆：《朱子新學案》（一），臺北三民書書局，1971年版，第261頁。

和本體論兩方面立論，羅欽順是在宇宙論一個角度立論，前者的用意是既凸顯「氣」也凸顯「理」，是在二者並重中再談理的「優先」性；後者只是從宇宙論的角度出發，以凸顯「氣」在宇宙間的作用與價值，而沒有體會到前者立論的用意。朱子在理氣論問題上不是沒有問題，只是這個問題不是理氣的分合問題，而是兩種思維不斷交叉而以又語焉不詳的問題。楊國榮就認為，在朱子的體系中，存在「宇宙論地說」與「邏輯地說」兩種思維交叉的情況，而這也就導致了其體系內部的矛盾與混亂。〔註78〕

而羅欽順對理氣的看法，在錢穆看來，又影響到了黃宗羲，黃宗羲在此問題上雖有所見，但還是不能無失：

> 故曰理氣蓋一物而兩名，非兩物而一體。此說似是，而復失之。止曰一物兩名，當知兩名之間自有不同。否則兩名若無不同，既為一物，又何煩有兩名。又黎洲謂理乃一物，不如說是一體。惟雖一體，當合而看，又離而看。〔註79〕

在此，錢穆仔細了分疏了「一物」與「一體」的區別，在否定黃宗羲的「理乃一物」看法的同時，也為自己的理氣「一體」渾成的表述奠定了基礎。可以說，錢穆對於「一物」與「一體」的分疏，也顯示了他作為一位史學家所具有的哲學素養，並非如一些研究者所認為的，錢穆在概念上沒有清晰的表述，只不過這種清晰不是時時處處都有而已。這樣，錢穆就在重大的學術紛爭中，再一次為自己的解析朱子學的「一體兩分、兩體合一」的思維模式進行了論證。

2.2.3 總體評價

錢穆基於事實立論，就限制了理性的無限擴張，與錢穆後來的客觀經驗論的主張在理路上是一致的。可以說，基於史學的歸約思維，理氣關係就是史學中的「常」與「變」關係問題的縮影。「常」對應的是「理」，「變」對應的是「氣」，理氣的一體渾成就是史學中的變與常的統一；「理先氣後」的思維凸顯的是歷史規律的不受時間限制的影響力。

當然，我們也應看到，朱子理氣論是個內涵豐富且外延廣大的問題，研

〔註78〕參見楊國榮：《象山語錄導讀》，《象山語錄・陽明傳習錄》，上海古籍出版社，2000 年版，第 10 頁。
〔註79〕錢穆：《朱子新學案》（一），臺北三民書書局，1971 年版，第 282 頁。

究時至少要有以下幾個方面的考慮：何爲理何爲氣的問題，理氣事實關係問題，理氣邏輯關係問題，理氣論的價值問題，等等，具體研究時可以仔細分疏以下幾個命題：理在氣中、理在氣先、理本氣末、理同氣異、氣同理異、理生氣、理氣動靜。

　　錢穆的「理氣一體渾成」說固然有很多優點，比較切合朱子學的實際，但史學思維的偏重「宏通」也使得朱子學中的很多問題因此而被掩蓋了起來。朱子學不是朱子一個人的學問，它是中國思想寶庫中的一個典型代表，因此，治朱子學也就是在全面深入地解讀中國傳統思想文化，而朱子學中也的確存在著很多可能連朱子自己都沒有明確意識到的深層次問題，這就有待我們運用不同方法，從不同角度切入，將其挖掘出來。因此，治朱子學，宏觀的考慮與微觀的分疏都應該有，而且也應該在一定層面上共存，在這一點上，錢穆的「理氣一體渾成」說偏重的只是「合理地切入」，而對「合理地挖掘」重視不夠。也就是說，在錢穆的朱子學研究中，我們可以見到「對朱熹的偉大體系的完整構圖」（杜維明語），但錢穆看到的只是他想看到的問題，研究的也只是他想研究的問題，而對於朱子學而言，很多有價值的地方、關鍵的地方在錢穆的研究中或是沒有涉及，或是點到爲止。這與錢穆研究朱子學立足的史學立場有關，但作爲朱子思想體系的基石，理氣論不僅是個史學問題，也是個哲學問題。把理氣關係問題從史學角度去處理，展現的是一種歸約思維；把理氣關係問題從哲學角度去處理，展現的是一種逆推思維。歸約思維的好處是可以限制理性的無限擴張，不足是「斬斷」了頭和尾，也就是說，在「來龍」和「去脈」問題的處理上，歸約思維就會顯得力不從心；逆推思維的好處和不足恰恰與之相反，它雖然無法避免理性上的任意擴張，但這種擴張的結果是能得心應手地處理「來龍」與「去脈」的問題，雖然這種處理不見得能讓所有人滿意，但它至少有這方面的可能。

　　一直以來，學界質疑朱子的理學思想主要體現在理氣關係上。作爲從史學角度立論的研究，錢穆對朱子理氣論的研究也是有問題的，首先是他沒有發現朱子對理氣關係的分析中的明顯矛盾之處，這就是氣的「散」與「盡」的問題。很多學者都認爲，朱子對理氣關係的闡發，要麼背離原始儒學，要麼前後矛盾，要麼以理爲本，有先驗論的傾向，可以說，學者們都在質疑朱子學中的理或理氣二者的關係，少有人發現朱子學中氣學思想的問題。別的學者如此，錢穆也是如此。錢穆對朱子理氣關係的理解著眼的是理氣二者的

相即不離，所以得出了「理氣一體渾成」的「一體兩分、兩體合一」的結論。他曾分析了朱子的「理」的內涵，但對「氣」的內涵，他卻自始至終都沒有解說，也沒有對朱子學中「氣」在歸宿上到底是「散」還是「盡」的問題進行絲絲入扣的分析。為此，朱子思想中的問題還是原封不動的傳了下來。為了加深對這個問題的理解，本文接下來就對朱子的氣學思想的矛盾進行一次簡要的分析，藉以說明錢穆在這問題上出現的「盲點」。

「氣」的思想在朱熹的思想體系中佔有非常重要的地位，是其理學思想的紮實落腳點。「氣」是儒家注重現世人道思想以別於釋氏的理論根據所在。固然，朱熹的氣學思想是集大成的產物，但究其底，張載的氣學思想對朱熹產生了至關重要的影響。可以說，張載關於「氣」的很多思想都被朱熹繼承了下來，但在「氣」的歸宿問題上，朱熹對於張載的觀點卻不以為然。

張載認為，

> 太虛不能無氣，氣不能不聚而為萬物，萬物不能不散而為太虛。
> 〔註80〕

> 聚亦吾體，散亦吾體，知死而不亡者，可與言性矣。〔註81〕

這是朱熹所不能接受的，他反對萬物最終要「散而為太虛」「死而不亡」這一提法，因為在他看來，

> 橫渠鬥釋氏輪迴之說，然其說聚散屈伸處，其弊卻是大輪迴。
> 〔註82〕

也就是說，朱熹認為，只要說了人死「氣」只是「散」而不是「盡」，就給輪迴說留下了空隙，即便是大輪迴，也是要不得的，因為這涉及的是儒釋區別的關鍵性問題。

為了能在繼承張載氣學思想的同時，又避免他的「大輪迴」說，於是朱熹以「生生不已」說氣的初始，以「散盡」說氣的終結，朱熹便說：

> 死便是都散盡了。〔註83〕

他似乎認為，不如此說，就不能徹底地鬥佛。固然，以死而氣盡來鬥佛，可

〔註80〕 張載：《張載集‧正蒙》太和篇第一，中華書局，1978 年版，第 7 頁。
〔註81〕 張載：《張載集‧正蒙》太和篇第一，中華書局，1978 年版，第 7 頁。
〔註82〕 朱熹：《朱子語類》（七）卷九十九，黎靖德譯注，中華書局，1999 年版，第 2537 頁。
〔註83〕 朱熹：《朱子語類》（三）卷三十九，黎靖德譯注，中華書局，1999 年版，第 1012 頁。

以阻塞輪迴說的去路，爲儒家注重現世、積極入世的思想提供理論依據，但是，很多的理論問題也由此產生。

（一）是「散」還是「盡」

姜新在評價朱熹的鬼神觀時說道：

> 把人的生死理解爲氣的聚散，有它一定的合理性，關鍵問題是氣如何散，會不會散，正是在這些問題上，朱熹的鬼神觀暴露出了理論的弱點。〔註84〕

的確如此。朱熹說，「死便都是散盡了」，他以爲這樣說意思便都表達清楚了，就可以不入釋氏輪迴之說，但實際上，「散」和「盡」在這裡是兩個截然對立的概念，即便是連在一起用，也不能化解它們的對立。如果認爲人死「氣」只是「散」，則還是張載的思想；如果氣最終是「盡」，則是朱熹自己的思想。那麼他到底主張氣「散」還是主張氣「盡」呢？我們先看一下他自己的表述：

> 人只有許多氣，須有個盡時，盡則魂氣歸於天，形魄歸於地而死矣。人將死時，熱氣上出，所謂魂升也。下體漸冷，所謂魄降也。
> 此所以有生必有死，有始必有終也。夫聚散者氣也。〔註85〕

僅就此段文字，我們看不出在氣的歸宿的問題上朱熹和張載有什麼本質的區別。在此，他直接以「聚散」說氣。雖然先說到了人死氣盡，但與後面的人死則魂魄之氣「歸」於天地的說法，並不矛盾。何以見得？很明顯，說「盡」是就個體而言，說「歸」是就天地之氣的整體而言。就個體而言，死亡就是個體生命的消失，自然是氣「盡」；但就整體之言，

> 一身只是個軀殼在這裡，內外無非天地陰陽之氣。〔註86〕

既然人的一身都在天氣之間，內外都是天地之氣，人死之後氣豈不還在天地之間？個體的生與死都在天地之間，所以個體的死亡也只是氣「歸」於天地。於是，也就可以說，朱熹說氣是以「聚散」言的。但已「散」之氣，不會如原樣再「聚」，這是朱熹以「聚散」言氣的底線：

> 一去便休耳，豈有散而復聚之氣。〔註87〕

〔註84〕　姜新：《試析朱熹的鬼神觀》，南通師專學報（社會科學版），1999 第 3 期，第 23～25 頁。

〔註85〕　朱熹：《朱子語類》（一）卷三，黎靖德譯注，中華書局，1999 年版，第 37 頁。

〔註86〕　朱熹：《朱子語類》（一）卷三，黎靖德譯注，中華書局，1999 年版，第 40 頁。

這樣的觀點也正是張載的觀點。

但在「死而不亡」這個問題上，朱熹似乎與張載有了分歧：

> 死者去而不來，其不變者只是理，非有一物常在而不變也。
> 〔註88〕

> 豈曰一受其成形，則此性遂爲吾有，雖死而猶不滅，截然自爲一
> 物，藏乎寂然一體之中，以俟夫子孫之求而時出以饗之耶？必如此
> 說，則其界限之廣狹，安頓之處所，必有可指言者。且自開闢以來積
> 至於今，其重並積疊，計已無地之可容矣，是又安有此理耶？〔註89〕

就此段文字看來，朱熹堅決地否定了「死而不亡」的說法。但仔細分析就會發現，朱熹在此沒有先談到人死氣是「散」還是「盡」的問題，而是直接轉入了對人死後有無一「物」問題的探討。如果執著於人死還會有一「物」雖死不滅，那麼就是輪迴之說。朱熹否定「死而不亡」也正是在這個意義上談的。所以就此來看，朱熹和張載還是一致的。只不過朱熹是就個體生命而言：死就是氣「盡」了，人死之後豈會有「一物常在」「藏乎寂然一體之中」？不承認有一「物」常在，也就否定了釋氏的輪迴之說，這與以「聚散」言氣並不矛盾。所以，朱熹在這裡批倒的也只是釋氏的「小」輪迴，而不是張載的「大」輪迴。

對於「死而不亡」，朱熹有時的說法卻似與此相互矛盾：

> 所謂天地之性即我之性，豈有死而遽亡之理，此說亦未爲非。
> 但不知爲此說者，以天地爲主耶，以我爲主耶？若以天地爲主，則
> 此性自是天地間一個公共道理，更無人物彼此之間，死生古今之別，
> 雖曰死而不亡，然非有我之所得私矣。若以我爲主，則只是於自己
> 身上認得一個精神魂魄有知有覺之物，即便目爲己性，把持作弄，
> 到死不肯放捨，謂之融會貫通而不亡，是乃私意之尤者，尚何足與
> 語死生之說，性命之理哉？〔註90〕

〔註87〕 朱熹：《朱子語類》（一）卷一，黎靖德譯注，中華書局，1999 年版，第 37 頁。

〔註88〕 朱熹：《晦庵先生朱文公文集》卷四十一《答程允夫》，選自朱傑人、嚴佐之、劉永翔主編《朱子全書》（22），上海古籍出版社，2003 年版，第 1879 頁。

〔註89〕 朱熹：《晦庵先生朱文公文集》卷四十五《答廖子晦書》，選自朱傑人、嚴佐之、劉永翔主編《朱子全書》（22），上海古籍出版社，2003 年版，第 2082 頁。

〔註90〕 朱熹：《晦庵先生朱文公文集》卷四十一《答連嵩卿》，選自朱傑人、嚴佐之、劉永翔主編《朱子全書》（22），上海古籍出版社，2003 年版，第 1853～1854 頁。

一會兒否定「死而不亡」，一會兒又肯定「死而不亡」，似乎相互牴牾，實際上理解的關鍵仍在於：「死而不亡」到底是指氣還是指物。氣是可散的，而物是不可散的。綜合他上述的看法，他似乎是認爲，否定「死而不亡」是從「物」言，肯定「死而不亡」是從「氣」言。如果是這樣，混亂的產生也僅僅是語言表述的問題。但這段引文卻暴露了朱熹在氣學思想上的另一個嚴重的問題：人死之後到底是「亡」還是「不亡」本是屬於生成論層面的問題，但朱熹卻把它變成了認識論層面的問題，也就是變成了基於怎樣的角度回答的問題。這實際上也就是迴避了問題。

迴避問題本無可厚非，但問題的關鍵在於：朱熹在理論的目標上，不僅是反對釋氏的「小」輪迴，也反對張載的「大」輪迴。說人死之後無「物」存在，個體之氣已「盡」固然可以阻塞「小」輪迴的去路，但就天地之氣的整體而言，是無法駁倒「大」輪迴之說的。朱熹把生成論層面的問題演變爲認識論層面的問題，不僅沒能解決問題，反而使問題更加複雜化了。

其實，按照朱熹的思路，要想阻塞「大」輪迴的去路，就必須就天地之氣的整體而言，說氣有「盡」時，而這也是朱熹一直努力想證實的。但說天地之氣有「盡」時，既與朱熹上述言論相牴牾，也又引發出了更多的問題。

（二）「生生不已」與「運轉不息」的矛盾

如上所述，在人死氣是「散」還是「盡」的問題上，朱熹的思想中有著難以彌合的內在矛盾。他既在理論上反對輪迴說，又在實際上重複著張載的氣學思想。於是，在氣的初始問題上的「生生不已」與「運轉不息」的矛盾也相應出現了。

> 氣之已散者，既化而無有矣，而根於理而日生者，則固浩然而無窮也。〔註91〕

朱熹在這裡表述的思想可以理解爲：個體死亡之後，氣就已經盡了；而新的氣又會根於理而生生不已。這裡體現的思維和前面引文體現的思維明顯是有矛盾的。前面已經分析過，朱熹說人死氣「盡」是基於個體的角度，而基於整體的角度──天地，則氣只是「散」。而這裡說的氣「盡」明顯就是基於天地整體的角度，是個體之氣在天地之間的徹底消失。有了氣的徹底消失的問題，才有了新的氣的生生不已的問題。有生有死，這本無可厚非。但這裡面

〔註91〕朱熹：《朱子語類》（一）卷三，黎靖德譯注，中華書局，1999 年版，第 48 頁。

引出的不僅是其思想的前後矛盾的問題，還有更重要的：「有」和「無」是這樣截然對立的嗎？如果這樣截然對立，和佛家的以人生爲空，爲幻，又有何本質的區別？這也就應了張載的話：

> 諸子淺妄，有「有無之分」，非窮理之學也。〔註92〕

朱熹自己主張格物窮理，而最終以理無聚散，以氣爲有盡，這與釋氏的懸空說理又有何本質的不同？

並且，氣能「生生不已」這個命題本身，就是可以從個體生命和天地造化整體兩個角度來分析的。如果僅從個體生命的角度來說，

> 天以陰陽五行化生萬物。〔註93〕

那麼這個「生生不已」與以「聚散」說的氣就是一致的；如果從天地造化整體的角度來說，新氣的「生生不已」與以「聚散」說的氣就相互衝突了，朱熹自己說

> 蓋天是個至剛至陽之物，自然如此，運轉不息。〔註94〕

說天是「至剛至陽之物」，自然是從氣的角度說天，氣既然能「運轉不息」，又哪來的「化而無有」和「根於理而日生」的「浩然而無窮」的氣？

釋氏的問題在於本不知強以爲知，儒家的聰明之處在於知道自己的不知道，不強以爲自己知道。天地到底是從何而來，天地之氣到底有怎樣的運行規律，這或許是個只能漸知的問題。因此，對於此類問題，傳統儒學認爲是不能回答也就不想回答的問題。到了宋代理學家那裡，爲了時代的使命，爲了體系的建構，是無法迴避這樣的問題的，於是在周敦頤那裡，出現了「無極而太極」的解答；在張載那裡，則有了「太虛即氣」的表述。可以說，張載的「太虛」思想是蘊含了豐富的含義的，它是有和無的統一，是理與氣的統一，是新與舊的統一，是幽與明的統一……這些都不是朱熹的「理」所能範圍的。而張載也正是用「太虛」就把氣在來源問題上的理論困境擺脫了：既沒有背離儒家傳統，又以「無無」根本區別了釋老的空和無。朱熹以「理」來釋張載的「太虛」、周敦頤的「無極而太極」，固然爲其理學體系的建構提供了諸多便利，使其思想更加豐富，但不能不說卻背離了周張二人的原意。

〔註92〕張載：《張載集·正蒙》太和篇第一，中華書局，1978 年版，第 9 頁。

〔註93〕朱熹：《四書章句集注·中庸章句》，嶽麓書社，2008 年版，第 25 頁。

〔註94〕朱熹：《朱子語類》（五）卷六十八，黎靖德譯注，中華書局，1999 年版，第 1684 頁。

雖然對於諸如氣的聚散、鬼神等問題朱熹有時的處理一如孔子的「未能事人，焉能事鬼」，也採取迴避的態度，建議提問者多關注現世人生，但有時他又太想解答這樣的問題。而認真地回答氣的來源，認真地分析氣的去向，以肯定性的「理」來否定不肯定性的「太虛」所導致的是：如果認為人死氣散，就沒有駁倒張載的「大輪迴」說；如果認為人死氣盡，就在氣的歸宿問題上最終流入了釋氏的「空」，這樣也就不自知的走入了釋氏的陣營。因此可以說，朱熹最終也沒有解決問題。而且，也背離儒家了「知之為知之，不知為不知，是知也」的傳統，也正如方旭東就說，

> 朱熹認為，鬼神事與日用常行並非息息相關，故大可不必急於理會。朱熹對鬼神問題的這種後置乃至略視態度……這個思想無疑反映出一種務實精神。……然而，對於那些關心鬼神問題並想一知究竟的人來說，朱熹的這種解答幾乎沒有涉及到一點實質內容，看上去更像是在迴避問題。〔註95〕

（三）祭祀「感格」的到底是「自家之氣」還是「祖考之氣」

朱熹在氣的問題上的矛盾狀況，在他的有關祭祀和鬼神的思想中得到了鮮明的體現。正如姜新所說：

> 在朱熹看來，世俗之鬼神是具有人格的精神實體，而這個精神實體也是構成佛教六道輪迴的基礎。因此，朱熹的鬼神觀也直接跟佛教相衝突，朱熹並用它來反對佛教。……但是一旦用這樣觀點去解釋具體的諸如生死、祭祀、卜築以及鬼怪神跡等問題時就暴露出這種理論的軟弱無力。〔註96〕

「這種理論的軟弱無力」集中體現在「感格」之理上，

> 感格說是朱熹鬼神觀的一個重要部分，它一方面是朱熹理學的邏輯結果，另一方面是人與天地鬼神相互溝通的橋梁。〔註97〕

朱熹說：

〔註95〕 方旭東：《道學的無鬼神論：以朱熹為中心的研究》，《哲學研究》，2006 年第 8 期，第 32〜37 頁。

〔註96〕 姜新：《試析朱熹的鬼神觀》，南通師專學報（社會科學版），1999 第 3 期，第 23〜25 頁。

〔註97〕 姜新：《試析朱熹的鬼神觀》，南通師專學報（社會科學版），1999 第 3 期，第 23〜25 頁。

> 論魂魄之正，則便是陰陽，元非他物。若天地之陰陽無窮，則
> 人物之魂魄無盡，所以誠意所格，有感必通。〔註98〕

這裡談感格之理談得很是渾淪，只說天地之氣無窮，人物之魂魄無盡，所以感而遂通。至於感格的是自家之氣還是祖考之氣，他沒有明說。但有一點可以肯定的是，朱熹認為，人只要至誠是可以與天地之氣相感通的，這是與周張二人沒有本質區別的。

> 這個天地陰陽之氣，人與萬物皆得之。氣聚則為人，散則為鬼，
> 然其氣雖已散，這個天地陰陽之理生生而不窮。祖考之精神魂魄雖
> 已散，而子孫之精神魂魄自有些小相屬。故祭祀之禮盡其誠敬，便
> 可以致得祖考之魂魄。這個自是難說，看既散後一似都無了。能盡
> 其誠敬便有感格，亦緣是理常只在這裡也。〔註99〕

這段話中有一個關鍵點，即「看既散後一似都無了」，那就是說，朱熹所認為人死之後氣並沒有真的「都無了」，既然子孫與祖考在精神魂魄上有相同或相似之處，那麼祭祀感格的也就是以「自家之氣」應那「祖考之氣」。至於為何會如此，朱熹又繼續分析說：

> 自天地言之，只是一個氣。自一身言之，我之氣即祖先之氣，
> 亦只是一個氣，所以才感必應。〔註100〕

他又進一步說：

> 人死，雖是魂魄各自飛散，要之，魄又較定。須是招魂來復這
> 魄，要他相合。復，不獨是要他活，是要聚他魂魄，不教便散了。
> 聖人叫人子孫常常祭祀，也是要去聚得他。〔註101〕

但有時朱熹的回答與此相矛盾：

> 「子孫盡其誠敬，則祖考即應其誠，還是虛空之氣自應吾之誠，
> 還是氣只是吾身之氣？」曰：只是自家之氣。蓋祖考之氣與已連續。
> 〔註102〕

〔註98〕 朱熹：《晦庵先生朱文公文集》卷四十九《答王子合書》，選自朱傑人、嚴佐之、劉永翔主編《朱子全書》（22），上海古籍出版社，2003年版，第2256頁。

〔註99〕 朱熹：《朱子語類》（一）卷三，黎靖德譯注，中華書局，1999年版，第46頁。

〔註100〕 朱熹：《朱子語類》（一）卷三，黎靖德譯注，中華書局，1999年版，第47頁。

〔註101〕 朱熹：《朱子語類》（一）卷三，黎靖德譯注，中華書局，1999年版，第50頁。

〔註102〕 朱熹：《朱子語類》（二）卷二十五，黎靖德譯注，中華書局，1999年版，第621頁。

前面說祭祀的時候，禮節要是極盡誠敬，就可以「致得」祖考之魂魄，這裡又說感應的是與「祖考之氣」相連續的「自家之氣」，自相矛盾顯露無疑。

如果我們姑且僅順著朱熹此一句話的思路往下分析，問題還是會繼續出現：基於血源關係的祭祀感格的是與「祖考之氣」連續的「自家之氣」，那麼不基於血源關係的祭祀因何也會靈驗？

> 問：今愚民於村落杜撰立一神祠，合眾以禱之，其神便靈。曰：
> 可知眾心之所輻湊處自暖，故便有一個靈底道理。〔註103〕

說「眾心之輻湊處自暖」，這是說人氣與天地之氣的相感通。既然人氣與天地之氣能相感而不必有血源關係，那麼就不能說，感格的只是自家之氣。

而下面的說法更說明了祭祀所感絕非只是自家之氣：

> 鬼神固是以理言，然亦不可謂無氣。所以先王祭祀，或以燔燎，
> 或以鬱鬯，以其有氣，故以類求之耳。〔註104〕

「以類求之」的「之」僅是自家之氣嗎？顯然不是，那具體是什麼，也是我們無法肯定回答的問題。我們能回答的只能是：如果肯定感格之理是存在的，那麼只能說天氣之間氣是相通的。這樣理解，也會讓我們對天地造化心存一份敬畏。

臺灣的杜保瑞先生認為，

> 朱熹對於這個問題的思考是極為徹底的，祖先祭祀並不表示祖
> 先以永恒存在的人鬼身份繼續存活，而是在子孫的需求中暫時摶聚
> 感格一下而已，祭完便散。另外，也只有子孫易於感格祖先，故易
> 於因祭而聚之，甚至立子孫之幼者為屍以祭之都是為聚這祖先之
> 氣。〔註105〕

杜先生在這裡的分析可說有得有失。肯定人死之後不再有「永恒存在」的鬼，子孫祭祀只是「摶聚」「感格」「祖先之氣」，這都有一定的合理性；說「朱熹對這個問題的思考是極為徹底的」，則未必妥當。朱熹在「氣」的來源與歸宿問題上的混亂，也在他的鬼神觀上體現無疑。

〔註103〕朱熹：《朱子語類》（六）卷八十七，黎靖德譯注，中華書局，1999年版，第2262頁。

〔註104〕朱熹：《朱子語類》（六）卷八十七，黎靖德譯注，中華書局，1999年版，第2263頁。

〔註105〕杜保瑞：《從朱熹鬼神觀談三教辯證問題的儒學理論建構》，東吳哲學學報，2004第8期，第55～92頁。

（四）氣與闢佛

任何思想都是絕對與相對的統一，眞正有價值的思想不能僅僅是對抗的產物，應該是用時代的眼光所見到的實理之當然，朱熹的氣學思想體現的卻主要是時代的需要：

> 因說佛老氏卻不說著氣，以爲此已是渣滓。必外此然後可以爲道，遂至於絕滅人倫，外形骸，皆以爲不足恤也。〔註106〕

肯定氣的價值，也就肯定了現世的價值，人倫的價值。在此意義上說，朱熹提倡氣是積極的。

> 日月寒暑晦明，可言反覆。死無復生之理。今作一例推說，恐墮於釋氏輪迴之說。〔註107〕

只是爲了不墮入釋氏的輪迴之說，朱熹在肯定氣的價值的同時卻不惜將天人一分爲二：寒暑可言反覆，人死則不能復生。就個體而言，人死則不能復生是無可懷疑的；但就天地之氣的整體而言，無論人是生是死都在天地之間，人氣與天地之氣是相通的，決不能說天人爲二。且依據能量守恒定律，哪裏就有徹底的「無」？朱子這樣處理「氣」的結果只能是：想挺立儒家卻又背離了其思想傳統，想闢佛卻在終極意義上落入了佛家的「空」。可以說，肯定人死氣散與輪迴說沒有必然的相聯，因此也沒有必要爲了闢佛的時代使命而忽視思想的普遍意義。

（五）朱熹氣學思想內在矛盾產生的原因及啟示

楊國榮認爲，

> 對「氣」與「理」的不同側重，同時也使理學的不同系統形成了各自相異的思想路向。〔註108〕

這種分析無疑是切入問題要害的。對於側重於「理」的朱熹來說，借鑒側重於「氣」的張載的思想必然是有限度的，只能在其理論允許的條件下進行。同時，對張載的氣學思想進行繼承和改造，還要處理好實然和當然、必然的關係。在朱熹的思想體系裏對於「理」的側重，必然導致他對於「氣」的實

〔註106〕朱熹：《朱子語類》（七）卷九十八，黎靖德譯注，中華書局，1999 年版，第2508 頁。

〔註107〕朱熹：《晦庵先生朱文公文集》卷五十四《答徐彥章》，選自朱傑人、嚴佐之、劉永翔主編《朱子全書》（23），上海古籍出版社，2003 年版，第2582 頁。

〔註108〕楊國榮：《化當然爲必然——朱熹思想的内在趨向》，中山大學學報（社會科學版），2009 第 1 期，第 101～108 頁。

然狀態的不重視。而沒有了建立在實然狀態上的「氣」的思想，他的理學大廈才就很難說牢不可破了。所以，朱熹氣學思想的內在矛盾是本質上是無法避免的。若專就氣學而言，朱熹的思想遠不如張載通透。

但從另一個角度說，朱熹的氣學思想的內在矛盾是可以淡化的。因為朱熹在「氣」的問題上的矛盾主要是在過分濃重的對抗意識的催生下出現的，如果在對抗之時先想好理論內部的圓融與通透，再發表言論，問題可能會少得多。錢穆說「朱子乃中國儒學史上一傑出之博通大儒」這話沒錯，但在朱子學的研究上，錢穆卻沒有深入分析朱子關於「氣」的思想，沒有深入追問「氣」的「來龍去脈」，這，不能不說是錢穆的朱子學研究上的一個明顯缺失。

另外，錢穆也忽視了對朱子理氣論中最重要的問題的解答，即朱子為何要說「理先氣後」？或者說：「理先氣後」在朱子的思想體系中有何意義與價值？其實，如果這個問題解決了，其它的問題也會一一迎刃而解。

錢穆對朱子理氣論的研究由此也引起的了我們的思考：是錢穆把本來複雜的問題簡單化了，還是有些哲學家把簡單的問題複雜化了？或者，是錢穆簡單的問題還原為簡單地解決了，還是有些哲學家把複雜的問題複雜地呈現出來了？這，是值得我們進一步思考和探究的問題。

2.3　心性論：「善言心者莫過於朱子」

極力提高「心」在朱子學體系中的地位，反對理學與心學的劃分與門戶之爭，是錢穆治朱子的又一個顯著特徵。那麼，在錢穆看來，朱子學的「心」有何獨特內涵？錢穆為何會大力提高「心」在朱子學中的地位？錢穆對朱子學中「心」的研究有何成敗得失？下面，本文就對此一一加以闡述。

2.3.1　朱子心學的內涵

在錢穆看來，朱子的心學有著不同於陸王的內涵，具體體現為：

其一、關於心體的言說。

首先，朱子罕言陸王意義上的心體。

> 朱子對心學底另一番貢獻，即朱子對心體呈現之說之非難是也。大抵陸王心學總喜歡說心體，朱子卻不喜說心體，此乃朱子最高明處。〔註109〕

〔註109〕錢穆：《中國學術思想史論叢・朱子心學略》（卷五），安徽教育出版社，2004年版，第143頁。

在當時心學者所言之心體，朱子則僅認為是此心一時之用。並
不能仗此一時之用作為把柄，橫用豎用，惟我所使。此為朱子論心
體的真意見。〔註110〕

陸王喜說心體，而朱子不喜說心體，在錢穆看來，這正體現了朱子的高明。
為何朱子罕言心體就是朱子的最高明處呢？接下來，錢穆就人文演進的歷程
分析了朱子不喜說心體的價值：

今就人文演進之歷程言，必先由人類之欲望及行動引出知識，
並不是先有知識了，始生欲望與行動。此方面實是陸王理論較勝。
但及人文演進已深，已經歷了一個相當時期，人類種種經驗和發明
積累已多，人心本屬相同，為何不承接這一分遺產，偏要深閉固拒，
獨自一人從頭做起？所以陸王在理論上固是簡捷，但引用到工夫上
來，卻反似徑而實紆。因此他們要捏造出一個心體來逃避那種似徑
實紆的方法論。這一邊程朱在工夫上，借聖言來作己心之參考，卻
是似紆反徑。但在理論上，又要妝點出一個理先氣後，則像是支離
了。所以就人文源頭處說知行本體，則陸王之言為是。就日常實際
說修習軌轍，則朱子之論為允。〔註111〕

在這裡，錢穆從工夫論的角度分析了朱子罕言心體的意義，認為陸王的工夫
論是「似徑實紆」，程朱的工夫論是「似紆實徑」，而程朱的這種「似紆實徑」
的工夫論，就為後學的日常實際提供了修習的軌轍，就此而言，朱子罕言心
體是公允的。大程子程顥有《識仁篇》，但朱子在編寫《近思錄》的時候沒有
編入，也是因為他不認可程顥的「以心觀心」的提法：

朱子論心，曰心具眾理，心統性情，又曰心體明覺，主要不外
是三者。當時別有一種認識心體之說，朱子極所反對。《文集》卷四
十九《答王子合》有云：「所謂可識心體，則終覺有病。窮理之學，
只是要識如何為是，如何為非，事物之來，無所疑惑耳。非以此心
又識一心，然後得為窮理也。」〔註112〕

「以此心又識一心」，這是「頓進」的工夫，朱子以為窮理之學，不可言「頓

〔註110〕 錢穆：《中國學術思想史論叢·朱子心學略》（卷五），安徽教育出版社，2004
年版，第 148 頁。
〔註111〕 錢穆：《中國學術思想史論叢·朱子心學略》（卷五），安徽教育出版社，2004
年版，第 155 頁。
〔註112〕 錢穆：《朱子新學案》（二），臺北三民書局，1971 年版，第 237 頁。

進」，而言「頓進」、「頓悟」，猶言心體呈現，無異於禪家的說法，這是朱子所不喜歡的。錢穆認為，朱子只不認有這樣一個心體，可以為人一眼瞥見，把來在凡事凡物上應用。因為認可了有這樣一個心體，會讓人流於靜定死守，長久下去，無異於為後世的流弊製造了源頭，正如陳來所說，

　　　朱熹的這種立場很大程度上是為了警惕佛教的影響。〔註113〕

以上談的是錢穆認為朱子論心為何反對心體之說，接下來，我們繼續分析在錢穆的研究視野下，朱子論心的內涵。在錢穆看來，朱子論心的內涵主要體現在「心具眾理」，「心統性情」、「心體明覺」這三個方面。

「心具眾理」邏輯地包括兩方面的內涵，一是心原本就涵有眾理，一是心的最後指向是眾理。前者與朱子的「天命之性」的提法是一致的，後者與「氣質之性」的分疏是一脈相承的。因為天與人原本是合一的，所以有「天命之性」的提法，由此而言，可說「性即理」；因為事實上的天與人沒能合一，所以有「氣質之性」的提法，由此而言，不能說「心即理」，還要說「性即理」或「心具眾理」。「心具眾理」為工夫論預留了可能與空間。

「心統性情」體現的是一種心、性、情三分的思維。這種思維與「天命之性」與「氣質之性」的劃分一樣，都是朱子從張載那裡繼承來的，朱子曾無數次表示張載的「心統性情」說有功於聖學。朱子為何會如此看重「心統性情」說呢？因為這種提法與朱子的罕言心體一樣，都為他所主張的格物窮理的工夫論提供了必要和可能。

先說心與性的關係。朱子不言心體，又分「性」為「天命之性」與「氣質之性」，這樣，「性」與「心」的關係就呈現出一種動態性，「心統性情」中的「性」既可以指天命之性，也可以指氣質之性。由此，在不言心體的情況下，「心統性情」的提法就既保障了道德超越的可能，也強化了道德超越的必要。

再說性與情的關係。在中國思想史上，「情」一直處於很不堪的境地。唐代李翱的「性善情惡」說即是明證，他認為性是善的根源，情是惡的根源。到了朱子那裡，如果不給「情」一個合法的地位，一者會繼續背離孔孟的原始儒學，因為無論是孔子的「仁」還是孟子的「四端」，都是從「情」的角度立論；二者會讓儒學流為異端，與釋氏的絕情滅性沒有本質的區別；三者會

〔註113〕陳來：《宋明儒學論・李延平與朱晦庵》，復旦大學出版社，2010年版，第48～49頁。

讓性與情的關係始終處於一種緊張的狀態，這樣，儒學的工夫論的魅力也就
因此也喪失。基於此，朱子認為：

> 性是體，情是用，性情皆出於心。〔註114〕

這樣，不僅情的合法性地位得到了確證，性的崇高性也由此彰顯了出來。

再往下，就要說到心與性情的關係。在此，朱子用了一個「統」字，而
理解「心統性情」說的關鍵就是對「統」字的理解。蒙培元認為，朱子的「心
統性情」說的「統」字有二義，

> 一是心「兼」性情，一是心「主」性情。〔註115〕

陳來也認為朱子的「心統性情」有心「兼」性情、心「包」性情與心「主」
性情兩個方面。〔註116〕的確如此。心「兼」性情是就本然狀態與理想境界而
言，心「主」性情是就現實工夫而言。就心「兼」性情而言，這裡的「心」
是具眾理的，這時的「性」是天命之性，情也就是至善無惡的，無疑，這是
在說本然的與理想的天人合一的境界；就心「主」性情而言，心對情有主宰
的作用，心對氣質之性有使其變化的能力，無疑，這是在說現實的工夫環節。
兼顧理想境界與現實工夫正是朱子在提倡「心統性情」時的主要考慮。正因
為如此，朱子的「己丑之悟」由舊中和說的「心為已發，性為未發」改變為
新中和說的「心統性情」就不難理解了，因為「心為已發，性為未發」既沒
有了情的存在地方，又讓心時刻處於一種變化之中，這樣就必然導致缺略了
一段靜時的工夫，「敬」的工夫也就沒有了價值。

錢穆認為，朱子心論的第三個重要方面體現在「心體明覺」上，這主要
是側重於工夫立論。心具有知覺作用，這是朱子繼承荀學的體現。陳來曾這
樣說朱子學的「心」：

> 「心」只是一個現實的、經驗意識的概念，只是一個感應知覺
> 之心，在經驗意識與現實知覺之外之後不存在其它作為本體的心，
> 在變化出入的心之外不存在其它不起不滅的心。

本文認為，這裡有一個詞語值得商榷，就是「只是」二字。朱子學的「心」
固然彰顯了知覺心的屬性，但不是只有這個屬性。正如蒙培元所說：

> 在朱子哲學中，心是本體及其作用的統一體，既有精神層面，

〔註114〕黎靖德：《朱子語類》卷九十八，中華書局，1999 年版，第 2513 頁。
〔註115〕蒙培元：《朱熹哲學十論》，中國人民大學出版社，2010 年版，第 108 頁。
〔註116〕陳來：《朱子哲學研究》，華東師範大學出版社，2000 年版，第 249 頁。

但又不是靈魂一類的精神實體，既有知覺層面，但又不是單純的知
覺之心。朱子有時從本體層面說心，即所謂「本心」，有時從作用層
面說心，即「知覺心」。但不能由此認為，朱子所說的心，要麼是「本
心」，要麼是「知覺心」，二者之中只能取一而不能兼有，否則就是
自相矛盾。事實是，在朱子心說中，本體表現為作用，而「存」於
作用之中，作用實現本體而其中「有」體。這是體用統一之說，不
是體用二元分立之說。〔註117〕

有體有用，這才是朱子學的「心」。既談理想境界又談現實工夫，且凸顯工夫
論層面，這才是朱子心說的著力點。

通過上述對朱子心學的分析，我們不難看出，錢穆對朱子心學內涵的概
括，認為主要體現為「心眾具理」、「心統性情」、「心體明覺」三個方面，無
疑是慧眼獨具且抓住問題關鍵的。

其次，朱子也言心體，但朱子所說的心體與陸王的所用心體有本質的差
別。在朱子的著作中也時常會見到「本心」、「心體」這樣的詞彙，那麼它們
究竟是何意指呢？

錢穆曾舉朱子著名的《大學格物補傳》來談朱子所言「心體」的含義：

洞見全體，直是一種意識想像，朱子最不喜言。讀者必疑既如
此，則朱子在《大學格物補傳》上何以又說「吾心之全體大用」乎？
當知朱子所謂吾心之全體，只指在事事物物上窮格後的一種會通，
並非有一物焉可以使人洞見，更不曾說待洞見此體了，便可以應萬
事萬物而曲得其當也。〔註118〕

由此，我們可以說，在錢穆看來，朱子之「心體」主要是從境界言，是「萬
理明徹之後，此心湛然純一。虛明洞徹，無一毫之累」的一種心與理一的理
想境界。

接下來看「本心」。朱子「聖賢千言萬語，只要人不失其本心」及「凡學
先要明得一個心，然後方可學」等語中所說的「心」，都是在說「本心」。

無論講「心之德」，還是講「愛之理」，都是講本心之仁，也就
是良心。「良心者，本然之善心，即所謂仁義之心也。」本心就是良

〔註117〕蒙培元：《朱熹哲學十論》，中國人民大學出版社，2010 年版，第 82 頁。
〔註118〕錢穆：《中國學術思想史論叢‧朱子心學略》（卷五），聯經出版事業公司，1998
年版，第 265～266 頁。

心善心，而仁即是本心之全德，因此，以仁說本心，是朱子心說的
旨意所在。〔註119〕

如果說「心體」是就理想境界而言，那麼「本心」即是就本然狀態立論，一
個側重於「終」，一個側重於「始」，如此而已。就此而言，朱子的「本心」
與「心體」與陸王的「心體」是不同的，因為在錢穆看來，陸王的「心」是
一物，且是塊然的「死」物：

塊然守這心，照朱子意，便是死了，便是人欲。朱子卻要繼此下
博學工夫。於是遂生出內外動靜之辨。此為朱子論心學精彩處。〔註120〕

如果以「心體」為一物，那麼學子就會自以為是，就會置書不讀，這樣依然
會流入異端。可以說，朱子學中的很多命題都是為格物致知的工夫立論，都
是為闢佛立論。錢穆闡發的程朱理學與陸王心學的區別，也是由此切入：

工夫用在「識心」上，不用在「存心」以識理上，這是心學與
理學之所分歧。〔註121〕

其二、關於心與理的關係問題。

心與理的關係問題實質上是對上文提到的「心」所具有的一個方面內涵—
—「心具眾理」的具體展開。正如心有體用一樣，心與理依然存在著體用的關
係。而心與理的關係問題，集體地體現為「心即理」與「性即理」的問題。

就錢穆看來，朱子所闡發的的心與理的關係，主要體現在兩個層面：一
是朱子常言「性即理」，罕言「心即理」；二是朱子也言「心即理」。

首先，錢穆認為，朱子常言「性即理」，罕言「心即理」，而程朱一派的
「性即理」較之陸王一派的「心即理」更為合理：

理學家始言氣質之性，則性上亦非無病。但變化氣質，工夫則
仍在心上用。必須存養，以待長成。程朱多言性即理，陸王乃言心
即理。但理無可改，亦無所謂病，性與心皆有病，而工夫則盡在心
上用，不能在性上用。故自為學工夫言，程朱言性即理，較少失。
陸王言心即理，則多失。〔註122〕

〔註119〕蒙培元：《朱熹哲學十論》，中國人民大學出版社，2010年版，第121頁。

〔註120〕錢穆：《中國學術思想史論叢·朱子心學略》（卷五），安徽教育出版社，2004
年版，第134頁。

〔註121〕錢穆：《中國學術思想史論叢·朱子心學略》（卷五），安徽教育出版社，2004
年版，第134頁。

〔註122〕錢穆：《宋明理學三書隨劄》，生活·讀書·新知三聯書店，2002年版，第149
～150頁。

從工夫論的層面闡發程朱「性即理」的價值，錢穆所見甚當。那麼，象山的「心即理」又失敗在何處呢？錢穆說道：

> 「宇宙便是吾心，吾心即是宇宙」……非個人唯心論，但亦是一種宇宙唯心論，實不如程朱提出性字又說性即理，又把理氣分說之較爲近情，而且亦決非孟子所謂人心之所同然之心矣。象山說心不該從軀殼上起念，亦不如明道心在腔子裏，以及朱子心屬氣之說之較更近理也。故若把心性從人類推擴到萬物身上去，則謂物皆有性猶可，謂物皆有心，此論便是周折。朱子亦說天地萬物亦有心，然較象山說法顯然近情。〔註123〕

在此，錢穆把象山之失一一羅列了出來。借用西方的學術語言即是：一、象山的把心與宇宙等同是一個徹底的唯心論，是一種極端的個人主義話語，因此也就不再有包容性；二、從儒學的傳統而言，象山所言之心也不同於孟子的「同然之心」，因爲孟子的「同然之心」是有著歷史文化內涵的，體現的不僅不是極端的個人主義，而且是對群體的尊重；三、象山對心的倫理屬性的認識，不能抓住問題的要害，因此，語言表述也就欠佳；四、象山捨卻「性」來談「心」，在宇宙萬物的層面上，就很費周折。因爲象山的「心」內涵很少，外延很窄，少到容不下「性」，窄到容不下宇宙萬物：

> 竊謂朱陸心即理性即理之爭，其背後必牽涉到宇宙論問題。朱子主性即理，有理氣的宇宙論爲之作證。陸子主心即理，把宇宙外一切全綰結到心上，於濂溪《太極圖說》、橫渠《西銘》皆所不滿，其自身不能有一套完密的宇宙論，則說到底沒有一歸宿。故凡專主一心以概括一切者，勢不能不借助於老佛。……是孔子七十而從心所欲不逾矩之境界，乃可專於靜坐一節上易簡得之也。陽明良知之學，亦於龍場驛靜中得悟。其晚年乃有良知生天地神鬼神帝之說，是亦由孟子良知轉爲釋氏之佛性矣。〔註124〕

從上述對「性即理」、「心即理」的分析我們可以看出，錢穆認爲朱子的「性即理」既保證了「理」的絕對權威性與合法性，同時又爲爲學工夫留下

〔註123〕錢穆：《中國學術思想史論叢·辨性》（卷五），安徽教育出版社，2004 年版，第 256 頁。
〔註124〕錢穆：《中國學術思想史論叢·明初朱子學流衍考》（卷七），安徽教育出版社，2004 年版，第 15 頁。

了廣闊的施展空間；而相反，陸王的「心即理」之說，不僅自己未能完密，且徑自發展下去，定會轉入佛門的空理。

以上是錢穆從宇宙論、工夫論等角度對比分析陸王的「心即理」與程朱的「性即理」的不同，藉以說明朱子心論的價值。有一點需要指出的是，受時代思維的影響，錢穆在分析朱子心論時受往往有著鮮明的進化論的痕跡：

> 若從原始人類言，此等心皆可謂之是天理，但若從人類文化已衍進之後之社會言，則此等心有時實也不得不謂之是人欲。因此，陸王主心即理，而程朱主性即理，其間不得不放進人類歷史文化之衍進一層來作衡評。〔註 125〕

可以說，將西方的社會進化論思想納入其歷史思維，是錢穆在研究朱子時融會西學的一個顯著表徵。

其次，朱子也言心即理，但朱子不輕言心即理，而言心具眾理、心統性情。錢穆這樣說道：

> 然朱子所謂心即理。……未到仁者地位，即不得漫言心即理。……未到知者地位，亦不得漫言心即理。《論語》言「仁且知既聖矣。」象山謂「東海有聖人，西海有聖人，千萬世之前之後有聖人，此心同，此理同。」亦必特舉聖人言之。苟不至聖人地位，亦不得漫言心即理。就此一點，是朱陸大同處。〔註 126〕

朱陸之大同處，在於都在理想境界的層面上談到「心即理」，不同之處在於朱子在現實層面上從不談「心即理」。就此而言，錢穆認為朱子對「心即理」的表述更加合理。那麼錢穆的看法是否準確呢？我們看蒙培元的說法：

> 朱陸之間的分歧，並不在陸象山講本心而朱子不講本心，也不完全是「心即理」與「性即理」的區別。如果從本體的層面講，朱子也持「心即理」、「心即性」之說，不能說朱子從根本上反對「心即理」說。但是，鑒於佛氏的空無虛寂之說，朱子運用心性分說與合說的方法，試圖堵死以心之虛體為性之實理的可能。因此，如果從作用層面上說，朱子確實不能完全接受現成的「心即理」說。「心

〔註 125〕錢穆：《中國學術思想史論叢·心與性情與好惡》（卷二），安徽教育出版社，2004 年版，第 86 頁。

〔註 126〕錢穆：《中國學術思想史論叢·朱子心學略》（卷五），安徽教育出版社，2004 年版，第 130 頁。

即理」作爲本體論的前提，還須作一些論證，如前所說，在作用層
面會出現更複雜的情況，如何實現心與理一，這才是朱子心學所要
解決的問題，而不是從前提簡單地推出結論就能解決的。〔註127〕
「如何實現心與理一，這才是朱子心學所要解決的問題」，可謂一語中的。朱
子正是在保證前提的情況下來彰顯工夫論的價值的，就此而言，蒙培元的表
述和錢穆的看法真的是如出一轍。

　　朱子不輕言心即理，而言性即理、心具眾理，就不能不把心、性、情的
關係做一仔細的分疏，而這一分疏的最後定論，就是作爲中和新說的「心統
性情」論：

> 心能爲性情主，始能妙性情之德。性情之德屬於自然，惟心能
> 主宰運用之，乃爲人生道業工夫所繫。若只曰心即理，像似重視此
> 心，實則減輕此心之分量與功能不少矣。故又曰：「性對情言，心對
> 性情言。合如此是性，動處是情，主宰是心。大抵心與性似一而二、
> 二而一，此處最當體認。」謂之一者，如謂心即理，謂之二者，如
> 謂當使此心主宰始得理，是也。又曰：「性以理言，情乃發用處，心
> 即管攝性情者也。」故程子曰：「有指體而言者，『寂然不動』是也」，
> 此言性也：「有指用而言者，『感而遂通』是也」，此言情也。」朱子
> 意，不僅重在分性情爲體用動靜，更重在主以心爲管攝。〔註128〕

從此段文字不難看出，錢穆和蒙培元一樣，也是從心「兼」性情和心「主」
性情兩個角度來理解「心統性情」論。心、性、情的體用一源關係，可分說
可合說的關係，是與朱子的居敬窮理的工夫論一脈相承的。那麼，在錢穆看
來，朱子所謂的居敬窮理又與「心」有何關係呢？

> 朱子所謂居敬，只要此心常常覺醒。朱子所謂窮理，則要人將
> 此醒覺的心來好好應付外面事物。〔註129〕

錢穆用非常簡明扼要的語言分析了居敬窮理與「心」的關係，換句話說，居
敬窮理的工夫都要在心上做，都是心學工夫。在工夫論的話語系統中談「心」，
「心」自然就有了知覺的作用：

〔註127〕蒙培元：《朱熹哲學十論》，中國人民大學出版社，2010年版，第93頁。
〔註128〕錢穆：《朱子新學案》（二），臺北三民書局，1971年版，第35～36頁。
〔註129〕錢穆：《中國學術思想史論叢·朱子心學略》（卷五），安徽教育出版社，2004
　　　　年版，第153頁。

「心性理，拈著一個，則都貫穿。」後人又稱理學曰性理之學，依照上引語，可見性理之學正即是心學。一切對性與理之認識與工夫，將全靠心。若抹去了心，將無性理學可言。故又說：「所知覺者是理，理不離知覺，知覺不離理。」

知覺非常重要，沒有心的知覺，就不會有理的存在空間。但無論如何，知覺只是心的一種功能，不能因此而抹殺心的其它內涵，也不能說有了知覺就是有心：

動物只能說他有知覺，不能說他有心，直到人類才始有心。知覺是由接受外面印象而生，心則由自身之覺證而成。……人類的心，又是如何樣發達完成的呢？人類最先應該也只有知覺，沒有心。……知覺大體是被動的，是一往不留的。必待那些知覺成為印象，留存不消失，如此則知覺轉成了記憶，記憶只是知覺他以往所知覺，換言之，不從外面具體物質來產生知覺，而由以往知覺來再知覺，那即是記憶。記憶的功能要到人類始發達。人類的記憶發達了，便開始有了人心。……心可以知覺他自己，便是知覺他以往所保留的印象，即是能記憶。如是我們可以說記憶是人類精神現象之創始。……人類又如何能把他對外面物質界的知覺所產生的印象加以保留，而發生回憶與紀念呢？這裡有一重要的工具，便是語言和文字。〔註130〕

由知覺（心的功能之初步表現）慢慢產生語言（包括文字），再由語言（包括文字）慢慢產生心。〔註131〕

很明顯，錢穆又運用了進化論的思維來談「人心」有別於動物「知覺」的價值。在錢穆看來，「心」是有著鮮明的歷史文化內涵的，不能說有知覺就有心。但心的知覺作用是所有的工夫得以進行的物質基礎，不能忽視心的知覺作用。多角度談「心」，在錢穆看來，這是朱子在傳承中有所創造的明證：

朱子所論各項心學工夫，其言靜敬，言涵養省察，大體是承襲前人，而加以一番審辨與論定。其言克己與立志，則創闢新義，有未為北宋以來理學諸家所特加重視者。然朱子論心學工夫最要著意所在，則為致知。懸舉知識之追尋一項，奉為心學主要工夫，此在

〔註130〕錢穆：《湖上閒思錄》，生活・讀書・新知三聯書店，2005年版，第4～5頁。
〔註131〕錢穆：《湖上閒思錄》，生活・讀書・新知三聯書店，2005年版，第6頁。

宋元明三代理學諸家中，實惟朱子一人為然。欲求致知，則在格物。就理學家一般意見言，心屬內，為本。物屬外，為末。理學家所重之理，尤在心性方面。心性之理，則貴反求而自得。朱子不然，認為內外本末，須一以貫之，精粗具到，統體兼盡。此為朱子在一般理學思想中之最獨特亦最偉大處。故朱子不僅集北宋以來理學之大成，實欲自此開出理學之新趨。後人莫不知朱子講格物，乃於其所講格物精義，則頗少能繼續加以闡發與推進，此乃一大可惋惜之事。〔註132〕

在錢穆看來，在朱子所有的心學工夫中，致知格物最為根本，而這也正是牟宗三判朱子為「別子為宗」的依據。因為在牟宗三看來，格物是一種「橫向」攝取義理，所以程朱一系為橫攝系統，是與儒學大宗的「縱貫」系統不同的「旁出」。那麼錢穆又是如何理解朱子的格物大義呢？

朱子格物大義，大體俱如上述。茲再撮述要旨。一、朱子所論格物工夫，仍屬一種心工夫，乃從人心已知之理推擴到未知境域中去。二、人心已知之理，如慈孝，如見牛而發不忍之心等，推擴所至，則禮樂制度治平之道，以及宇宙造化，種種物理現象，皆包在內。三、朱子所論理，認為萬理皆屬一理，理不離事物，亦不離心。理必寓於事物中，而皆為吾心所能明，所能知。四、人心自然之知，如知慈孝，如知不忍，非即是窮理後之知，必待窮理以後之知，乃始為透底徹骨之真知。五、專務於內，從心求理，則物不盡。專務於外，從物窮理，則心不盡。物不盡，心不盡，皆是理不盡。必心物內外交融，達至於心即理之境界，始是豁然貫通之境界。〔註133〕

很明顯，錢穆認為朱子從未曾離開「心」來言「格物」，朱子是在心有知覺作用、心能具眾理和心統性情的前提下倡論格物的。在格物這一點上，錢穆的看法與牟宗三顯然是對立的。

錢穆的《新學案》（1971年）與牟著《心體與性體》（1969年）幾近同時問世，兩者的觀點也少有針鋒相對，基本上都在自說自話；但二翁的後學，

〔註132〕錢穆：《朱子新學案・朱子學提綱》（一），臺北三民書局，1971年版，第128頁。

〔註133〕錢穆：《朱子新學案・朱子學提綱》（一），臺北三民書局，1971年版，第137頁。

則多有對兩人朱子學研究是非成敗的評判。作爲牟門弟子之一的林安梧，就對其師的觀點提出了質疑：

> 朱子之理學乃是一「橫攝歸縱」的系統，此是宋代理學之「集大成」，是一儒學重要轉折發展，但不是歧出，不是「繼別爲宗」。
>
> 〔註 134〕

林安梧的所謂的「橫攝歸縱」的「結晶體」，就錢穆的思想體繫上來說，正是歷史心、文化心。

2.3.2 歷史心、文化心概念之析出

在錢穆看來，朱子學之「心」不只是通常意義上的個體心，還指有著豐富歷史文化內涵的「心」，這樣的「心」在錢穆那裡就叫做歷史心、文化心。在錢穆看來，程朱之得就在於談個體心的同時不忘記歷史心、文化心的存在，陸王之失就在於只注重了當前的個體心。也就是說，在心論層面，錢穆主要以歷史心、文化心作爲考慮標準，尊程朱而諍陸王：

> 程朱正爲透悟了歷史心與文化心之深義，而始提出他們性即理之主張，此說雖若迂遠而平實。陸王雖簡易切近，而提出他們心即理的主張，但究不免於歷史心與文化心有忽略。〔註 135〕

這不是說，程朱明確提出了歷史心與文化心的概念，而是錢穆認爲程朱在提出「性即理」的主張時有歷史心與文化心方面的考量，而陸王因爲缺卻了這一點，所以他們的理論不能無失。

那麼錢穆是從何時開始提出歷史心、文化心的概念，如何導入歷史心、文化心這個概念的呢？它們與個體心又何關聯呢？下面一一加以闡述。

首先，我們看一下歷史心、文化心提出的時間。錢穆自言：

> 我提出歷史心與文化心，在我完成了《近三百年學術史》之後。
>
> 〔註 136〕

《近三百年學術史》是錢穆在北大時期針對梁啓超的同名著作而寫的一部學

〔註 134〕林安梧：《儒學的轉折：從王陽明〈朱子晚年定論〉說起》，選自吳光主編《陽明學綜論》，中國人民大學出版社 2009 年版，第 70 頁。

〔註 135〕錢穆：《中國學術思想史論叢・心與性情與好惡》（卷二），安徽教育出版社，2004 年版，第 91 頁。

〔註 136〕錢穆：《中國學術思想史論叢・心與性情與好惡》（卷二），安徽教育出版社，2004 年版，第 84 頁。

術史專著，成書於 1937 年。那時，錢穆治學的主要興趣還在考據和歷史方面，而在那樣一種情形之下就提出了歷史心、文化心的概念，而且一生未變，足以見得這個概念對錢穆學術思想之重要。

接下來，我們看一下錢穆如何一步步導入歷史心、文化心的概念：

> 但無論古今中外的思想家，似乎都對人心抱有或多或少或輕或重一種不放心態度。尤其對於情感，似乎更多不放心，而有些則竟抱有重大的不放心。中國思想很早便注重人心，因此中國思想史裏，也很早便提出性字的命題來。人心好像比較易於瞭解，而且似乎可以不用解釋，但究竟什麼是人性，要解釋這一問題便難，這是中國思想史上亙古亙今一個屢次引生出嚴重討論的大問題。我對此人性問題，則完全贊成孟子看法，認爲人心之所同然者即是性。但所謂人心之所同然，不僅要在同時千萬億兆人之心上求，更宜於上下古今，在千萬億兆年人之心上求。因此，我喜歡說歷史心與文化心。〔註137〕

對於「歷史心與文化心」的導入，可以說錢穆是逐步進行的。他首先談到了古今中外思想家對於「人心」的整體傾向——「不放心」，然後從中國思想傳統入手，談「心」「性」在中國思想史上的重要性，再接下來以孟子的在人心之同然處談「性」的看法爲準繩，擴大所同然之人心的範圍，即「於上下古今，千萬億兆人之心上求」同然，而這樣的心，就是錢穆所主張的「歷史心與文化心」。

再往下，我們就要看一下歷史心、文化心與個體心的關聯：

> 但縱說歷史心與文化心亦終不該抹殺了人類現前的個體心，這是我對此問題之最後見解。〔註138〕

> 但此項歷史心與文化心，並不能全超越了現前之個體心，而說爲別有一個所謂歷史心與文化心之存在。其實只是從歷史心與文化心來認取現前個體之心有其相互同然處。因此，我們決不能抹殺了現前的個體心，來另求此歷史心與文化心，來另求此人心之同然。

〔註137〕錢穆：《中國學術思想史論叢‧心與性情與好惡》（卷二），安徽教育出版社，2004 年版，第 80 頁。
〔註138〕錢穆：《中國學術思想史論叢‧心與性情與好惡》（卷二），安徽教育出版社，2004 年版，第 91 頁。

人心同然，即在現前個體心裏見。因於現前個體心之層累演進而始
見有歷史心與文化心，亦因歷史心與文化心之深厚演進而始有此刻
現前之個體心。因此，我不先心覓性，而總主張即心見性。〔註139〕

錢穆的「最後見解」也就是他的一貫見解。不離開現前個體心談歷史心與文
化心，跟錢穆一貫的不離氣談理、不離物質談精神的主張是一致的，在這裡，
錢穆把「歷史心與文化心」和「個體心」緊密地關聯了起來。「歷史心與文化
心」要在「個體心」裏見，「個體心」亦即是「歷史心與文化心之深厚演進」
的結果。正因為二者有著如此密切的關聯，因此錢穆不主張「先心覓性」，而
主張「即心見性」。不「先心覓性」，就否認了脫離物質的先驗論和絕對真理
觀；「即心見性」，且在歷史的鏈條上「即心見性」，這就使主觀與客觀實現了
交融，主客交融正是錢穆所追求的「一天人合內外」的理想境界，這一境界
是由博文與約禮共同達成的。在錢穆看來，中國學術史上，孔子之後也只有
朱子在這一點上做得最好：

自孔子以博文約禮為教，此下孟子偏約，荀子偏博，不免兩歧。
北宋理學諸家亦偏約，所謂吃緊為人是也。朱子集周張二程，並漢
宋諸儒之大成，博文之功，千古無匹，而不失約禮之精神。〔註140〕

陸象山論學最主心。明代王陽明繼之。陸王之學，亦稱心學，
均偏重存養。朱子則存養與格物窮理並重，始為內外交盡，心物並
重。得儒家孔孟之正傳。《中庸》所謂尊德性道問學，惟朱子為得其
全。〔註141〕

在錢穆看來，在孔子那裡，博文與約禮本是同一個問題的兩個方面；後來隨
著的「儒分為八」、「道術為天下裂」局面的出現，在孟、荀那裡，已出現了
偏約與偏博的局面，博文與約禮也就出現了成為對立兩橛的趨向；到了《中
庸》時期，博文與約禮的關係問題已演化為道問學與尊德性的關係；到了宋
明儒學家那裡，道問學與尊德性對立的趨向更加明顯，陸、王就偏重於尊德
性即存養，而呂東萊之後的浙東史學就偏重於道問學即格物窮理，只有朱子，

〔註139〕錢穆：《中國學術思想史論叢‧心與性情與好惡》（卷二），安徽教育出版社，
2004 年版，第 80 頁。

〔註140〕錢穆：《中國學術思想史論叢》（卷七），安徽教育出版社，2004 年版，第 5
頁。

〔註141〕錢穆：《宋明理學三書隨箚》，生活‧讀書‧新知三聯書店，2002 年版，第 143
頁。

把兩者有機地統一了起來，做到了存養與格物窮理並重，所以錢穆由衷地欽佩朱子的學問，晚年也要「綜六藝以尊朱」。需要指出的是，上引兩段文字也有前後不一致之處，體現在第一段已提到孔子是以博文約禮爲教，孟子偏約，而後一段卻是孔孟並提。這樣的不一致在錢穆的著作中還有一些。

2.3.3　總體評價

　　總體而言，不管錢穆對朱子心學有多少種解讀，究其實質，都是站在史學立場上進行。這一史學立場也就使得錢穆的朱子學研究呈現出獨有的風貌。但獨有的風貌不意味著就不能進行是非得失的評判。本文認爲，錢穆對朱子心學的研究有得也有失。

　　「得」體現在兩個方面：

　　第一、對朱子心學體系的宏觀架構分析得非常到位，認爲朱子言「心」主要有「心具眾理」、「心統性情」、「心體明覺」三個方面，抓住了朱子心學理想境界與現實工夫並重、以現實工夫爲側重點的特色。

　　第二、以歷史心、文化心爲權衡標準，對程朱陸王進行評判，基本上切合實際。朱子學中最具爭議的「理」，表面上看，用西方術語說，是從先驗角度立論，但究其實質，是從古聖先賢的經典而來，是從朱子的學術積累而來，是從歷史與現實的經驗而來。「理」如此，「心」同樣如此。正因爲加入了歷史與文化的內容，所以，程朱要高於陸王。

　　「失」主要體現在三個方面：

　　第一、因爲對朱子心學的偏愛，導致了對陸王心學所具有的價值與意義的開掘不夠，並得出「朱子說可包象山」的結論。

　　第二、在「心體」的問題上，看法前後時有矛盾，如在《宋明理學三書隨劄》中錢穆就曾說出與之前看法相反的觀點[註142]。

　　第三、以歷史心與文化心爲權衡標準來對程朱陸王進行判教，只能說基本上切合實際。因爲陸王也不是不讀書，只是讀書之前要先立其大者；而且陸王的「心」表面上看只是個體心，但正如錢穆自己所言，「因歷史心與文化

〔註142〕如：在《論叢》中，錢穆說朱子「罕言心體」、「大抵陸王心學總喜歡說心體，朱子卻不喜說心體，此乃朱子最高明處」；在《隨劄》中，錢穆又說「古人僅言心，朱子則常言心體」、「大抵朱子差處，在每言心體」。參見《論叢》（卷五）中《朱子心學略》，安徽教育出版社，2004 年版，第 143～148 頁：《宋明理學三書隨劄》，生活·讀書·新知三聯書店，2002 年版，第 82、84 頁。

心之深厚演進而始有此刻現前之個體心」，所以，哪裏有不含有歷史內容的現前個體心？只不過是陸王心學「在表面上」看歷史內容少了一點而已；同樣，程朱心學雖然凸顯了歷史文化的內涵，但就程朱文字的表面看，他們談「心」時，談「心」與「理」的關係時，先驗的成分也不是沒有。歷史心與文化心的主張是有重大的學術意義的，但這不代表程朱就完全適用於這個主張，錢穆不應該用自己的學術主張來「捆綁」朱子學。

2.4 學術精神：儒學的「乾道」

「格物窮理」是朱子學體系中一個相當重要的範疇。在錢穆的眼中，朱子學的「格物窮理」是有著非凡的學術史意義的，於是，在錢穆的筆下，「格物窮理」跟中國最神秘最深邃的一本經書《易》有了關聯，錢穆借用《易》中最核心的概念「乾」來為朱子的「格物窮理」精神定性，「乾道」也就成為朱子「格物窮理」精神的名片，認為朱子學是儒學的「乾道」是錢穆治朱子學的又一大特色。只是錢穆對此少有文字進行多方面的展開論述。即便如此，鑒於此一項看法之重要性，本文也以之為單獨辟出一節，進行集中探討。

2.4.1 「乾道」的產生及內涵

錢穆對「乾道」內涵的闡發，是以《易》為生發點的：

> 《周易》之六十四卦三百八十四爻，中國古人即以象徵宇宙萬物之一切變化，其中皆涵有時間意義。較之古希臘人之幾何學，僅知空間者，其聰明智慧當遠勝。實則只有兩爻。曰乾「—」，曰坤「——」。「—」即時間，象合。「——」即空間，象分。中國人觀念，一切分其先皆由一合來。〔註143〕

錢穆從《周易》的「乾」、「坤」兩卦，品讀出了中國古人對時間與空間的看法，認為「乾」的一橫象徵著時間的合，「坤」的兩劃象徵著空間的分，「乾」的涵蓋於「坤」，也正說明時間的合涵蓋於空間的分，由此掘發出了中國人重時間重合勝於重空間重分的特點，並得出了分由合而來的一般性結論。重視時間鏈條上的合，體現的正是一種歷史性思維。擁有了歷史思維的人，必然會以格物窮理的精神來建構自己的學理系統，在錢穆看來，這正是朱子學的

〔註143〕錢穆：《晚學盲言》（上），生活・讀書・新知三聯書店，2010年版，第41頁。

巨大特徵。重視時間鏈條上的學問，積極進行格物窮理，這，也正是錢穆所認爲的「乾道」精神。

對於乾道與坤道的區別，錢穆並沒有詳加闡述，只在少數幾本著作中偶而提及，這也是很多學者沒有關注到「乾道」一詞在錢穆的朱子學中所佔分量的的重要原因。在其晚年的最後一部大論著《晚學盲言》中，錢穆曾在時間與空間的專題探討中間接地談到了乾道與坤道的區別：

> 愛因斯坦有四度空間論，於空間中加進時間，而《周易》則必主乾在先爲主，坤在後爲順。動在先靜在後。動主靜爲順，乃於時間中加進空間，斯又中西觀念不同之大異所在。〔註144〕

錢穆從中國文化的源頭《周易》說起，認爲重「時間」、重「合」爲中國文化的精髓，把乾道所具有的博大、動進、包容的品格抉發了出來。「於時間中加進空間」，正是說的乾道包容坤道，朱子學所具有的乾道品格的可貴性也就不言而喻了。

從上引文字及錢穆的很多著作都可以看出，《易經》和《易傳》的思維方式對錢穆產生了很大的影響。在錢穆看來，「乾道」與「坤道」分別代表了不同的學術品格。乾道主動，坤道主靜；乾道主進，坤道主退；乾道在先爲主，坤道在後爲順。但乾道與坤道不是截然對立的，在錢穆看來，乾道象徵和可以包涵坤道，坤道象徵分不可以包涵乾道。正因爲如此，我們可以說，錢穆所說的乾道，是可以包涵坤道的乾道。而在學術品格上，能同時擁有乾道與坤道兩種學術品格、以乾道包涵坤道的，孔子之後，也只有朱子做得最好。

其實，錢穆在以時間就乾道的同時，也是存在理論預設的，即朱子的學問即是一種歷時性的學問，這樣的學問必然在歷史的鏈條上得以彰顯。一切學問以史學立基，正是錢穆一貫的學術主張。

2.4.2 朱子學「乾道」精神的特徵

自孔子提出「博文約禮」的爲學要點以來，中國傳統的學術品格就較傾向於坤道，這在錢穆看來，是與《易》所高揚的積極進取精神不相符合的，因此，朱子學所具有的「乾道」精神就尤爲可貴。他是這樣說的：

> 不僅宋明理學多偏在坤道上用功，都只欲持守一現成道理，現成本子。論其性格，似多近淳和一邊。即是漢唐儒，亦何莫不如此。

〔註144〕錢穆：《晚學盲言》（上）：生活・讀書・新知三聯書店，2010年版，第42頁。

> 惟漢唐儒乃以經學上之訓詁注疏工夫來認取此一現成道理，而理學
> 家則從心地修養靜敬工夫來持守此一現成道理。要之皆是坤道下一
> 截工夫。惟朱子論學，要抉發出此一至明至剛之心體，要從乾道知
> 處從頭做下。〔註145〕

在具體闡發朱子的「乾道」精神時，錢穆以漢唐諸儒與宋明理學諸儒爲對照，
認爲這些人共性的地方在於欲「持守」或欲「認取」一現成道理，沒有人能
從頭做下。因此，無論是漢唐儒，還是一般理學家，從整體而言，都是「坤
道下一截工夫」，只有朱子論學能做到「從乾道知處從頭做下」，這「從乾道
知處從頭做下」的工夫即是乾道「上」一截工夫，這是能引導人去開創、有
自得的工夫，這種工夫也正是朱子所主張的「格物窮理」：

> 秦漢以下諸儒，大率言之，皆所謂無頭坤道也。不去問那前一
> 截，只據見成本子，依樣畫葫蘆，僅有志於守成，更無力於創業。
> 朱子所欲振興之儒學，卻是乾道，要教人從頭做起，能開創，要大
> 著手腳做前一截，做較大底，則非據見在底道理持守即已，須從知
> 處見處做來。此朱子格物窮理之學所爲於秦漢以下諸儒中爲獨出而
> 無偶也。〔註146〕

秦漢以下諸儒做的都是只知繼承不知創新的無頭坤道工夫，只有朱子做的是
從頭做起的既知繼承又創新的乾道工夫。不僅要「守成」，更要「創業」，這
正是錢穆所推崇的學術品格，而這種學術品格，在錢穆看來，也只有在朱子
的「格物窮理」中才得以很好展示。至此，錢穆就把學界耳熟能詳的朱子的
「格物窮理」提高到了「乾道」的高度。從頭處做下，不據守現成地道理，
這種格物窮理的精神，即是錢穆認爲的朱子所擁有的「乾道」精神的最本質
特徵。

格物窮理既是一種學術精神與品格，也是一種認知方式與方法論。可以
說，朱子的整個學理系統都是爲「格物窮理」的適當出場做鋪墊的。但作爲
儒學體系之內的一種方法論原則，朱子的格物窮理精神也是有著鮮明的儒學
特色的，也可以說是有著鮮明的倫理屬性的。它不是「無所不爲」，而是「有
所爲有所不爲」。綜觀錢穆對朱子學的整體認知，我們可以從幾個方面來展開

〔註145〕錢穆：《朱子新學案・朱子學提綱》（一），臺北三民書局，1971年版，第120
　　　　頁。

〔註146〕錢穆：《朱子新學案》（二），臺北三民書局，1971年版，第360頁。

理解錢穆所理解的「格物窮理」即「乾道」精神：「性即理」為動進的「乾道」精神開拓了有所作為的空間，「心統性情」為能動的「乾道」精神提供了高揚主體精神的法則，「理常不理變」為行進中的「乾道」精神設置了具體運作時的客觀法則，「切問近思」確保了進取的「乾道」精神不偏離人道的軌轍，「知之為知之，不知為不知」為激進的「乾道」精神提供了最後的限斷。

首先，「性即理」為動進的「乾道」精神開拓了有所作為的空間。

錢穆曾在著作中多次分析到「性即理」優於「心即理」之處，兩者相較，「性即理」最大的好處是保障了「格物窮理」的工夫有了作為的空間：

> 宇宙界之與人生界，自朱子理想言，仍當是一體兩分，非兩體對立。其貫通處則正在性。性是體，其發而為工夫則在心，心屬用。〔註147〕

> 理學家始言氣質之性，則性上亦非無病。但變化氣質，工夫則仍在心上用。必須存養，以待長成。程朱多言性即理，陸王乃言心即理。但理無可改，亦無所謂病，性與心皆有病，而工夫則盡在心上用，不能在性上用。故自為學工夫言，程朱言性即理，較少失。陸王言心即理，則多失。〔註148〕

「性」是「理」之在人在物者。「理」可以言分殊，但不可說有病。有病者是「性」與「心」。說「心即理」，一方面缺略了宇宙事物這一層，另外「心」負載的含義過多，容易使人無從下手，工夫論流入玄虛；說「性即理」，心體明覺，就可在「心」上使用工夫，進行格物窮理，以期變化氣質之性，回覆天命之性，最終以達到心、性、情、理合一的境界，也就是錢穆所說的「一天人合內外」的境界。所以說，朱子的「性即理」為動進的「乾道」精神開拓了有所作為的空間。這個空間不僅是指工夫有下手之處，更是說工夫有施展之處。

其次，「心統性情」為能動的「乾道」精神提供了高揚主體精神的法則。

錢穆盛讚朱子的中和新說，也是基於工夫論的考慮，因為中和新說為格物窮理的「乾道」精神提供了高揚主體能動精神的法則。前文已分析道，

〔註147〕 錢穆：《朱子新學案・朱子學提綱》（一），臺北三民書局，1971 年版，第 47 頁。

〔註148〕 錢穆：《宋明理學三書隨箚》，生活・讀書・新知三聯書店，2002 年版，第 149～150 頁。

「心統性情」的「統」字有「兼」與「主」兩重含義。「心兼性情」是就本然狀態與理想境界立論，「心主性情」是就現實工夫立論。就現實工夫而言，「心主性情」使「格物窮理」工夫具有了現實的可能，因為，心能「主宰」性情：

> 「性者心之理，情者性之動，心者性情之主。」又說「合如此是性，動處是情，主宰是心。」合如此是理，理則是靜的。若照孟子意，應說人心自要如此的始是性。性便有個動向。此刻熹則要把宇宙間有生無生全綰合在一線上，便說成「性即理」，而把這一動向歸之情。如此說，可以避免儒家之專側重在人生論，也可避免老氏之自然觀與佛家之虛無觀的宇宙論。〔註149〕

朱子把宇宙間有生無生以「性即理」的思維綰合在一起，然後讓「心」為之主，這樣，就再一次高揚起了主體能動精神的法則。

再次，「理常不理變」為行進中的「乾道」精神設置了具體運作時的客觀法則。

人與世間萬物均由造化而來，造化之理，有能明之者，有無法立即明之者，還有根本無法明之者。人能明之者，是為常理；人不能立即明之者與根本無法明之者，是為怪理。作為萬物之靈，人固然應當理會更多的造化之理，但如果把有限的精力都投放在無限的變怪之理上，則於人生無益。因此，錢穆認為，朱子的格物窮理是有著客觀的運做法則的，即「理常不理變」：

> 理有正常之理，有變怪之理。就人事言，但當守其定底善處其變。就自然言，此等變怪之理，朱子只主抱一存疑態度，謂他日當自見，不主刻意急去窮格。〔註150〕

就朱子而言，常理即是人生之道，是人與人相處之道，是人與自然萬物的相處之道，是人的事天之道，這是人生的根本。除此，鬼神之道、自然界異常現象等即是怪理，非人生之根本，這樣的怪理只要存疑即可，沒有必要去窮格，有朝一日當會自見，因為，從根本上說，人還是要把這些怪理納入常理的軌道。

再有，「切問近思」確保了進取的「乾道」精神不偏離人道的軌轍。

宇宙浩渺無邊，可以去「格」的事物也是「無涯」的，以人生命之「有

〔註149〕錢穆：《宋明理學概述》，九州出版社，2010年版，第126頁。
〔註150〕錢穆：《朱子新學案》（一），臺北三民書局，1971年版，第259頁。

涯」卻「格」「無涯」之萬物，這不是進取的「乾道」精神應有之義，進取的「乾道」精神是以人道爲軌轍進行運作的，是以「切問近思」爲外圍保障的。

> 宇宙萬物究從何來，此處朱子把來截斷了，不再向上推。〔註151〕

在錢穆看來，朱子格物窮理的重點在人生界，宇宙萬物究從何來的問題，不是他關注的重點，因此朱子就「把來截斷了」，「不再向上推」，這實質體現的既是一種「切問近思」的原則，也展示了儒家認識論的獨特屬性，即「知之爲知之，不知爲不知」。

最後，「知之爲知之，不知爲不知」爲激進的「乾道」精神提供了最後的限斷。

雖然朱子學有大量的躍出前代諸儒及同代理學家之處，但從根本上說，朱子還是在儒家的途轍上運作，他爲學的大方向與大根本還是儒家的。在認識論上，孔子所主張的「知之爲知之，不知爲不知」的實事求是的精神，也是朱子格物窮理精神的最後限斷，也就是說，朱子爲學固然有陸象山所譏諷的「支離」的特點，但他不會在不能說清或無法輕易說清的事物上做過分的思考與不負責任的言說。保留一份存疑的態度與放棄追問的理性，也是朱子「乾道」精神的應有之義。

> 「因說氣化有不可曉之事，但終未理會得透，不能無疑。或問：釋氏有靈怪處，是如何？曰：多是眞僞相雜。人都貪財好色，都重死生，卻被他不貪財、不好色、不重死生，這般處也可以降服得鬼神。如六祖衣缽，說移不動底，這只是胡說。果然如此，何不鳴鼓鼓集眾，白晝發去，卻夜間發去，做甚麼？（四七）」此乃有直斥其僞者，然亦不盡斥其爲僞。是亦一種知之爲知，不知爲不知之態度也。故朱子於言理之後，又繼之以言命。〔註152〕

錢穆此處所評甚當，錢穆本人亦是如此，如其在《師友雜記》中所記自己在鄉村教學時的怪事、自己出生時的三天三夜的大哭、父親對新出生弟弟的看法等，錢穆雖然記下了這些，但並沒有過分地去深究，也就是說，錢穆身上也有著儒家的「知之爲知之，不知爲不知」的實事求是的精神。只是，在朱

〔註151〕錢穆：《朱子新學案·朱子學提綱》（一），臺北三民書局，1971 年版，第 43 頁。

〔註152〕錢穆：《朱子新學案》（一），臺北三民書局，1971 年版，第 259～260 頁。

子學體系中也還有本不知強以爲知的一面，這主要體現在鬼神觀上。〔註 153〕

2.4.3 總體評價

以「乾道」定性朱子學的學術品格與學術精神，是錢穆治朱子學的又一大貢獻。這樣，本來備受爭議的《大學》「格物補傳」也因爲這樣一個定性，有了與中國學術大傳統一脈相承的優勢。而且，錢穆在張揚朱子學「乾道」屬性的同時，也把自己的重視時間性學問——史學藉此彰顯了出來，把中國人重視和合的文化屬性也彰顯了出來。可以說，在錢穆看似輕鬆的一轉手之間，好多重大的學術問題都已被打通，這是一般的學者很難做到的。

但可惜的是，錢穆沒有更多的文字對「乾道」的內涵進行闡發與論證，即便是已有的文字，也是語焉不詳，缺少必要的疏理與分析。正是因爲意識到這個問題的重要性而又鑒於這樣一種現實狀況，本文作者勉爲其難地替錢穆把朱子的「乾道」精神進行了疏理，也自知本文的很多分析極可能只是作者的一種自說自話，究竟有多少切合朱子學，又有多少切合錢穆思想實際，都是不好言說的。

〔註 153〕參見姜新：《試析朱熹的鬼神觀》，南通師專學報（社會科學版），1999 年第 3 期，第 23～25 頁。

第三章 錢穆朱子學研究的方法論

　　朱子學是錢穆學術生命中的最能彰顯其學術特質的方面。可以說，錢穆關於治學的很多理念、方法，都在朱子學的研究上展現出來。錢穆朱子學研究的方法論特色，擷其要者，主要有：於會通處觀朱子，以「一體兩分、兩體合一」的思維疏解朱子學，以史學立場解「理」言「心」說「性」。

3.1 於會通處觀朱子

　　在錢穆的著作中，「通」是一個可以經常看到的詞彙，錢穆的廣闊的學術視野也借助於「通」得以展現。對於錢穆治學上「通」的特點，很多學者曾從不同角度予以抉發，黃仁宇認爲：

　　　　錢穆先生可能是將中國寫歷史的傳統承前接後帶到現代的首屈一指的大師。〔註1〕

劉夢溪認爲：

　　　　錢賓四之爲學，固然有融通四部之大目標。〔註2〕

顧頡剛則認爲：

　　　　錢賓四先生，在北大任歷史講席已越 10 年，學識淹博，議論宏通，極得學生歡迎。其著作亦均縝密謹嚴，蜚聲學圍，實爲今日國史界之第一人，剛敬之重之。〔註3〕

〔註1〕轉引自陳勇：《國學宗師錢穆·引言》，北京大學出版社，2007 年版。
〔註2〕劉夢溪：《中國現代學術經典·總序》，河北教育出版社，1999 年版。
〔註3〕轉引自陳勇：《國學宗師錢穆·引言》，北京大學出版社，2007 年版。

幾位學者對錢穆的評價雖有相同或相近之處，但也不難看出他們各自的側重點：黃仁宇側重從治學的歷時性、傳承性上來肯定錢穆在學術史上所具有的「承前接後」的重要作用，這也就相當於司馬遷所說的「通古今之變」；劉夢溪側重從治學的廣泛上肯定了錢穆「融通四部」的博大氣度，這也就相當於《中庸》中所謂的「致廣大」；顧頡剛側重從學理內部的縱深性角度讚賞了錢穆的「議論宏通」，這既是說「致廣大」，更是說「盡精微」。

就此，我們也就可以說，錢穆學術上「通」的特點既體現在廣度上，又體現在深度上，在廣度上又涵蓋了「縱」與「橫」兩個方面，具體而言即是縱向上的古今學問間的貫通、橫向上的學科門類間的打通、義理思想內部的融會貫通，而這三個方面的特點在錢穆的思想體系中又是融通爲一的。作爲一種方法論思維，上述三上特點在錢穆的朱子學研究中都淋漓盡致地體現了出來，這體現在：

首先，錢穆對朱子學的考量是在整個中國學術思想史的大背景下進行的。既不僅著眼於理學，也不僅著眼於儒學本身，而是以整個中國傳統學術爲背景來判定朱子的貢獻及地位，是錢穆治朱子學的一大特點。

其次，錢穆對朱子學的研究也不受學科門類的限制，把經史子集方方面面都囊括於視野之中。國際漢學家楊聯陞在讀過錢穆的《學案》後，曾對他們共同的學生余英時說：

> 錢先生的中國學術思想史研究博大精深，並世無人能出其右。
> 〔註4〕

正因爲如此，在《學案》中，錢穆也就做到了義理、考據、辭章的有機結合，這是讀錢穆書總能輕鬆就抓住核心觀點，且從不會感到枯燥的根本原因，也只有眞正的博通四部的大師才能做到這一點。

再次，錢穆對朱子學眾多義理範疇的解讀也是著眼於會通，對朱子學思想體系中的矛盾主要以一種史學思維爲之疏解，用他自己的話說就是「尤重在指出其思想學術之與年轉進處」。〔註5〕不著力對其間的矛盾衝突進行追問，這也與錢穆力圖通過對朱子學的研究來闡揚中華文化的鵠的有關。下面，我們就對上述這三個特點一一進行論述。

〔註4〕 轉引自陳勇：《國學宗師錢穆・引言》，北京大學出版社，2007年版。
〔註5〕 錢穆：《朱子新學案・例言》，臺北三民書局，1971年版。

3.1.1　會通學術思想史

　　對於會通的重要性，錢穆在自己的著作中多有表述，從 30 年代初他一人力任北大「中國通史」課程這一做法中就能體現出來。後來，他又在 1937 年出版的與梁啓超同名的著作《中國近三百年學術史》中表述了通識的重要性，

　　　　古今文史著述，得躋於專門成家之流者蓋不多，大率專門成家者必具別識，別識本於性真，其歸會於大道，其用達於經世；其在風氣，則常爲閘而不爲趨，其爲抉擇，則常於誠而不於名，此則所由以成家也。然專家既貴有別識，尤貴有通識。〔註6〕

從上面的表述可以看出，錢穆是在不否定「別識」的前提下，來強調「通識」的重要性的。他的這一思想在朱子學研究中即體現了出來，他對朱子學的「別識」即是基於他對整個中國思想學術史的「通識」而產生的。

　　首先，朱子的學術地位，在錢穆筆下呈現了高於所有朱子學研究者的樣態。在《朱子學提綱代序》中，錢穆把朱子放在與孔子並列的高度上來評價：

　　　　在中國歷史上，前古有孔子，近古有朱子，此兩人，皆在中國學術思想史及中國文化史上發出莫大聲光，留下莫大影響。曠觀全史，恐無第三人堪與倫比。孔子集前古學術思想之大成，開創儒學，成爲中國文化傳統中一主要骨幹。北宋理學興起，乃儒學之重光。朱子崛起南宋，不僅能集北宋以來理學之大成，並亦可謂其乃集孔子以下學術思想之大成。此兩人，先後矗立，皆能彙納群流，歸之一趨。自有朱子，而後孔子以下之儒學，乃重獲新生機，發揮新精神，直迄於今。……故此兩人，實不僅爲儒學傳統之中心，乃亦爲中國學術思想史上正反兩面所共同集嚮之中心。不僅治儒學者，必先注意此兩人，即治其他百家眾流之學，亦必注意此兩人，乃能如網在綱，如裘在領。不僅正反之兼盡，亦得全體之通貫。〔註7〕

在這段看似簡明易懂的文字中，實質上蘊含著錢穆對整個中國學術思想史、整個中國傳統文化的大見識。這裡面有幾個關鍵之處需要注意：一是「集大成」，一是「儒學」，一是「中國文化傳統」和「中國學術思想史」。錢穆內在隱含的邏輯是：儒學是集大成的思想體系，中國文化傳統和中國學術思想史正是以這集大成的儒學爲主幹；要發揚中國文化傳統精神，就離不開發揚儒

〔註 6〕錢穆：《中國近三百年學術史》，九州出版社，2011 年版，第 448 頁。
〔註 7〕錢穆：《朱子新學案・朱子學提綱》，臺北三民書局，1971 年版，第 1～2 頁。

學；而儒學中真正能代表儒學精神的是孔子和朱子，因為他們是集整個中國學術思想大成的人物，所以，要發揚傳統文化精神就必須研究此二人，此二人是解開整個中國學術思想史奧秘的鑰匙。

接下來，錢穆具體分析了從學術史上著眼，朱子的三大貢獻：

> 朱子在學術思想史上貢獻最大而最宜注意者，厥為對儒家新道統之組成。……其次，朱子又於孔孟之間增入曾子、子思兩傳，而有孔、曾、思、孟四書之彙集，此即《論語》、《大學》、《中庸》、《孟子》是也。……朱子注四書，正猶孔子修六經。朱子第三大貢獻，在其對經學地位之新估定。〔註8〕

對於朱子在學術思想史上的這三大貢獻，錢穆在很多文章中都從不同角度有過表述。對於第一個方面的貢獻，錢穆認為，雖然儒家道統說為韓愈借鑒佛學而後首創，但在朱子之前，言儒學道統，大多舉孔孟荀以及董仲舒、揚雄、王通、韓愈，只是到了朱子手裏，才以周張二程逕直接上孟子，確立了新儒學的正統地位。

對於第二個方面的貢獻，錢穆認為，朱子於孔孟之間增入曾子、子思兩傳，彙集四書、注疏四書的貢獻，其貢獻不亞於孔子修六經。雖然《論語》、《孟子》在漢唐時期也沒有被列為經書，但是還是受人關注的；而《大學》、《中庸》原本只是《小戴禮記》中的兩篇文章，因《中庸》中融彙儒道思想，與《易·繫辭》相先後，所以頗為歷代學者所尊崇。南北朝時釋道思想盛行，《中庸》、《易·繫辭》即為時人所重。唐人李翱的《復性書》遠開宋代新儒學（理學）之先河，其篇中理論即依據《中庸》。北宋諸儒都很重視此書，張載初謁范仲淹，范仲淹即勸其讀《中庸》。《大學》至北宋二程才開始被大力提倡，二程每以《大學》和《西銘》開示門人。至朱子，才正式彙編《大學》、《中庸》、《論語》、《孟子》成為一個系統，並傾其畢生精力為《論》《孟》作集注，為《學》《庸》作章句。元明以來，迄於清末七百年，朝廷取士大體以朱注四書為圭臬，學者論學也大致以朱注四書為準繩。錢穆認為孔子修六經，未必真有其事，而朱子注四書卻實有其事，且影響巨大，無與倫比。

錢穆認為朱子對學術史的第三大貢獻「在其對經學地位的新估定」。先秦

〔註8〕 錢穆：《中國學術思想史論叢·朱子學術述評》（卷五），安徽教育出版社，2004年版，第159～160頁。該文民國三十四（1945）年先刊於《中國學術通義》，後有增訂。

儒學雖原本經術，但儒學與經學畢竟不同。漢武帝興太學，設立五經博士，專以六藝設教，始以經學代替了儒學，此一風氣，直到唐朝也沒有改變。直至北宋，出現了一大批錢穆所謂的「新儒」，他們已與漢儒有不同，已具有回覆到先秦儒的風氣與魄力。於是，從宋代開始，儒學逐漸從經學中擺脫出來，也逐漸走向了復興，而朱子正是這一事業的承繼者和完成者。

在經學方面，錢穆認為朱子的貢獻有：朱子作《周易本義》，指出《易》為卜筮書，較之王輔嗣、程伊川注《易》，更多開明；他的《詩集傳》，全用後代文學集部眼光來解說《詩經》，更為脫淨前人窠臼；他對《尚書》，早已疑及今古文之不同，遠開將來清儒門路，他還認《尚書》為一部古史，其間有關上古天文、曆法、地理、制度以及種種名物，全需專家知識來整理，所以他把《書集傳》的工作讓他門人蔡沈去完成；朱子對於孔子《春秋》也只認為是一部通史。史學應該注重近代，在孔子時修史自然偏重春秋時代，在後世則不應仍是看重春秋。他把司馬光的《資治通鑑》來代替了《春秋》，而他有意來寫一部《通鑑綱目》。他把司馬光《通鑑》當作《左傳》，自己的《綱目》則是一部新《春秋》，這又是一種極大膽而極開明的見解；他對於《禮》的一部分，也認為古禮不能行於後代，而制禮作樂則不屬社會私人事業，所以他只有意寫一部家禮。這樣，在他手裏，把從漢歷唐對古代經學的尊嚴性與神秘性全剝奪了，而重新還給他們以應得之地位。錢穆還認為，後來陽明「六經皆史」的理論，其實在朱子已透徹發揮了。自此以後，四書佔據上風，五經退居下風，儒學重新從經學中脫出。

以上所談朱子的三大貢獻，主要是從學術史的層面著眼立論的。錢穆認為，朱子思想的最大貢獻，還不重在他自己個人的創闢，而在於他能把自己理想中的儒學傳統，上自五經四書，下及宋代周張二程，完全融成一氣，互相發明。他在中國思想史裏，獨尊儒家；在儒家中，又為製成一系統，把他系統下的各時代各家派，一切異說，融會貫通，調和一致，此非朱子氣魄大，胸襟寬，條理細密，而又局度開張，不能有此成就。錢穆認為，朱子思想從表面上看似乎多承襲、少創見，其實朱子所創見，都已融化在承襲中，而不見其痕跡，這正是朱子思想最偉大之所在。

從上述分析中我們不難看出，錢穆的儒學觀是開放的，正因為有如此開放的儒學觀，才會由衷地讚歎朱子綜合、創辟之功。而對錢穆這種開放的儒學觀，就其弟子戴景賢的表述則為「寬鬆」的儒學觀：

　　　　所謂錢先生之儒學觀乃以一比較寬鬆，且係變動的方式定義，

約有兩層主要特徵。其一為打破自來嚴格區畫之儒、道分野觀念，

此項打破後之觀念，即是認為：儒家與道家中之莊子於人生義理上

不唯有可相通，且係一體之兩面，莊子之學最初亦自孔子於《論語》

中所表現之精神來，……錢先生對於儒家根本性質之討論，毋寧為

一種「學術」式的……此為第二層。而錢先生晚年所以於所著《朱

子新學案》中，極力提高朱子（熹）（一一三○～一二○○年）於學

術史上之地位，謂朱子係集孔子以後中國學術之大成者，著眼亦即

在是。〔註9〕

正因為有如此開放、寬鬆的儒學觀，也正是在學術史的大背景下考慮朱子學，才有了錢穆認為朱子是「集孔子以下學術思想之大成」的評價。

　　與錢穆從整個學術史的角度考量朱子學相對立的是從哲學義理層面來考量朱子學，這一類的研究者多站在右陸左朱的立場上評判朱子，代表性的人物是牟宗三和勞思光。

　　牟宗三在他的三大卷本《心體與性體》中，根據心學的義理精神，通過仔細分疏，認為整個宋明理學可分為三大系：胡宏（五峰）、劉宗周（蕺山）為一系，陸淵（象山）、王守仁（陽明）為一系，程頤（伊川）、朱子（熹）為一系。其中，前兩系雖有外在超越與內在超越之別，但總體而言是順應孔孟思想的本來方向發展的縱貫的義理系統，因此，這兩系也就共同構成宋明理學的大宗；而後一系對儒家的根本精神而言則發生明顯的轉向，程頤（伊川）已明顯開闢了一個新的義理系統──橫攝系統，其已經成為整個大宗之外的別子，因此朱子就是宋明理學主流的「繼別為宗」或者叫「別子為宗」。

　　牟宗三雖然認為朱子學非儒學大宗，但還是充分肯定了伊川朱子一系獨立開闢系統的理論價值，牟門弟子蔡仁厚繼承師說，更明確地認為：

　　　　朱子的偉大，並不在於集什麼大成，而在於他思想一貫，能獨

　　立開闢一個義理系統。〔註10〕

不認可朱子的「集大成」，但肯定其「思想一貫」，「能獨立開闢一個義理系統」，

〔註9〕 戴景賢：《錢穆》，選自王壽南主編《中國歷代思想家·現代》（三），九州出版社，2011年版，第224～225頁。

〔註10〕 蔡仁厚：《宋明理學·南宋卷》，吉林出版集團有限責任有限責任公司，2009年版，第211頁。

這樣的評價還不算低；與牟、蔡心學立場一致，極大地否定朱子學的「集大成」之說的代表性的人物是勞思光，勞思光的具體言論參見第二章。

在談錢穆尊朱取向的同時，上面也列舉了幾位學者諍朱的取向，可以說，他們對朱子學的評價各有所長，也各有所偏。對於同一個人的評價之所以會如此巨大的不同，原因即是立足點之不同與視角之不同。錢穆是從史學角度立言，對朱子學著眼的是宏觀把握，這與他借朱子之學彰顯中國傳統學術思想的特質有莫大關係；而牟宗三的「繼別爲宗」立足於心學立場，用康德式思維來疏解儒學義理，這也是他狹義的儒學觀的一種展現；勞思光認爲朱子於理論、於道統都並非有眞價值，與他純粹從哲學概念層面進行分析而剔除了歷史因素對朱子學的影響有很大關係。換句話說，是史學立場和哲學立場的不同，才造成了他們對朱子學的不同評價。對於錢穆盛讚朱子的「集大成」之說，戴景賢爲之做了疏解：

> 必先明乎錢先生論儒學、論義理，於最核心的意義上並不視之爲必屬一種哲學的本質，而後其謂朱子乃集理學之大成，甚至推論朱子乃集孔子之下中國學術之大成之義方始可以掌握。〔註11〕

3.1.2 會通經史子集

朱子被稱爲百科全書式的思想家，朱子學自產生之日起就號稱難治，一是因爲深度，一是因爲廣度。因爲「廣」，所以難得其「全」；因爲「深」，所以難得其「眞」。而「深」和「眞」又必須以「廣」和「全」爲前提。所以，在未能得「廣」和「全」的情況下就對朱子學進行研究，自然也就產生了錢穆所謂的「群言淆亂，所爭益微，剖解益難」的狀況。而眞正想要從廣度上得朱子學之全，又非學力一般的學者所能做到，在這一點上，兼通四部的錢穆治朱子學，自然就有得天獨厚之處。對於這一點，陳來曾這樣分析《朱子新學案》的對於朱子學研究界的意義：

> 我以爲，《朱子新學案》是現有的一個最好最全的思想資料編彙，這是因爲，從選彙朱子思想資料的方面說，錢先生的優勢是其它任何個人難於相比的。現代人作學問免不了「專業化」的局限，而像錢先生等老一輩學者多兼通文史哲，於傳統所謂「學術」的範

〔註11〕戴景賢：《錢穆》，選自王壽南主編《中國歷代思想家·現代》（三），九州出版社，2011 年版，第 247 頁。

圍有相當周全的把握，現代專業化的學者只有通過集體合作來彌補個體專業化的不足。以我自己論，雖然是朱子哲學研究的專業從業員，在對朱子哲學的某些瞭解面也未嘗沒有較錢著深入的地方，假若由我作一部朱子哲學資料選，未必不及錢先生，但我無論如何沒有能力在論朱子史學、經學、文學諸方面發表可以自信稱得上意見的意見。由於在這方面，在對古代化經典、中國古代歷史、宋明清理學發展源流脈絡方面的瞭解以及此形成的學識和眼力上，錢先生皆可謂拔出眾人之上，所以若總匯朱子思想之選，除錢先生之外，更無一人可以當此，此亦可謂天假錢先生之手而成此書也。〔註12〕

的確如此，真的可以說是「天假錢先生之手而成此書」，錢穆的學識與眼力，在選彙朱子思想資料方面獨具優勢，因爲朱子是經、史、子集無不精通，錢穆也是學淹四部。

對於朱子在經學方面的成績及地位，錢穆認爲，理學諸家多不重視經學，即便是時有說經之言，但基本上是借經說己意，因此多不當於經文原義。只有朱子博覽群經，來衡量評價北宋諸儒及二程橫渠之說，認爲程張乃是以理說經，反於歐陽王蘇諸人極多稱重。如果分理學經學爲二，那麼無疑朱子在理學方面主要繼承的是程張的思想，而在經學上的成績則是承繼北宋諸儒而來。錢穆高度評價了朱子融會理學與經學的貢獻：

能綰經學理學爲一途，則端賴有朱子。〔註13〕

對於朱子在史學方面的成就，錢穆認爲，理學家通常不注重史學，朱子的史學，不僅上接溫公司馬光，而且時時有超越之處。他的至友呂東萊即精治史學，二人多有切磋；但東萊之後浙東史學流衍爲浙東功利一派，則是大爲朱子否定的。之所以會如此，在錢穆看來是因爲

蓋朱子亦欲求理學史學之一貫，史學正可以開廣理學之門庭。

其違離理學而獨立，則亦不爲朱子所許。〔註14〕

至於作爲集部的文學，在錢穆看來，更爲理學家所鄙視，對於文章如此，對

〔註12〕陳來：《此亦一述朱，彼亦一述朱》，《讀書》，1989 年第 9 期，第 105～108 頁。

〔註13〕錢穆：《朱子新學案‧朱子學提綱》（一），臺北三民書局，1971 年版，第 28 頁。

〔註14〕錢穆：《朱子新學案‧朱子學提綱》（一），臺北三民書局，1971 年版，第 28 頁。

於詩詞更是如此，只有朱子「獨精妙文辭」，對文章的見解深刻而獨到。朱子對同一個學者往往能一分為二的評價其貢獻與成就，如從純粹的文章之學的角度，他毫不諱言對文章大家韓愈、柳宗元、曾鞏、蘇軾的讚賞；而從理學的方面，則對韓柳均有微詞，對蘇軾更是極力排拒。對於詩，朱子的目標是欲超宋越唐，上追選體。理學多不擅長為文，更不用談作詩，錢穆總結道：在朱子看來，北宋理學家能詩者惟邵康節。然而朱子卻只重視康節的數學與史學，而不重其詩。這些都說明，朱子對集部之學的確是「襟懷之闊，識解之平允，古今實少其匹」。

至於子部之學，錢穆治朱子學的會通特色體現得更加明顯。理學家中，周敦頤只稱道顏子；二程以孟子為最終限斷；北宋諸儒雖說比周、程視野開闊些，但也只是在韓愈的道統論的基礎上略加推衍，舉出西漢的董仲舒與揚雄、隋朝的王通、唐代的韓愈。在錢穆看來，只有朱子才做到了對於整個學術思想史上重要人物的全面評說，辨偽存正，客觀準確。如對董仲舒，只取其「明其道不計其功，正其誼不求其利」兩語。

不僅對儒家一般學者如此，即便是對於被稱為「亞聖」的孟子，朱子也時有微辭，稱些「粗些」，認為孟子不如顏子，依據是顏子有明得四代禮樂的本領，可見於治道講究有素；而孟子則說得粗疏，只說「五畝之宅樹之以桑，如其禮樂，以俟君子」這樣的話，未見得做得與做不得，只說著教人歡喜。此等分辨，乃發其他理學家所未發。

朱子不僅能對先代學者進行客觀全面的評價，對同代學者更是如此。在錢穆看來，朱子論理學的興起並不以二程為限斷，而是重視了北宋初期諸儒的重要貢獻，如范仲淹、孫明復、石守道、胡安定等人，理學諸家正是在這些人成就的基礎上，才得以提出理學的觀念。對於理學六先生，朱子雖然高度讚譽他們的貢獻，但對他們各自的理論並非不加選擇地全盤接受，而是去精取精，為我所用。即使是朱子極為尊重的程伊川，對其言論也是仔細分疏，並未完全首肯。這一點，其後的朱子學者黃東發特別加以提出，全祖望在《宋元學案》中以胡安定、孫泰山、范高平三人為首，其意正是一本於朱子。

以上所述均在表明，在錢穆看來，在經學方面，朱子之學的確是有會通的特色。

對於方外的老釋之學，理學家同所申斥。錢穆認為，朱子於莊老兩家頗多發揮，亦不全加廢棄。其於釋氏，尤其於禪宗，則特有精辨。於理學家中，朱子闢禪之語最多。後代理學家所辨儒釋疆界，其說幾全本於朱子。

　　爲了具體展現朱子博采眾家之長的胸襟與魄力，錢穆在《新學案》中不僅闢專章加以討論，且在所有涉及朱子的文字中，都隨時加以點評。如在寫作於 1945 年的《朱子學術述評》中，錢穆曾說：

> 中國學術史上，中晚時期，只有朱子一人，綜合了經史子集四部之學。一面加以分析，一面加以綜合。分之則極其圓，無一處不到。合之則極其通，無一處不達。批評各家短處，而無不兼采其長。酌取各家長處，而無不避免其短。眞所謂即物而格，而無不到其極處，而又能豁然貫通了。後人尊之以爲孔子之後之唯一集大成者，朱子誠可當之而無愧。〔註15〕

因此，可以說，一方面，借助於錢穆之筆，作爲百科全書式的人物的朱子形象得以展現出來；另一方面，錢穆也借助於對朱子的宏觀描畫，顯示出了他博通四部的深厚學養。在錢穆逝世之際，他的弟子逯耀東由衷的惋惜生動地說明了他的四部之學對於中國整個學術史的意義：

> 賓四先生逝世時，……我繞室而行，口中喃喃說道：「絕了，絕了，四部之學從此絕了！」……經史子集四部，是治學的四個門徑，入門之後，觸類旁通，最後融而爲一。但今後還有誰能融而爲一呢！
>
> 〔註16〕

3.1.3　會通義理範疇

　　對於錢穆的朱子學研究，可謂褒貶不一。持肯定態度的主要是因爲錢穆的朱子學研究視野開闊、考據精詳、義理融通、語言老道；持否定態度的主要有兩大類：一類是著眼於《新學案》的體例特點，認爲有堆砌材料之嫌，另一類認爲錢穆是史家，對朱子學的義理分析欠透徹。對於前一種否定觀點，沒有過多討論的必要，因爲《新學案》的體例創新自有錢穆的深層用意；對於錢穆對朱子學中一些重要義理範疇的分析解讀，一些學者提出了異議。劉述先即認爲：

> 錢先生是史家，重點不是放在概念的清晰性上面，但他拒絕把

〔註15〕錢穆：《中國學術通義》（增訂三版），臺灣學生書局，1982 年版，第 132 頁。此段文字在《中國學術思想史論叢》（卷五）中已被作者刪去，可能是因爲有不夠客觀冷靜、誇大事實之嫌。

〔註16〕逯耀東：《夫子百年──錢穆與香港的中國文化傳承》，選自李振聲編《錢穆印象》，學林出版社，1997 年版，第 124 頁。

西方哲學的範疇強加在朱子的思想之上，而強調理氣之一體渾然，
顯然是由功能實踐的角度立論。但錢先生既承認理寄寓於氣，就不
能不承認在形上構成的角度朱子是二元論的思想。然而這不是他的
重點所在。由功能實踐的角度看，他否定朱子是唯氣論、唯理論、
理氣對立論，那就只能是理氣一體渾成的一元論思想。而朱子這種
功能實踐的一元論並不矛盾於他的形上構成的二元論，事實上只有
兩方面合看，才能得到朱子思想的全貌。〔註17〕

劉述先對錢穆處理朱子學中諸多範疇的不滿意處在於概念不清晰，概念不清
晰也就自然導致結論的錯誤性或片面性。他不否認朱子思想從功能實踐角度
來說是一元論，但認為如果從形上構成論的角度出發，朱子思想就是二元論，
唯此，才能得到朱子思想的全貌。

可以說，如果站在劉述先的立場，上引文字不無道理，但如果基於錢穆
的立場，劉述先的結論就似乎有欠妥之處，這就有類於盲人摸象，誰都沒說
錯，但誰都是站在自己的立場上說話。劉述先是哲學立場，錢穆是史學立場；
劉述先是以西治中，錢穆是以中治中；劉述先是為求微觀之異，錢穆是為求
宏觀之同。因此，在朱子學的問題上，以至在對所有的學術問題的處理上，
我們首先要看的是彼此的學術視角、學術立場及學術指歸是否相同或相近，
只有基於相同或相近的學術視角、學術立場看問題，才有評判是非得失的可
能，否則只能是風馬牛不相及。

在這裡，對於朱子學是一元論還是二元論的問題，錢、劉二人的看法
顯然是對立的。劉述先出於對錢穆的尊重，以一種較委婉的方式表達了自
己的不同見解，並從功能實踐的角度為錢穆立論的合法性進行了辯說，而
其對於錢穆朱子學研究的不滿也由此可見。但劉述先對錢穆學術屬性的把
握還是準確的，即錢穆是一個史家，所以研究朱子學重點沒有放在概念的
清晰性上，對於朱子學的諸多範疇著眼的是相互間的會通。對於朱子思想
體系內的矛盾，錢穆也並非無所見，但他立足於史學的立場，著意為之疏
解，認為：

讀朱子書，當知須注意兩事。一須注意其立言先後，乃可明白
其思想之轉變。一須注意其立言異同，乃可明白其言之或彼或此，

〔註17〕劉述先：《理想與現實的糾結》，吉林出版集團有限責任公司，2011 年版，第
225 頁。

各有所指，與其融和會通之所在。〔註18〕

這樣一來，在別人看來所謂的矛盾，在錢穆眼中，也就不值一提了。

在《新學案》中，錢穆於「思想之部」把朱子學中他認爲重要的眾多範疇逐一進行了探討，如果以哲學的方式進行歸類，可以歸爲宇宙論、心性論、工夫論三大塊。其中，錢穆花了大量的篇幅探討了理、氣、太極、陰陽、鬼神、仁、性等範疇，但這些範疇都是即天即人的。

首先，理氣是一體渾成的，不能離氣言理，也不能有氣無理；理是氣之理，氣是理之氣：

> 朱子論宇宙萬物本體，必兼言理氣。氣指其實質部分，理則約略相當於寄寓在此實質內之性，或可說是實質之內一切之條理與規範。朱子雖理氣分言，但認爲只是一體渾成，而非兩體對立。此層最當深體，乃可無失朱子立言宗旨。朱子云：「天下未有無理之氣，亦未有無氣之理。」「有是理，便有是氣。」「理未嘗離乎氣。」無理，將不能有氣。但無氣，亦將不見有理。故此兩者，不僅是同時並存，實乃是一體渾成。〔註19〕

理氣既「一體渾成，而非兩體對立」，就意味著兩者非二元對立，也就沒有分成兩橛。而這一體渾成的理氣觀，在錢穆看來，實是一項創見，因爲

> 濂溪只講太極與陰陽，此乃上承《易經‧繫辭》來。朱子換了兩個新名辭，說理與氣，說得更明白，更確切。如說物物一太極，究不如說物各有理更恰當。〔註20〕

錢穆認爲，太極與陰陽的關係猶如理與氣的關係，也是一體渾成的，這一一體渾成的思想方法，錢穆又把它貫穿於對朱子學的整個思想體系的分析之中，認爲鬼神、仁、性、心等範疇無不是如此。對於朱子的鬼神觀，錢穆認爲是合理氣而言：

> 理與氣乃此宇宙之體，仁與神則是此宇宙之用。必兼此體用四者來看，乃見朱子宇宙論之全貌。〔註21〕

> 故朱子又曰：「神是理之發用，而乘氣以出入。」此處見張程專

〔註18〕錢穆：《朱子新學案‧朱子學提綱》（一），臺北三民書局，1971年版，第120頁。

〔註19〕錢穆：《朱子新學案‧朱子學提綱》（一），臺北三民書局，1971年版，第36頁。

〔註20〕錢穆：《朱子新學案‧朱子學提綱》（一），臺北三民書局，1971年版，第40頁。

〔註21〕錢穆：《朱子新學案‧朱子學提綱》（一），臺北三民書局，1971年版，第60頁。

就二氣言鬼神，朱子則又進一步兼理氣而言鬼神。〔註22〕

對於「仁」這一原始儒學的重要範疇，錢穆認為，朱子是從宇宙之仁和人心之仁兩方面來說的，而肯定宙之仁則是朱子對儒家仁學的巨大貢獻：

> 朱子專就心之生處心之仁處著眼，至是而宇宙萬物乃得通為一體。當知從來儒家發揮仁字到此境界者，正惟朱子一人。老子曰：天地不仁，以萬物為芻狗。從老子道家義，則此宇宙大整體，乃是一不仁之體。由朱子言之，則此宇宙大整體，乃是一至仁之體。然其間仍有分別處。由上向下言之，則萬物各得天地之心，與天地之仁。若由下向上言之，則惟聖人乃能全得此心之仁，上與天地合德。〔註23〕

而宇宙之仁所具有的生氣、生理、生意，在天而言即是理，在人而言即是性。人心之仁正因為有了這樣的宇宙之仁作根據，才有了在心上做工夫的巨大意義：

> 此心之仁，即天德之元，即太極之陽動。天地萬物，皆從此一動處開始。天與人，心與理，宇宙界與人生界，皆在此一仁字上綰合成一。天地間許多道理條件，皆由此處生出。此處亦可謂是朱子講學一大總腦處，由此而推出其逐項分散處。〔註24〕

太極、理、性、仁、心諸多義理範疇，在錢穆看來，有從宇宙界角度言說的，有從人生界言說的，實際上，天人是一體的，因此，諸多義理範疇也就都可以綰結為一，也就是說，都由同一處生發出來，這就是「仁」字。以「仁」為核心，既準確地把握了朱子的思想內核，更是由朱子上通到了孔子。這樣，不僅義理範疇之間是相通的，思想之間也是相通的，是為會通。有了會通，才真正地實現了「一天人、合內外」的追求。

作為一種方法論和學術品格，「會通」一詞正式出現在《易傳‧繫辭上》中。豈之先生曾在多次演講報告中提到「會通」對於中國思想史研究意義，對於發揚中國傳統文化價值的意義：

> 「會通」強調的是融合、創新，而不是衝突、對抗。「會通」精神是我國古代文化的基本精神之一。〔註25〕

〔註22〕錢穆：《朱子新學案‧朱子學提綱》（一），臺北三民書局，1971年版，第62～63頁。

〔註23〕錢穆：《朱子新學案‧朱子學提綱》（一），臺北三民書局，1971年版，第60頁。

〔註24〕錢穆：《朱子新學案‧朱子學提綱》（一），臺北三民書局，1971年版。第81頁。

〔註25〕張豈之：《張豈之談中華優秀傳統文化‧關於中華文化的「會通」精神》，陝

　　　　我建議關注一下我國傳統文化中的「會通」精神，它比「包容」
更能體現中國學人對本土文化和人類文化的尊重，而且主張對文化
進行分析、研究、融合、創新。〔註26〕

可以說，豈之先生的高瞻遠矚與中國文化的傳統是一脈相承的。

3.2 以「一體兩分、兩體合一」的思維疏解朱子學

　　喜歡於會通處觀朱子學，是錢穆的思維具有「一體化」特點的具體體現。
錢穆思維的這一特點，在朱子學的研究上還體現為主要以「一體兩分、兩體
合一」的思維來疏解朱子學。這種疏解不僅體現在具體範疇上，也體現在對
學術史的研究上。

3.2.1「一體兩分、兩體合一」與「體用一源」

　　錢穆解讀朱子學所運用的「一體兩分、兩體合一」的思維模式與由北宋
程頤首次提出、朱子進行極大發揮的「體用一源」一詞有著血脈的聯繫。

　　「體」的觀念起源很早，在先秦時期，就有了對「體」的分析：

　　　　體分于兼也。（墨經上）〔註27〕

這裡的「體」指部分，「兼」指總體。《易傳・繫辭上》也說：

　　　　故神無方而易無體。〔註28〕

這個「體」是指形體。

　　「用」的觀念在先秦時期也已出現，《老子》中就有「無之以為用」（第
十一章）的提法。「體」「用」連用，也在先秦時出現，《荀子・富國》中曾提
到：

　　　　萬物同宇而異體，無宜而有用。〔註29〕

　　　　西出版集團，太白文藝出版社，2012 年版，第 79 頁。原為 2010 年 9 月在山
　　　　東尼山論壇上的講演。
〔註26〕張豈之：《張豈之談中華優秀傳統文化・書院與文化「會通」》，陝西出版集團，
　　　　太白文藝出版社，2012 年版，第 104 頁。原為 2010 年 6 月 26 日在西安由著
　　　　名作家陳忠實主持的「書院與當代中國社會」學術論壇上的講演。
〔註27〕譚家健、孫中原：《墨子今注今譯》，商務印書館，2009 年版，第 229 頁。
〔註28〕《易傳・繫辭上》，選自《四書五經》，陳戍國點校，嶽麓書社，2002 年版，
　　　　第 196 頁。
〔註29〕王先謙：《荀子集解》（上），沈嘯寰、王星賢點校，新編諸子集成本，中華書
　　　　局，1988 年版，第 175 頁。

荀子此處所謂「體」，也指形體。荀子雖「體」「用」二字並舉，但與後來從本體論層面上解讀「體」「用」關係不大。

到了魏晉時期，「體」「用」關係被很多學者關注到。王弼在《老子注》中說：

> 雖盛業大富而有萬物，猶各得其德；雖貴以無爲用，不能捨無以爲體也。〔註30〕

這裡的「體」有存在者之義。到了宋代理學家那裡，開始了從宇宙整體的角度談「體」「用」關係。程頤晚年在《伊川易傳》中則明確提出了「體用一源、顯微無間」的命題。伊川認爲，「體」主要指理，「用」主要指事，理爲體，事爲用，理即在事中見，心性本體即在道德創造中與道理事爲中見，從而說明理事互爲一體、不可分離的關係。

到了朱子，對「體」「用」關係的分析就更加深入了：

> 道者，兼體、用，該隱、費而言也。〔註31〕

> 心者，兼體、用言。程子曰：「仁是性，惻隱是情。」若孟子，便只說心。程子是分別體、用而言；孟子是兼體、用而言。〔註32〕

> 「體用一源」者，自理而觀，則理爲體，象爲用，而理中有象，是一源也。顯微無間者，自象而觀，則象爲顯，理爲微，而象中有理，是無間也。且旣曰有理而後有象，則理象便非一物。故伊川但言其一源與無間耳。……其實體用顯微之分，則不能無也。今曰理象一物，不必分別，恐陷於近日含糊之弊，不可不察。〔註33〕

上引朱子於《語類》中談「體用」的文字，雖角度各異，但可以說，萬變不離其宗，即，道「兼體、用，該隱、費」是總綱，世間的萬事萬物都不能離開道而存在，那麼道的屬性就在世間的萬事萬物上都能體現出來。就「體」說「用」只是相對而言，「體」無定，「用」亦無定，但基本上可以說，先在地是「體」，後生地是「用」，在內不顯地是「體」，在外發著地是「用」。

朱子論「體用」的文字對錢穆的思想形成巨大影響。他曾在集中探討中

〔註30〕王弼：《老子注》三十八章，見樓宇烈校釋：《老子道德經注校釋》，新編諸子集成本，中華書局，1988 年版，第 94 頁。

〔註31〕黎靖德：《朱子語類》（卷六），中華書局，1999 年版，第 99 頁。

〔註32〕黎靖德：《朱子語類》（卷二十），中華書局，1999 年版，第 475～476 頁。

〔註33〕朱傑人、嚴佐之、劉永翔：《朱子全書‧晦庵先生朱文公文集》（22），卷四十《答何叔京》，上海古籍出版社，安徽教育出版社，2002 版，第 1841 頁。

國傳統文化的血脈及其統一精神的《四部概論》一文中，談到了對「體用一源」的看法：

> 所謂體用，便是認爲宇宙間一切事物現象有體必有用，反過來說，亦即是有用必有體。……宋儒有云：「體用一源，顯微無間。」「微」是不可見的，即是體。「顯」可見，即是用。……故中國思想常是在事象行動一切實際的用上來探究其形上的本體。〔註34〕

到了寫作《新學案》時，錢穆更是把作爲本體論、認識論層面的「體用一源」觀念，以方法論的形式彰顯出來，這就是他的「一體兩分、兩體合一」的思維模式：「一體」即「一源」，「兩分」即分「體」分「用」或分天分人。

3.2.2「體」與「分」「合」的關係

雖說錢穆的「一體兩分、兩體合一」與宋儒的「體用一源」有著血脈上的聯繫，但是作爲方法論思維，錢穆的「一體」「兩體」與「兩分」「合一」在關係上，與「體用一源」相比，又增出了很多新的含義。錢穆以「一體」與「兩分」、「兩分」與「合一」對舉，凸顯了「體」的本然、實然與應然的屬性、「分」「合」作爲必要手段的屬性。

首先，我們看一下作爲本然、實然、應然的「一體」。

錢穆所理解的「體」主要有兩重含義，有時指形而上的「本體」，有時指形而下的「形體」；「一體」的「體」指稱的是前者，「兩體」的「體」指稱的是後者。但無論在何種意義上使用「體」，錢穆都不離具體事物談「體」：

> 孟子道性善，指大群千古同然之本體。〔註35〕

> 心，人人有之而相通，不限於身，故言心必言公。若限於其身，則爲私心，失其心之體矣。心必見於行，行必見於事，事必當於理。〔註36〕

> 所謂體用，乃只就當前之用以推見其發用之體，非是別有一體獨立於一切用之前而自爲存在。然亦不得謂即用是體。〔註37〕

〔註34〕錢穆：《中國學術通義》（增訂三版），臺灣學生書局，1982 年版，第 47～48 頁。

〔註35〕錢穆：《四書釋義・孟子要略》，九州出版社，2010 年版，弁言，第 124～124 頁。

〔註36〕錢穆：《宋明理學三書隨箚》，生活・讀書・新知三聯書店，2002 年版，第 62 頁。

〔註37〕錢穆：《朱子新學案》（一），臺北三民書局，1971 年版，第 436 頁。

這個不離具體事物而談的「體」，就是錢穆認為的不離開「形體」的「本體」，而無論有多少個具體的「形體」，其實質都是「一體」的。「一體」只不過在語言上側重強調了「本體」的渾然一體性。這個渾然一體的「本體」有本然、實然、應然三種屬性。

第一、作為本然的「一體」。本然強調的是事物原本如此的屬性。錢穆在解讀朱子學時，很看重朱子的宇宙論思維，並用「理氣一體渾成」說來分析朱子的宇宙論。在解析朱子著名的「天即理」一語時，錢穆這樣說：

> 《中庸章句》有云：「天以陰陽五行化生萬物，天即理也。」此條兼舉理氣言。若謂天以陰陽五行化生萬物，故陰陽五行之化生即是天，此則仍有未盡。在陰陽五行化生之裏面，尚猶有理，故又增上天即理也四字。但若謂天以理化生萬物，此又誤。〔註38〕

無疑，錢穆對朱子「天即理」的解釋，並沒如一般學者那樣，否定朱子這樣一個「增字訓詁」的做法，而是認為這恰恰體現了朱子思維之全面。因為朱子所理解的「天」，是理氣兼言的。所以，錢穆又說：

> 朱子論天又必兼理氣而兩言之。故曰：「皆天所為，但理與氣分為兩路。氣亦天也。理精一，故純。氣粗，故雜。（五九）」欲知朱子天即理之說，又必知其氣亦天之說。〔註39〕

天是兼理氣而言，天下所有的物事都是源於天，自然也是兼理氣而言。理氣是一體渾然，那麼天下就沒有不是一體渾然的物事。所以，「一體」是本然的。

第二、作為實然的「兩體」。「一體」是物事的本然屬性，但作為個體，物事常體現為「兩體」，即不是同一形體。但現實存有狀態上的「兩體」，並不妨礙其本然狀態上的「一體」。張載的天命之性氣質之性之分，即是一例，並不能因氣質之性的現實「兩體」狀態，而否定性本然的一體渾成狀態，氣質之性的各異並不能否定天命之性的大同。

第三、作為應然的「一體」。

「一體」既是物事沒能實現的本然之體，為學工夫就應以「一體」為最終追求，實現一體渾然的狀態。

其次，我們再看一下作為必要手段的「兩分」與「合一」。

〔註38〕錢穆：《朱子新學案·朱子學提綱》（一），臺北三民書局，1971年版，第41頁。

〔註39〕錢穆：《朱子新學案》（一），臺北三民書局，1971年版，第367頁。

明瞭了世間萬事萬物原本都是「一體」的，現實都是「兩體」的，就爲理想境界的「一體」提供了可能與必要。而要實現「一體」的理想境界，就必須借助於必要的手段，這個手段就是「兩分」與「合一」。

「兩分」是針對「一體」而言。「兩分」是實現「一體」的必要手段。在錢穆治朱子學的過程中，對「兩分」與「一體」關係的重視隨處都可看到。而這種「兩分」思維，在他的很多著作中都有展現，尤其是在他的哲學著作如《湖上閒思錄》、《晚學盲言》中，作者設計的標題形式即是以兩兩相對的範疇對舉。

錢穆在「一體」的前提下說「兩分」有幾重含義：有時是體用之分，有時是形上形下之分，有時是整體部分之分。因爲前兩者上文已有很多分析，所以下面舉整體部分之分爲例進行探討。在《晚學盲言》中，錢穆首篇即以「整體與部分」爲題，探討兩者之間的關係。他說：

> 有「整體」，有「部分」，但應先有了整體，才始有部分；並不是先有了部分，乃始合成爲整體。如先有了「天」，乃始有春、夏、秋、冬，非是先有了春、夏、秋、冬，乃始合成一「天」。亦是先有了「地」，乃有山、海、川、谷，合成一「地」。〔註40〕

> 部分從整體生，不明其整體，即無法瞭解其部分。〔註41〕

很明顯，錢穆重視整體，談部分也是爲了凸顯整體的重要性。但分整體、分部分，本身即是一種「兩分」思維，「兩分」的目的還是爲了「一體」。但爲了明瞭「一體」，必須從「兩分」入手進行分析，也是爲了「一體」，必須把兩體「合一」，即把部分合爲整體。所以，錢穆在治學上，從不厚此薄彼，不僅對四部之學是面面俱到，即便是對西學，也是盡力爲之。之所以如此，還是要在「兩分」中見「一體」，在變中求常。而於變中求常，這本身即是一種史學思維。

3.2.3「一體兩分、兩體合一」思維模式在朱子學中的運用

上文對錢穆的「一體兩分、兩體合一」思維進行了大致的分析，這種思維模式在朱子學研究中體現得尤其明顯，錢穆在《新學案》中反覆強調這一思維對於解析朱子學的重要性：

〔註40〕 錢穆：《晚學盲言》（上），聯經出版事業公司，1998 年版，第 1 頁。
〔註41〕 錢穆：《晚學盲言》（上），聯經出版事業公司，1998 年版，第 2 頁。

蓋北宋理學諸儒，能言宇宙界者，端推濂溪康節橫渠三家，二程則較遜。朱子乃會通此三家以完成其宇宙論之體系。大要言之，不外是一體兩分，兩體合一之兩語。其論理氣，論陰陽，論鬼神，皆是。又如其言仁與神之與理氣，亦仍是一體兩分，兩體合一。其論宇宙界與人生界，亦仍還是一體兩分與兩體合一。識得此意，推而求之，則於朱子一切所言，自有迎刃而解之樂。〔註42〕

宇宙界之與人生界，自朱子理想言，仍當是一體兩分，非兩體對立。〔註43〕

在朱子學的研究中，錢穆的「一體兩分、兩體合一」方法論思維，不僅在對範疇的分析上使用，而且在學術史的研究中也加以使用。

先說在範疇之間的運用。理學中有諸多範疇，在錢穆看來，都可以用「一體兩分、兩體合一」方法論思維進行理解，理氣、陰陽、鬼神如此，心理、仁神、心性、天理人欲、善惡等無不如此。錢穆雖常分宇宙界與人生界，但這依然體現的是「一體兩分、兩體合一」的思維。

說心性，猶如其說理氣，可以分說，可以合說。心性亦非兩體對立，仍屬一體兩分。〔註44〕

理學家無不辨天理人欲，然天理人欲同出一心，此亦一體兩分兩體合一之一例。朱子論陽不與陰對，善不與惡對，天理亦不與人欲對。〔註45〕

朱子言格物，其最後結論，即見於《大學章句》之《格物補傳》。……或譏朱子此處分心與理為二，不知一體兩分，兩體合一，此正朱子思想大體系所在，亦是其最著精神處，不得徒以分兩說之為嫌。〔註46〕

錢穆的「一體兩分、兩體合一」思維不僅在朱子學諸多範疇之間運用，而且在對朱子學術地位的探討中，也運用這樣一種方法論思維。

〔註42〕錢穆：《朱子新學案·朱子學提綱》（一），臺北三民書局，1971年版，第65頁。
〔註43〕錢穆：《朱子新學案·朱子學提綱》（一），臺北三民書局，1971年版，第47頁。
〔註44〕錢穆：《朱子新學案·朱子學提綱》（一），臺北三民書局，1971年版，第48頁。
〔註45〕錢穆：《朱子新學案·朱子學提綱》（一），臺北三民書局，1971年版，第87頁。
〔註46〕錢穆：《朱子新學案·朱子學提綱》（一），臺北三民書局，1971年版，第132～133頁。

　　正因為擁有這樣一種「一體兩分、兩體合一」思維，錢穆雖然對宋明理學極為重視，但對他們的道統觀卻不並認同：

> 關於宋明兩代所爭持之道統，我們此刻則只可稱之為是一種主觀的道統，或說是一種一線單傳的道統。此種道統是截斷眾流，甚為孤立的；又是甚為脆弱，極易中斷的；我們又可說它是一種易斷的道統。此種主觀的單傳孤立的易斷的道統觀，其實紕繆甚多。
> 〔註47〕

不認同宋明兩代所爭持的主觀的、單傳的、易斷的道統，是因為在錢穆眼中，宋明理學諸儒只注意到了「兩分」，而忘記了「一體」。錢穆所持有的道統是客觀的、多傳的、結實的道統，這個大道統正是以整個中國傳統文化為道統。錢穆正是在這種大道統的觀念指引下來談朱子對於學術史文化史的貢獻：

> 中國學術史上，中晚時期，只有朱子一人，綜合了經史子集四部之學。一面加以分析，一面加以綜合。分之則極其圓，無一處不到。合之則極其通，無一處不達。批評各家短處，而無不兼采其長。酌取各家長處，而無不避免其短。真所謂即物而格，而無不到其極處，而又能豁然貫通了。後人尊之以為孔子之後之唯一集大成者，朱子誠可當之而無愧。〔註48〕

他認可朱子的綜彙儒特徵，認可朱子的別出儒特徵，都是因為無論是朱子的繼承還是創新，都是在為人道服務，以修齊治平為核心考慮。用錢穆自己的話說，就是在傳「心」：

> 上下兩千五百年，孔子永為至聖先師。人之所學，則皆孔子之學。人之所道，則皆孔子之道。孟子曰：「聖人先得吾心之同然。」後世繼孔子而起者，亦可謂皆有得於孔子之心矣。但皆尊孔子各不尊其己。時異世易，所學所道，實已不同，而其統則一。乃有所謂道統。道則統於心。修身齊家治國平天下，皆貴一統，其統均在心。其傳亦在心。但心與心之間，乃有一大遷就。中國人之學統道統，乃於絕不遷就中有此一大遷就，斯人千古不磨心，惟中國文化中國

〔註47〕　錢穆：《中國學術通義・中國儒學與文化傳統》（增訂三版），臺灣學生書局，1982年版，第94頁。

〔註48〕　錢穆：《中國學術通義・朱子學術述評》（增訂三版），臺灣學生書局，1982年版，第132頁。

人生乃此。〔註49〕

就是這樣一個「傳心」的過程，把中華民族凝聚為一個渾然不可分割的整體，而這個整體內在的屬性就是我們的傳統。對中國傳統思想的解讀，錢穆喜歡用「一天人、合內外」六字加以概括：

> 中國文化特質，可以「一天人，合內外」六字盡之。〔註50〕

> 中國人看宇宙，常看成為渾然之一體。所謂「渾然」，乃謂此一體並非由各個不同之部分組織而成。所謂「一體」，則只是一體，不要再在此一體中增分別。一切現象，只是此一體之動與化，並非在動與化之外或動與化之後，復有一動不化之體存在著。因此，中國人常認為形而上與形而下亦只在一體中。理即從事上見，道即從器上見，天即從人上見。換言之，天即在人之中，理即在事之中，道即在器之中。〔註51〕

這六個字，是錢穆一生廣泛涉獵四部之學之後得出的真知灼見，這六個字體現在朱子學的研究上，就是錢穆用「一體兩分，兩體合一」的方式疏通朱子學中的諸多範疇。

3.2.4「一體兩分、兩體合一」思維模式對於朱子學的意義

「一體兩分、兩體合一」是與錢穆的本體論、認識論思維密切相關的一種方法論思維，是一種切合朱子學實際的「以中治中」的方法論思維模式。朱子學歷來號稱難治，一方面因為朱子學體系的博大與內涵的複雜，另一方面也是因為很多的研究都沒有找到一個適當的研究方法。而錢穆以「一體兩分、兩體合一」思維疏解朱子學，卻收到了事半功倍的效果，錢穆因此種思維方式的運用而在治朱子學的過程中有一種「迎刃而解之樂」也就可以理解了。所以，可以說，錢穆在朱子學的研究上，找到了一枚很好的解開朱子學奧妙的鑰匙。其實，這枚鑰匙不僅對朱子學適用，對整個中國傳統學術思想都是適用的，就此而言，錢穆對於中國學術思想史的貢獻是巨大的。

「一體兩分、兩體合一」思維模式是一種正確的方法論思維，但也不會沒有問題。問題不是出現在「一體」上，而是出現在「兩分」上。「兩分」可

〔註49〕 錢穆：《晚學盲言》（上），生活・讀書・新知三聯書店，2010 年版，第 119 頁。

〔註50〕 錢穆：《中國史學發微》，生活・讀書・新知三聯書店，2009 年版，第 127 頁。

〔註51〕 錢穆：《中國學術通義》（增訂三版），臺灣學生書局，1982 年版，第 46 頁。

能會出現機械劃分的情形，會使概念的內涵不夠豐富而且外延邊界不清，錢穆關於宇宙界與人生界的區分即便如此。何爲宇宙界，何爲人生界；哪些問題是宇宙界的問題，哪些是人生界的問題，錢穆從來也沒有過詳盡的說明，這無疑也會影響到「一體兩分、兩體合一」這一方法論思維的運用效果。

3.3 以史學立場解「理」言「心」說「性」

「理」、「心」、「性」是理學中的重要命題。在錢穆看來，雖然「仁」是自孔子以來儒學的最本質屬性，但具體在理學中，「仁」還要從「理」與「心」「性」兩個角度切入，加以理解。所以，理學中無疑「理」「心」「性」是最核心的範疇，「理」在宇宙界於主導地位，「心」在人生界居於主導地位，而「性」則在溝通二者，而且其它相關概念與命題都是藉此而展開。以史學立場解「理」言「心」說「性」，也就是以史學立場解讀朱子學的所有概念與命題。

3.3.1 以史學立場解「理」

朱子學的「理」有多種不同含義，蒙培元就曾詳盡地分析了朱子之「理」所具有的豐富內涵，認爲朱子之理包括所以然者、所當然者、自然之理、生理或生生之理、性理、仁理、使之然者等多種含義。〔註52〕但與很多學者從哲學立場出發理解讀「理」不同，錢穆是在史學立場上解讀「理」。他所理解的朱子之「理」不含有先驗的成分，他只依託於具體事物及事實來談朱子之「理」。在錢穆看來，宇宙界是人生界立論的前提和基準，作爲宇宙界的核心範疇的「理」，也就是人生界立論的前提和基準，而這個前提和基準只能來自宇宙萬物及其人生實際，不能來自邏輯推衍。就此而言，錢穆所理解的「理」，只是事物內在的條理與規定，是事物之「常」。於「變」中尋「常」，體現的正是一種歷史性思維，錢穆也正是以此種思維來解讀朱子學，權衡中西學術之異：

> 性命之理，究其所以然，有不易言者。西方哲學，則正從此等不易言處著力。其大體之已然，則人文歷史之學，朱子所謂學者不可不知者，所謂天理人欲有賓主之分，趨善從惡有順逆之殊，皆從人事之已然處加以分別也。若蔑視於人文歷史之已然，而盡在其不

〔註52〕參見蒙培元：《朱子哲學十論》，中國人民大學出版社，2010年版。

　　　易言之所以然處用心，此即子貢所言夫子之文章可得而聞，夫子之
　　　言性與天道不可得而聞也。亦即是孟子道性善，而言必稱堯舜之意
　　　也。〔註53〕

錢穆之所以不喜歡從哲學角度切入朱子學，在這一段文字中已表述得非常明
白。在他看來，性命之理，是不可以輕易說明白的。要想說，也只能是依託
人類已有的人文歷史之學，這是事實存在的已然者，除此而外，沒有更好的
辦法。像西方哲學那樣進行邏輯地推衍，本不知強以為知，是一種不合事實
的做法。在錢穆看來，朱子正是依託於已有之人文歷史立論，來談天理人欲，
來談善惡順逆。即便是孟子的性善論，也是從以往之人類歷史而來。就此，
錢穆認為，不僅朱子學是依託於史學立論，整個的傳統中國學術，都是依託
於歷史立論，儒家是最得其精髓者：

　　　並不是儒家思想造成了中國民族之歷史與其文化，乃是中國民
　　　族內性之發揮而成悠久的歷史與文化者，其間最要的一部分，則為
　　　儒家思想。〔註54〕

如此，錢穆基於史學立場解讀朱子學的價值也凸顯了出來。正如余英時所說：

　　　我們可以說「史學立場」為錢先生提供了一個超越觀點，使他
　　　能夠打通經、史、子、集各種學問的千門萬戶。〔註55〕

3.3.2 以史學立場言「心」

　　凸顯「心」在朱子學體系中的核心地位，是錢穆的朱子學研究的顯著特
點。但正像不喜歡從哲學角度角度解讀朱子之「理」一樣，錢穆也不喜歡從
哲學解讀朱子之「心」。他依然是站在堅實的史學立場理解朱子之「心」。

　　前章已提及，錢穆從來都不認為對於宋明理學的「理學」和「心學」之
分是切合實際的。既然「心」在朱子學的體系中如此重要，那麼錢穆就沒有
理由不下大氣力研究朱子的心學。而以史學立場言「心」，是錢穆治朱子學在
方法論上的又一重要特徵。

　　而錢穆治學的這一史學立場，就其弟子陳啓雲來看，是切合整個中國文

〔註53〕錢穆：《宋明理學三書隨箚》，生活・讀書・新知三聯書店，2002 年版，第 75
　　　頁。
〔註54〕錢穆：《中國學術思想史論叢》（卷二），安徽教育出版社，2004 年版，第 1
　　　頁。
〔註55〕余英時：《猶憶風吹水上鱗——錢穆與現代中國學術》，三民書局股份有限公
　　　司，1991 年版，第 35 頁。

化大傳統的：

> 錢先生從史學立場來觀察文化、探索思想和討論中國和世界人
> 類的前途，是和中華文化主流的大傳統相契合的。〔註56〕

能與「中華文化主流的大傳統相契合」，就意味這種治學的路徑是最中國化的、最符合中國傳統文化特點的，而錢穆以這種最中國化的、最符合中國傳統文化特點的治學路徑來治朱子學，自然也就治出了「錢氏朱子學」的特色，這一特色即是以史學立場言「心」：

> 所謂人心者，乃人同此心之心，因此到達此境界，我心即人心。
> 人心在那裡見？即由我心見，即由我心之走向別人之心見，即由歷史
> 文化心而見。必由此歷史心文化心，乃始得與宇宙融凝合一。〔註57〕

錢穆也正是通過這一歷史文化心，實現了他的「一天人，合內外」的學術理想，進入了一種即人即天、主客統一的自由境界；在朱子的「理」「心」中加入了歷史這一層內涵，也使得朱子學的文化意味厚重了起來。羅義俊曾這樣評價錢穆的歷史心、文化心：

> 從儒學中疏釋出歷史心與文化心之概念，是錢穆一突出之貢
> 獻，亦可謂是其儒學之一「新」之所在。……按錢穆之意，此歷史
> 心與文化心，不僅是對孔孟之仁與性之概念之詮釋，亦是對程朱陸
> 王的會通。〔註58〕

所以，可以說，用一個詞概括錢穆的學術特色是「歷史心」，用兩個詞概括錢穆的學術特色是「歷史」和「心」。錢穆學術的這一特色也經常被他用於其屢屢稱道的儒學宗師孔子身上：

> 孔子的學說，分為兩種：一種是「心學」，一種是「史學」。儒
> 家思想的重要精神在此。〔註59〕

錢穆推崇孔子的學說，即是因為其學說分為心學與史學兩種。錢穆之所以認為心學和史學非常重要，是因為

> 心學是做人大宗綱，史學則為做事大原本。我們要研究中國學

〔註56〕陳啓雲：《中國人文學術的近代轉型——胡適、傅斯年和錢穆個案》，《河北學刊》，2010 年第 1 期，第 1～7 頁。

〔註57〕錢穆：《人生十論》，廣西師範大學出版社，2004 年版，第 65 頁。

〔註58〕羅義俊：《錢穆學案》，選自方克立、李錦全主編《現代新儒家學案》（中），中國社會科學出版社，1995 年版，第 414～415 頁。

〔註59〕錢穆：《講堂遺錄》，九州出版社，2010 年版，第 25 頁。

術，此二者一內一外，最當注意。欲明儒家學術，則必兼備此二者。
〔註60〕

所以，

研究中國學術，主要不越心學與史學兩途。〔註61〕

以孔子爲權衡的標準，那麼錢穆重視以朱子思想爲主要內容的宋明理學也就可以理解了，因爲：

由「心學」轉到「史學」，此是由宋明重歸先秦一大節目。
〔註62〕

接下來，錢穆認爲：

宇宙界之與人生界，自朱子理想言，仍當是一體兩分，非兩體對立。其貫通處則正在性。性是體，其發而爲工夫則在心，心屬用。
〔註63〕

貫通天人之處正在於「性」，「性」之發即爲「心」，「性」與「心」正是體用一源的關係，因此，在心性關係上，錢穆不主張先心覓性，總主張「即心見性」，於用上見體，方能將天人「一」，將內外「合」。

既然天人是一而二、二而一的關係，因此，所有的言宇宙的範疇自然就可以言人生，所有言人生的範疇就自然可以言宇宙，而能將天人內外合一的在理學家中，也只有朱子做得最好：

蓋北宋理學諸儒，能言宇宙界者，端推濂溪康節橫渠三家，二程則較遜。朱子乃會通此三家以完成其宇宙論之體系。大要言之，不外是一體兩分，兩體合之兩語。其論理氣，論陰陽，論鬼神，皆是。又如其言仁與神之與理氣，亦仍是一體兩分，兩體合一。其論宇宙界與人生界，亦仍還是一體兩分與兩體合一。識得此意，推而求之，則於朱子一切所言，自有迎刃而解之樂。〔註64〕

從以上的分析不難看出，作爲史家，錢穆喜歡從變中求常的特點在他的朱子

〔註60〕錢穆：《中國歷史研究方法·如何研究學術史》，聯經出版事業公司，1998年版，第94頁。

〔註61〕錢穆：《中國歷史研究方法·如何研究學術史》，聯經出版事業公司，1998年版，第93頁。

〔註62〕錢穆：《中國思想史》，九州出版社，2011年版，第227頁。

〔註63〕錢穆：《朱子新學案·朱子學提綱》，臺北三民書局，1971年版，第47頁。

〔註64〕錢穆：《朱子新學案·朱子學提綱》，臺北三民書局，1971年版，第65頁。

學研究中體現無疑，而他所求之「常」即是錢穆經常提到的「道」，能於「變」中求「常」的依據在於「心」，因此可以說，錢穆高懸了一個「道」，以「心」來成全「道」。而這個「道」和「心」的關係，羅義俊曾這樣分析：

> 按錢先生的詮釋，此心爲生命意志，爲能開出新生機展出新宇宙的創造心，亦是孟子宋明儒所言之四端萬善之心、道德本心，即天命之性、性善之性。故他說：「道德心性是一，則天人亦是一，實同一體。其體變動不居，故謂之道。」由錢先生之詮釋，此道亦不當理解爲客觀唯心主義。因爲此道是一天人、合內外之道。分解言之，天道爲人道之本源，人道乃天命之人性之表現，「天命之謂性，率性之謂道」。故天道即人道，人道亦可是天道。「實則天人合一，同此一道。」在錢先生對儒家哲學範疇的詮釋中，亦即是在他的哲學思想中，道與心並爲首重特重之觀念。其謂道，形上形下一體，「即物即靈，即天即人，即現象即本體」，爲一宇宙大生命，一「有機的生命總體」。但「大道同德，盡在此心」。這一系列觀念，內在地聯繫著，其內含的邏輯指向，即引出「即心即道，即心即天」的核心觀念，從而成就其心體中心主義的唯道論。〔註65〕

可以說，錢穆學術思想的重心即在「心」，錢穆對朱子學的研究的重心也落在了「心」上，這個「心」是主客統一之體，是天人內外合一之體。

3.3.3 以史學立場說「性」

「性即理」是程朱理學的一個重要思想，「性」是溝通天人的關鍵。「性」的善惡問題也是學派紛爭的重要方面。基於儒學主流的立場，「性善論」是中國傳統思想中一個非常重要的前提性認知，中國傳統思想寶庫中的很多重要命題都是以此爲根基才生發開來。正因爲如此，自孟子明確提出「人性善」的論斷之後，千百年來，不斷有人從正反兩方面對這一命題進行深入的解讀。這樣，一方面使得這一命題更加廣爲人知，另一方面也就使得這個原本就不好言說的命題變得愈發複雜與難以論說，由此導致的直接後果是：很多人都知道「人性善」，但很難說有很多人堅信「人性善」。「人性善」命題具蘊含的道德理想主義精神也正因此而日漸萎靡。如何能讓「人性善」這個東方古老的人性論命題，在現時代的人文與科學背景下煥發出新的生機與魅力，是關

〔註65〕羅義俊：《論錢穆與中國文化》，《史林》，1996 年第 4 期，第 84～94 頁。

係到中華人文精神傳承、人類精神世界走向的重要理論問題，而這個問題在錢穆所生活的西學東漸、國學式微的 20 世紀，表現得更爲突出。因此，錢穆表達了他對此的憂慮與思考：

> 中國民族之前途，其惟一得救之希望，應在其自己文化之復興。
> 要復興中國民族傳衍悠久之文化，儒家思想的復興，應該仍是其最
> 要之主源，似乎也是無疑的。已往的儒家思想，未必能適應當前的
> 環境，而振拔尤其困難。〔註66〕

也正因爲認識到了問題的關鍵與癥結所在，錢穆也明確了表示了自己的文化擔當意識：

> 作者發願將中國二千年來儒家思想之內蘊，從各方面爲之發揮
> 引申，闡述宣佈。〔註67〕

用自己獨特的、適合時代的方式詮釋與論證「人性善」這一古老命題，就是錢穆所要做的「發揮引申，闡述宣佈」「儒家思想之內蘊」工作中的重要一環。

作爲傳統儒家在現代史學領域中的傑出代表，錢穆相當重視孟子的最先得「人心之同然」而提出的《性善論》。他早在 1926 年寫成的《孟子要略》（後收入《四書釋義》）中指出，孟子之學對於後世人群的貢獻有三個方面，一是發明性善之義，二是言養氣，三是言知言，而這三者的核心與根基都是性善論，因爲

> 此三者，其實則一，皆所以盡人心而發明性善之旨也。〔註68〕

所以，錢穆高度評價了「性善論」對於孟子學說的意義：

> 性善者，孟子學說之精神之所在。不明性善，即爲不知孟子。
> 〔註69〕

「性善論」不僅是孟子學說之精神所在，更是儒學精神之所在、中華人文精神之所在：

> 孟子生乎亂世，外則發明人性之善，內則自盡吾心，以知言養

〔註66〕　錢穆：《中國學術思想史論叢・儒家性善論與其盡性主義》（二），聯經出版事業公司，1998 年版，第 1 頁。

〔註67〕　錢穆：《中國學術思想史論叢・儒家性善論與其盡性主義》（二），聯經出版事業公司，1998 年版，第 2 頁。

〔註68〕　錢穆：《四書釋義・孟子要略》，弁言，聯經出版事業公司，1998 年版，第 166 頁。

〔註69〕　錢穆：《孟子之性善論》，出自《四書釋義・孟子要略》，聯經出版事業公司，1998 年版，第 251 頁。

氣爲務。必孟子學昌，而後撥亂世而反之治者可期。亦必遵孟子之
塗轍，而後可以得孔學之眞趣。〔註70〕

而且，在錢穆看來，「性善論」就是中國傳統文化思想的柱石，就連「性惡論」
從終極處言，也要歸到「性善論」上來：

> 性善、性惡，是先秦儒家一個極重要的爭論，而結果全折入於
> 性善論之一途。性善論實在是儒家思想一個中心的柱石。……人類
> 本就是「強者害弱」、「眾者暴寡」的，本沒有所謂的「聖王之治」、
> 「禮義之化」，何以忽然生起聖王禮義來？這不得不歸功於所謂「聖
> 人」。而聖人究竟也只是人類中的一分子。孟子說：「聖人與我同類
> 者。」這就變成性善論了。〔註71〕

正因爲「性善論」非常重要與關鍵，所以，錢穆對「性善論」進行了大量的
闡發與解讀。但正如伽達默爾所說，

> 理解就是對本來事物的重建。〔註72〕

> 歷史必須由每一個新的現在來重新撰寫。〔註73〕

錢穆之於「性善論」，也進行了「重建」與「重新撰寫」，再次從錢穆的角度
解讀「性善論」，既能深化我們對這一命題的理解，也能把握到儒學在現時代
的新動向。

首先，讓我們回顧一下錢穆之前學界對「性善論」內涵的解讀。

在「性善論」的內涵方面，早在孟子提出「人性善」命題的同期，就已
經出現了幾種與之相對立的觀點，即「性無善無惡」論、「性可以爲善可以爲
不善」論、「有性善有性不善」論，孟子對「性善」內涵的闡發是在與上述幾
個觀點的駁論中豐富與完善起來的。總體而言，孟子說「性善」是基於「天
賦」這一個終極的道德依據，在與禽獸的對舉中，凸顯人之爲人的共通道德
屬性，以「四心」爲仁義禮智「四德」之端，以「良能」「良知」爲具體表現

〔註70〕 錢穆：《四書釋義・孟子要略》，弁言，聯經出版事業公司，1998 年版，第 166
頁。

〔註71〕 錢穆：《中國學術思想史論叢・儒家性善論與其盡性主義》（二），聯經出版事
業公司，1998 年版，第 2～3 頁。

〔註72〕 〔德〕伽達默爾：《眞理與方法》，王才勇譯，李澤厚主編「美學譯文叢書」，
遼寧人民出版社，1987 年版，第 246 頁。

〔註73〕 嚴平編選，劉乃銀譯：《伽達默爾集・文本的解釋》，上海遠東出版社，2003
年版，第 52 頁。

來對「人性善」進行具體印證。孟子說：

> 人皆有不忍人之心。〔註74〕

> 乃若其情，則可以爲善矣，乃所謂善也。〔註75〕

就孟子立論本身來看，「人性善」這一論斷中已經蘊涵了「人性本善」與「人性向善」兩種基本的維度。孟子對「性善論」的奠基性解讀，爲後世之人對此的進一步闡發提供了藍本。孟子之後，傳統儒家對「性善論」的解讀總體而言就是沿著這兩大趨向展開的。

首先，從「人性本善」這個維度上，衍生出了大致四種含義：人性有善論、大多數人性有善論、天地之性純善與氣質之性有善有不善論、性善有等差論。

（一）持「人性有善論」立場的學者，凸顯的是人性中有善的成分的一面，這裡面隱含的意思是：人人都有善的一面，也有惡的一面，但應著眼於人性中善的一面之後再有所作爲。其實，這種看法早在先秦的世碩那裡就已出現了，王充《論衡‧本性篇》裏說道：

> 周人巨碩以爲性有善有惡。舉人之善性養而致之，則善長；惡
>
> 性養而致之，則惡長。故世子作《養書》一篇。〔註76〕

但是世碩對人性的這種看法，卻不被儒學同門所看好，因爲按照孟子的思維，雖然沒有否認人性中有惡的成分，但惡是不可說的，正如陳確所說：

> 孟子兢兢不敢言性有不善，並不敢言氣、情、才有不善，非有
>
> 他意，直欲四路把截，使自暴自棄一輩無可藉口，所謂功不在禹下
>
> 者。〔註77〕

因此，不能說孟子沒有發現人性中有惡的成分，孟子只是「不敢言」或者「不願言」，因爲他有著更深一層的思考，有著挽救「自暴自棄」者的苦心。於是，孟子只明言人性中善的一面，只有善才可說，好比善是陽，惡是陰。孟子倡導性善就是爲了人人關注與正面發揮人性中善的一面，讓「陽」來輻射與減少「陰」。

〔註74〕朱熹：《四書章句集注‧孟子集注》卷三公孫丑章句上，新編諸子集成（第一
　　　　輯），中華書局，1983 年版，第 237 頁。
〔註75〕朱熹：《四書章句集注‧孟子集注》卷十一告子章句上，新編諸子集成（第一
　　　　輯），中華書局，1983 年版，第 328 頁。
〔註76〕王充：《論衡注釋‧本性》，中華書局，1979 年版，第 190 頁。
〔註77〕陳確：《陳確集‧別集》卷四，中華書局，1979 年版，第 452 頁。

世碩對人性的看法，得到了揚雄的繼承，揚雄說：

> 人之性也，善惡混，修其善則爲善人，修其惡則爲惡人。〔註78〕

基於這樣一個思維，甚至有學者說

> 儒家的性善論的實質上是善惡相混論基礎上的性善強勢論。
> 〔註79〕

可以說，從本質上言，揚雄的說法與孟子是相近的，但揚雄違背了儒家「不可說」的原則，把「惡」明確地「放入」了人性，所以，從立言宗旨上，楊雄的「性善惡相混論」也就背離了孔孟傳統。

（二）大多數人性有善論。持這種立場的學者，把人性問題進行了等級區分，認爲「性善論」的實質是指「性三品」、「性情三品說」或「性善情惡」。

董仲舒的「性三品說」與其說來自孟子的人性理論，還不如是直接導源於孔子對人性的理解：「性相近也，習相遠」與「唯上知與下愚不移」。「性三品說」認爲人性分上、中、下三等，分別爲「聖人之性」、「中民之性」與「斗筲之性」。「聖人之性」近於全善、「中民之性」可善可惡，「斗筲之性」近於全惡；其中，以「中民之性」佔據數量最大，因此，可以說，除去只佔據少數的「斗筲之性」，大多數人性還是有善的。王充也根據稟氣的多少，把人性分爲善、中、惡三種，中人之性「習善而爲善，習惡而爲惡」〔註80〕，強調後天教育對人爲善爲惡的決定性作用。等到唐代韓愈提出「性情三品說」，李翱提出「性善情惡論」，則又沿著這一思路走了更遠。但持這一觀點立場的學者，卻把孟子的具有普遍性意蘊的「性善論」命題給局部化了，因此，也偏離了原始儒家。

（三）天地之性純善與氣質之性有善有不善論，這是宋明理學家的特出觀點。理學家基於對天理純善的理論預設，認爲同於天理的人性也本是純善的，但因氣稟的原因，導致了氣質之性的有善與不善，即現實中的善惡不齊。張載說：

> 性於人無不善，係其善反不善反而已，過天地之化，不善反者也；命於人無不正，係其順與不順而已，行險以僥倖，不順命者也。

〔註78〕汪榮寶：《法言義疏》卷三，中華書局，1987年版，第85頁。

〔註79〕崔秀軍：《先秦儒家性善論新詮》，《人民論壇》，2011年第5期中旬卷，第195～197頁。

〔註80〕王充：《論衡‧本性》，中華書局，1979年版，第194頁。

> 形而後有氣質之性，善反之則天地之性存焉。故氣質之性，君子有
> 弗性者焉。〔註81〕

在此，張載於人性進行了區分，把同一個「性」分作了「天地之性」與「氣質之性」，「氣質不性」的有善有不善，並不妨礙「天地之性」的純然至善。這樣做，雖然很好地解釋了孟子的「人性善」的理論，強化了這一理論的價值，但從運思特徵來看，卻也背離了孟子。

（四）人皆有善，但善有等差論，以戴震為代表。戴震沿著世碩的思路往下走，在肯定人皆有善性的同時，又直面了現實中人性表現參差不齊的狀況，確立了善有等差論。戴震對人性的看法既有得於孟子，又反動於宋明理學。他說：

> 孟子道性善，言必稱堯舜，以「人皆可以為堯舜」，謂之性善，
> 非盡人生而堯舜也。自堯舜至於凡民，其等差凡幾，則其氣稟固不
> 齊，豈得謂非性不同？……然則孟子固專言「人之性善」，且其所謂
> 善者，初非無等差之善，即孔子所云「相近」。〔註82〕

戴震承認理學家的氣稟之說，但反對「天命之性」與「氣質之性」的區分，認為「性」只有一個。因此他著眼於宋明理學家「君子有弗性者」的「氣質之性」，認為就現實情況來看，人皆有善性，但善性與善性之間有著細微的等差。焦循也認為：

> 蓋氣稟受質而成人之形，其心即具人之性，人與物異，故性無
> 不善也。而不能無智愚之殊者，以氣質不能不分高下厚薄，因而知
> 覺不能不分差等。〔註83〕

陳澧也沿著這一思路前行，認為：

> 孟子所謂性善者，謂人人之性皆有善也，非謂人人之性皆純乎
> 善也。……蓋聖人之性純乎善，常人之性皆有善，惡人之性仍有善，
> 而不純乎惡；所謂性善者如此，所謂「人無有不善」者如此。後儒
> 孟子者，未明孟子之說耳。〔註84〕

〔註81〕張載：《張載集》，《正蒙·誠明篇第六》，中華書局，2006年版，第22～23頁。
〔註82〕戴震：《戴震全集·孟子私淑錄卷中》（第一冊），清華大學出版社，1991年版，第43～44頁。
〔註83〕焦循：《孟子正義》，沈文倬點校，中華書局，1987年版，第753頁。
〔註84〕陳澧：《東塾讀書記》卷三，《陳澧集》（二），上海古籍出版社，2008年版，第43頁。

持這種觀點的學者，主要立論的依據也是孔子論性的那句「性相近，習相遠」。可以說，相比於前面的幾種對「性善論」內涵的闡發，這一類觀點是最切於孔孟本義的。因爲無論從何種意義上理解性本善，都不能由此認爲現實中人性純善，

> 孟子的「性善」，是指導人與生俱來的萌芽，具有爲善的潛能，並不是說人生來就性至善。〔註85〕

> 性善論確切地說是「心有善端可以而且應該爲善論」，而不是「性善完成論」。〔註86〕

也正因爲如此，才爲「人性向善」論的提出做好了必要的鋪墊。

基於「人性本善」的前提性認知，必然產生「人性向善」的追求導向。換言之，從本體論角度談論「人性本善」，是爲了從修養論或工夫論角度提出「人性向善」提供必要的前提。孟子談養氣、談知言，漢唐諸儒談修習、談教化，宋明理學家談變化氣質、發明本心，都是基於這樣的認識。本來，傳統孔孟儒家言說「性善論」就已邏輯地包含了「人性本善」與「人性向善」兩個方面，到了明清之際，避言本體論、重視工夫論的取向又凸顯出來。黃宗羲說：

> 心無本體，工夫所至，即其本體。〔註87〕

王夫之發揮《易傳》中「一陰一陽之謂道，繼之者善也，成之者性也」的命題，把人性看作一個後天發展的過程，反對先驗人性論，強調人性與禽獸的區別在於人之道能「日新」：

> 禽獸終其身以用天而自無功，人則有人之道矣。禽獸終其身以用其初命，人則有日新之命矣。有人之命，不諼乎天，命之日新，不諼其初。〔註88〕

這也就批駁了「懸一性於初生之頃」的錯誤觀點，強化了以下認識：

> 夫性者，生理也，日生則日成也。〔註89〕

〔註85〕周淑萍：《孟子簡論》，陝西人民教育出版社，2008年版，第95頁。
〔註86〕楊澤波：《孟子性善論研究》（修訂版），中國人民大學出版社，2010年版，第46頁。
〔註87〕黃宗羲：《明儒學案·黃黎洲先生原序》，中華書局，1985年版，第9頁。
〔註88〕王夫之：《詩廣傳·大雅》，中華書局，1981年版，第133頁。
〔註89〕王夫之：《尚書引義·太甲二》，中華書局，1977年版，第63頁。

正因爲人性有善，才會知道何爲純善，才會向道德理想追尋。在「人性向善」的層面上，由此就引申出了各種工夫論，也就使儒家內部分出了不同的派系。

以上，大致疏理了一下錢穆之前傳統儒家對「性善論」內涵的闡發，接下來，再大致總結一下錢穆之前傳統儒家在「性善論」論證方面的幾種通常進路。這幾種通常進路可以概括爲：空間的進路、層次的進路、時間的進路。

所謂「空間的進路」，是指在論證「人性善」的問題上，以天爲終極依託，這是中國傳統的「天人合一」思維在人性問題上的明確表徵。以天爲依據和最高原則，是孟子之後儒學家論證「人性善」的通常做法，到宋明理學家手裏更是將其發揮到了極致。朱熹說：

> 天即人，人即天。人之始生，得於天也。既生此人，則天又在人矣。凡語言動作視聽，皆天也。〔註90〕

正因爲天即人、人即天，天人本是一體，所以朱熹主張「性即理」。只不過，爲了解釋現實中人性參差不齊的狀況，他也和張載、二程一樣，區分了天命之性與氣質之性：

> 天地間只是一個道理。性便是理。人之所以有善與不善，只緣氣質之稟各有清濁。〔註91〕

傳統的「天人感應」、「天人合一」觀念，都是在將天與人區別的同時，又將天與人緊緊地聯繫到了一起。天是中國人的最終信仰，天自然是善的，人由天來，如何能不善？宋明理學區分「性」爲天地之性與氣質之性，說到底，還是爲了說明「人性善」。

以上分析了「空間的進路」，接下來分析「層次的進路」。所謂「層次的進路」，也是一種傳統的論證「人性善」的進路。這裡面包含了兩個層面：一是人與人之相同處，一是人與禽獸之相異處。從人與人之相同處入手，孟子認爲「聖人與我同類」，人皆有「四心」，皆有「良知」「良能」；從人與禽獸之相異處入手，孟子認爲人性優於獸性。只是基於這樣一個視角，孟子在談論「性善」的問題上，主要基於狹義的「性」概念，而孟子在論證牛性、犬性的時候，採取了偷換概念的方式與告子進行辯論，從某種意義上說，是論證的失敗。而宋明理學家對「性」的兩分法，就是力圖在人與禽獸的對比中，

〔註90〕黎靖德：《朱子語類》（二）卷十七，中華書局，1999年版，第387頁。
〔註91〕黎靖德：《朱子語類》（一）卷四，中華書局，1999年版，第68頁。

凸顯人的尊貴，朱子說：

> 人物性本同，只氣稟異。〔註92〕

> 物受天地之偏氣，所以禽獸橫生，草木頭生向下，尾反在上。
> 〔註93〕

認爲人與物天命之性相同，只是因爲物受得天氣之偏氣，所以，物性就不如人性，這是理學家的邏輯。這樣，不僅人與天是一體，物與天也是一體。就此可以看到，儒學到了宋明理學家這裡，視野更開闊了，眞正地在追求「萬物一體」的境界。只是，這種論證進路，在很好地解決了人與禽獸區別的同時，也與孟子極力凸顯的人與禽獸的不同之處的初衷有了不同。

還是以人與禽獸的對比爲進路，到了明清時期，進化論思維的滲入很好地解決了這一問題，焦循即認爲：

> 蓋人性所以有仁義者，正以其能變通，異乎物之性也。〔註94〕

這個「變通」，就是人類的智慧，能「情通」：

> 以己之心，通乎人之心，則仁也。知其不宜，變而之乎宜，則
> 義也。仁義由乎能變通，人能變通，故性善；物不能變通，故性不
> 善。〔註95〕

他用變通來解釋人性，從人與動物相區別開始，直到最高的倫理範疇「仁」、「義」，都以變通爲存在和發展的條件。錢穆非常推崇焦循對「性善論」的闡發。他說：

> 其後以自然進化之理闡性善者有焦里堂，外此則殊少見。〔註96〕

接下來，說一下「時間的進路」。所謂「時間的進路」，就是以歷史文化爲砝碼，循著《易傳》的「繼善成性」的思路前行來，藉以論證「人性善」。王夫之就以「繼善成性」爲思考的原發點，以「日生日成」言性：

> 道者，善之所從出也。惟其有善，是以成之爲性焉。……性則
> 因乎成矣，成則因乎繼矣。不成未有性，不繼不能成。〔註97〕

船山此論，正如錢穆說評價的

〔註92〕黎靖德：《朱子語類》（一）卷四，中華書局，1999年版，第58頁。
〔註93〕黎靖德：《朱子語類》（一）卷四，中華書局，1999年版，第66頁。
〔註94〕焦循：《孟子正義》，沈文倬點校，中華書局，1987年版，第734頁。
〔註95〕焦循：《孟子正義》，沈文倬點校，中華書局，1987年版，第734頁。
〔註96〕錢穆：《中國近三百年學術史》，聯經出版事業公司，1998年版，122頁。
〔註97〕王夫之：《周易外傳·卷五》，中華書局，1977年版，第181～182頁。

　　　　船山此論，以今意譯之，道爲天演之現象，善則天演淘汰中繼

　　續生存之適應，而性則僅是生物於適應中所得之幾種生理也。〔註98〕

可以看出，船山的運思模式，到了錢穆那裡又有了新的變化趨勢。

　　以上，分別概述了論證「人性善」的三種進路，事實上，這三種進路經

常是交織在一起的，大致進行區分，也只是研究的需要。

　　前面梳理了錢穆之前學者們對「性善論」的解讀與論證的整體狀況與趨

向，相比之下，錢穆在「性善論」的內涵理解與論證方式上，既有同於傳統

的一面，也有很多特出、越出前代的一面，而對這兩方面進行全面的整理與

分析，既有助於我們加深對「性善論」這一命題的理解，更有助於我們在現

時代把握儒家思想的新動向。

　　錢穆認爲：

　　　　中國人「性」字，涵有兩種意義，一是生之本質，一是生之可

　　能。而古代人用性字，則可能義更重於本質義。〔註99〕

又說：

　　　　善只是一個「可欲」，只是人們自己內有的性向。〔註100〕

錢穆正是沿著「可能」與「性向」這一線索前行，得出了「必然」與「應當」

的論斷。

　　第一、以現代的「自由」、「平等」觀念說「性善」。罕言本體，重視工夫

的取向，到了傳統儒學備受西學衝擊的近現代，又發生了變化，重視認識論、

價值論的趨嚮明顯起來。從錢穆的角度來說，他把西方的理論術語、時代的

流行話語納入了中國傳統的思想命題。在「性善論」這個問題上，他就進行

了這樣的接軌：

　　　　孟子性善論，爲一類最高之平等義，亦人類最高之自由義也。

　　人人同有此向善之性，此爲平等義。人人能到達此善之標的，此爲

　　自由義。凡不主人類性善之論者，此皆不主人類有眞平等與眞自由

　　者。〔註101〕

〔註98〕　錢穆：《中國近三百年學術史》，聯經出版事業公司，1998年版，120頁。

〔註99〕　錢穆：《中國思想通俗講話》，生活・讀書・新知三聯書店，2002年版，第28頁。

〔註100〕　錢穆：《中國學術思想史論叢・儒家性善論與其盡性主義》（二），聯經出版事
　　　　業公司，1998年版，第18頁。

〔註101〕　錢穆：《孟子之性善論》，出自《四書釋義・孟子要略》，聯經出版事業公司，
　　　　1998年版，第252頁。

黃俊傑曾這樣評價錢穆此種解讀對於「性善論」的價值：

> 錢賓四先生論孟子性善說之創見，在於他指出孟子性善說包含
> 「自由」與「平等」二義，確發前人之所未發。〔註102〕

的確，從「自由」與「平等」的內涵上理解性善論，確實是錢穆對孟子性善
論的貢獻。因此，錢穆也就可以抉發出「性善論」這一古老命題所具有的現
實意義：

> 孟子道性善，實不外二義，啓迪吾人向上之自信，一也。鞭促
> 吾人向上之努力，二也。故凡无向上之自信與向上之努力者，皆不
> 足以與知孟子性善論之真意。〔註103〕

在此，錢穆將古今中西進行了打通，用當今流行的時代命題解讀中國固有理
念。錢穆就是要通過自己的解讀與闡發，弘揚民族精神，傳承中華文化。

第二、時間思維與空間思維交叉解「性善」、論「性善」。

作爲史學家的錢穆，在理解「性善論」這個命題的時候，加大了歷史文
化考量的分量，這實質上是傳統的時間思維和空間思維的體現。錢穆說「性
善」，受得於王夫之的「性日生日成說」非常之多，說到底，還是接續了《易
傳》的「繼善成性」思維：

> 孟子提出「辭讓之心，人皆有之」，作爲性善論的根據，荀子則
> 提出「從人之性，順人之情，必出於爭奪合於犯分亂理而歸于暴。」
> 作爲性惡論的根據，其實辭讓固善，爭奪亦非惡。爭奪而過是惡，
> 辭讓而過亦不是善，兩說各得其一偏。惟辭讓屬正面，爭奪屬反面，
> 但沒有反面，卻亦不成爲正面，因此反面並不就是惡，而有時正面
> 也不便是善。這番理論，《易經》裏講得較透徹。《易》曰：「一陰一
> 陽之謂道，繼之者善也，成之者性也。」一陰一陽便是一反一正，
> 往復循環，繼續不斷便是善。從此往復循環繼續不息中便形成了性。
> 我們從後向前逆看上去，卻像性是先天命定的，這不過是人類易犯
> 的一種錯誤的看法。〔註104〕

可以看出，錢穆是沿著「繼善成性」的思路繼續前行的，但不同在於，與前面

〔註102〕黃俊傑：《中國孟學詮釋史論》，社會科學文獻出版社，2004 年版，第 11 頁。
〔註103〕錢穆：《孟子之性善論》，出自《四書釋義·孟子要略》，聯經出版事業公司，
　　　　1998 年版，第 252 頁。
〔註104〕錢穆：《湖上閒思錄·善與惡》，聯經出版事業公司，1998 年版，第 53 頁。

分析的錢穆有時理解「性」只是狹義的「民族性」相一致，他也用中國民族存續五千年的歷史、兩千年文化綿延不絕爲論據，論證中華文化的價值，闡發「性善論」。在錢穆眼中，「性」更多地體現爲「民族性」「民族精神」，所以「性善」也就是「民族性善」，錢穆借「性善論」命題，爲他宏揚中華文化、振奮民族精神作張本。錢穆是史學家，他對任何概念範疇的理解都具有史學思維。余英時說，錢穆一生都在「爲故國招魂」，許倬雲也說他是「爲中國文化作後衛戰的學術巨人」。他「爲故國招魂」「爲中國文化作後衛戰」的手段就是把中華文化中很多的思想與西方進行對比，因而，不同於傳統儒學從人與人的對比、人與禽獸的對比中闡發「性善論」的價值，錢穆是著眼於中國人的獨特民族性來解說「性善論」，這樣，在時間思維中又加入了空間思維。

　　錢穆同於先賢之處在於他也以天爲依託論「性善」，只是在傳統的「上下」、「內外」思維之外，錢穆又多出了「東西」思維，也就是說，錢穆是以中西對比爲手段，論證「性善」。在中西文化的對比中，他認爲中國文化是向後型的文化，西方的文化是向前型的文化。而

　　　　向前型的不滿現狀，向前追求，因此感到上帝仍還在他之前，
　　而他回顧人生，卻不免要自感其渺小而且可厭了。因此才發展成性
　　惡論。向後型的人，對已往現實表示滿足，好像上帝已賦與我以一
　　切了。我只該感恩圖報，只求盡其在我，似乎我再不該向上帝別有
　　期求了。如是卻使人生自我地位提高，於是發展出性善論。〔註105〕

「性善論」是中華民族的獨特理念，所以，可以把「性善」看作是「民族性善」，即民族性地認爲人性是善的，他甚至明言：

　　　　孟子主性善，荀子主性惡。主性善乃中國傳統文化一特點，主
　　性惡近似西方。故孟、荀相比，孟當較勝。〔註106〕

「性善」原是本體論術語，在錢穆的眼中，加進了歷史文化這一層厚重的內容，珍惜自己的民族歷史文化就與「性善」的認識緊密勾連到了一起。所以說，錢穆說「性善」，贊「性善論」，深層是有著張揚民族特性的考量的。

　　這樣，持有「性善論」的立場，就是愛護自己民族傳統文化的體現，而

〔註105〕 錢穆：《湖上閒思錄·情與欲》，生活·讀書·新知三聯書店，2000 年版，第
　　　　12 頁。
〔註106〕 錢穆：《國史新論·中國教育制度與教育思想》，生活·讀書·新知三聯書店，
　　　　2001 年版，第 112 頁。

這一任務，也必要中國的知識分子彰顯民族的自信心才可：

> 若我們肯回溯兩千年來中國傳統知識分子之深厚蘊積，與其應
> 變多方，若我們肯承認中國傳統文化有其自身之獨特價值，則這一
> 番精神之復活，似乎已到山窮水盡疑無路，柳暗花明又一村的時候
> 了。風雨如晦，雞鳴不已，新中國的知識分子呀！起舞吧！起舞！
> 〔註107〕

這也就把從本體論、工夫論方面著眼的命題，轉換到了認識論、價值論的層面上，把一個探討人性的命題變成了分析文化屬性的命題。可以說，「性善論」在錢穆眼中是宏揚民族精神的一面旗幟，我們可以說這是錢穆的創造，但更要承認，這是時代所賦予「性善論」的新的屬性。

第三、錢穆以「中」說「性善」。錢穆對儒家傳統範疇的理解，受教於《中庸》一書很多，專就「性善論」而言，他就喜歡以「中」進行解說。他說：

> 告子說，生之謂性，禪宗說作用見性，這無異於指此無始無終
> 不息不已之一動爲性。但儒家則要在此不息不已無終無始的一動中
> 指出其循環往復之定性的中來，說此中始是性。宋明儒喜歡說未發
> 之中，說知止，說靜，說主宰，說恒，都爲此。……於是我們稱此
> 變異中之恒常，在此不息不已的變動中之中，這一個較可把握較易
> 認識的性向而謂之曰善。善只是這個動勢中一種恒常的傾向。……
> 好像他成了一切動的主宰了。好像無此主宰，則萬象萬變全不可能
> 了，那他又如何不是善的呢？離他遠遠的便認爲只是惡。善是此一
> 動之中，惡只是過之與不及。〔註108〕

錢穆此處以「中」說「性善」，與李澤厚以「度」說本體相類似。「度」是什麼？「度」就是「掌握分寸，恰到好處」〔註109〕。所以，『『度』是『中』、『和』的本義，是『中』、『和』的實現行動。」〔註110〕而這樣的「度」，

> 並不存在於任何對象（object），也不存在於意識（consciousness）

〔註107〕錢穆：《國史新論·中國知識分子》，生活·讀書·新知三聯書店，2001年版，第84頁。

〔註108〕錢穆：《湖上閒思錄·善與惡》，聯經出版事業公司，1998年版，第51～52頁。

〔註109〕李澤厚：《歷史本體論·己卯五說》（增訂本），生活·讀書·新知三聯書店，2006年版，第8頁。

〔註110〕李澤厚：《歷史本體論·己卯五說》（增訂本），生活·讀書·新知三聯書店，2006年版，第10頁。

中，而首先是出現在人類的生產——生活活動中，即實踐——實用
中。〔註111〕

其實，以「中」說「性善」，早有源起。朱熹曾言：

> 程子曰：「性即理也。天下之理，原其所自，未有不善。喜怒哀
> 樂未發，何嘗不善。發而中節，既無往而不善；發不中節，然後為
> 不善。」〔註112〕

只不過，理學家喜歡說「未發」與「已發」，「未發」是善，「已發」中節也是
善，這和他們對「性」的區分是一致的，而錢穆則只說「已發」。可以說，錢
穆用中國傳統的思維範疇成功地疏解了「善」與「性」關係上的複雜與難言，
但從本體論角度所說的人性問題，在錢穆這裡還是變成了從認識論角度看待
的問題。

　　第四、基於進化論思維說「性善」。錢穆的思想受達爾文的生物進化論思
想影響頗大，他在闡發很多中國傳統思想理念時，都有著進化論的影響存在。
具體在「性善」的問題上，錢穆的進化論思維和歷史思維是交叉運作的。錢
穆受啓於《易傳》中「繼善成性」思想，受到柏格森生命哲學的啓發，以歷
史綿延論證「性善」：

> 「乃若其情，則可以為善矣，乃所謂善也。」（《孟子·告子》）
> 我們盡可說人性開始並不善，但到底終不能說人性是不能為善呀！
> 人性可為善，也可為惡，但就人類歷史文化之長程大趨勢而言，人
> 性之向善是更自然的。此即孟子性善論的根據。〔註113〕

「本來，儒家的性善論，正從歷史的進化上著眼。」〔註114〕這樣，錢穆就使
得抽象的人性論命題，具體而豐富起來，也在傳統觀念滲入了現代思維：

> 錢先生對於孟子所謂「性之」與「反之」，特以一種具有人類學
> 意義之「歷史進化」之角度說之，從而抉擇孟子之性善論。此種觀
> 點雖啓發自孟子，然亦有現代之影響在內。〔註115〕

〔註111〕李澤厚：《歷史本體論·己卯五說》（增訂本），生活·讀書·新知三聯書店，
　　　　2006年版，第9頁。
〔註112〕朱熹：《四書章句集注·滕文公章句上》，新編諸子集成（第一輯），中華書局，
　　　　1983年版，第254頁。
〔註113〕錢穆：《中國思想史》，聯經出版事業公司，1998年版，第32頁。
〔註114〕錢穆：《中國學術思想史論叢·儒家性善論與其盡性主義》（二），聯經出版事
　　　　業公司，1998年版，第4頁。
〔註115〕戴景賢：論錢賓四先生之義理立場與其儒學觀〔J〕，臺大文史哲學報（第七

另外，錢穆說「性善」時，切入傳統孔孟思想之處在於以「情」說「性」，以情的趨向說「性善」：

> 人性之趨惡，是外面的「勢」。人性之向善，則是其內在之「情」。

〔註116〕

在對錢穆的「性善論」進行整體的分析研究之後，還有一點須特別指出的，也就是立論的角度的問題。傳統儒學論證「性善」，主要是進行正面立論，而錢穆論證「性善」，則主要是反面逆推。他說：

> 苟非人性之善，則人類社會，不過一功利權利欺詐殺伐之場，能以法律暫維於不潰，斯為郅治昇平矣。而法律之效終有際限，乃彌縫以宗教，博愛慈仁，皆出帝意，人生與罪惡俱來，非皈依上帝，即無以自贖，亦無以得救。則宗教與法律相輔相成。若果不信斯世之外尚有一上帝，則如印度有釋迦，中國有莊老，惟有破棄人類，歸之虛無寂滅。〔註117〕

換個說法，也就是：

> 今使轉易其辭，指凡千古人心之同然者而曰此即性也，此即善也，則不煩有上帝；而法律亦人性之善所自創。善無終極，斯世界無末日，人生不虛無，而政教所企向，文化有所期望。〔註118〕

這種反面逆推即是一種歸謬法，即先假設反面結論正確，然後向前推論，就可以用實際的事實證明此結論之錯誤，再正面闡發，印證所持觀點。錢穆也正是如此做的，這個推論的結果是證明「性善論」是人類看待人性問題的不二選擇。

還有一點必須指出的是，錢穆雖極力宏揚「性善論」，但很難說他從根本上或說本體論角度堅信「人性善」。因為他曾這樣說：

> 善惡本屬專用於人事界之名，脫離了人事界，無善惡可言。

〔註119〕

十期），2009年（5）：85～111。

〔註116〕錢穆：《中國思想史》，聯經出版事業公司，1998年版，第32頁。

〔註117〕錢穆：《四書釋義·孟子要略》，弁言，聯經出版事業公司，1998年版，第163頁。

〔註118〕錢穆：《四書釋義·孟子要略》，弁言，聯經出版事業公司，1998年版，第164頁。

〔註119〕錢穆：《湖上閒思錄·善與惡》，聯經出版事業公司，1998年版，第52頁。

但我們必須相信「人性善」，因為「性善」在錢穆思想體系中的作用類似於「天志」在墨子思想體系中的作用。墨子不是真的相信有人格神的天的存在，只是他認為需要有這樣一種外在力量來幫助他推行學說，因此，他願意相信「天志」，也希望天下人都相信「天志」，所以，「天志」只是一種手段；在錢穆這裡，「性善論」也是如此。在他看來，相信人性善良，比認為人性無所謂善惡、人性醜惡更有價值：

> 無論如何，人類要尋求自由，必該在「人性」之自覺與夫「人心」之自決上覓取。無論如何，人類若要尊重自我、自由、人權、人生，則必然該尊重人類的自心自性，而接受認許儒家所主張的「性善論」。一切人類道德只是一個善，一切的善則只是人類的一個性。必得認許了此一理論，人類才許有追求自由的權利；必得認許了此一理論，人類才可獲得自由的道路。否則若專在宗教信仰上，在科學探討上，在法律爭持上來尋求自由，爭取自由，則永遠將落於第二義。〔註120〕

所以，為了人類的發展與幸福，必須承認「人性善」，而只要理性上相信了，那麼，在情感也自然就相信了：

> 只要你覺得他可愛，他終還是可愛。只要你覺得他可信，他終還是可信。只要你肯放他活在你心裏，他真活在你心裏了，也終於像你亦許活在他心裏了，如是則完成了東方人的性善論。性善論也只是一種宗教，也只是一種信仰。性善的進展，也還是其深無底。性善論到底仍還是天地間一篇大好文章，還是一首詩，極感動，極深刻，人生一切可歌可泣，悲歡離合，盡在性善一觀念中消融平靜。〔註121〕

如果說，傳統的「性善論」思維著眼於「導」的話，那麼，錢穆的「性善論」思維著眼的就是「建」，只不過錢穆是先「解」再「建」，這種先「解」再「建」的思維，就是史學思維的一種展現。

錢穆之「性善」非指「實然」，而為「應然」；非說「人性本善」，而是說「人性應善」。對於「性善論」，錢穆已經轉換了論證的思路，在他看來，「人性善」實質就是說「人性應善」與「人性必善」，因為，人生的自由，

〔註120〕錢穆：《人生十論‧如何獲得我們的自由》，聯經出版事業公司，1998 年版，第 127 頁。

〔註121〕錢穆：《湖上閒思錄‧人生與知覺》，聯經出版事業公司，1998 年版，第 118 頁。

人類的前途，都必須基於「性善」的認識。表面上看，錢穆在論證迴護「性善論」，但從運思方式而言，他在解構傳統的「性善論」，而建構現時代的「性善論」。而這種建構，主要認識論角度出發，在中西對比中進行，在中西對比中彰顯「性善論」的東方特色，體現的一種終極的道德關懷和凝聚民族精神的一種手段，因此可以說，「性善論」在錢穆手中已成爲對抗西學的手段。

應當承認，錢穆對性善論的詮釋與論證，在學理與精神內涵上接續了中華傳統人文精神，但在運思與論證上已轉移了傳統，已沖淡了傳統「性善論」的道德理想主義，而加大了道德擔當意識與時代使命意識。所以，錢穆對「性善論」的理解有著鮮明的民族性與時代性，只是，錢穆的這種運思方式眞的把「性善論」從「是什麼」的問題，變成了「怎麼看」的問題。這種論證「性善」的方式似乎更爲清楚地告訴世人：性善從來都不是本體論的問題，而是認識論的問題。之所以錢穆會有這樣的看法，還是因爲他的史學立場，以歷史思維看待問題，自然重視的是認識而非本體。

錢穆談「性善」的思維與後現代的解構思維有相似之處，只是錢穆從來都是邊解構邊建構。他在運思方式上解構傳統「性善論」的同時，在內容上則是「擇善固執」，又把「性善論」重新樹立了起來，或者說，在他無形中把屬於本體論的「性善」命題變成認識論的命題的同時，也彰揚了性善的理論價值。

3.3.4 總體評價

可以不誇張地說，從史學立場切入朱子學，錢穆是目前做得最好的一個。立足於史學立場，錢穆的朱子學研究視角獨特，結論特出。他的結論既不同於鐵板一塊的結構主義，又不同於支離破碎的解構主義，它是在解構中建構。可以說，錢穆的做法不僅超越了西方近代哲學，也超越了西方後現代哲學，從現今的視角看來，錢穆所走的研究道路並非如他生前被排擠、被邊緣化時那樣，被認爲是一條非主流的研究道路，而恰恰相反，錢穆所走的正是一條現代哲學的主流之路：

> 以人的歷史活動爲中介而探索人與世界的關係問題，這是整個現代哲學的共同特徵。〔註122〕

〔註122〕孫正聿：《哲學觀研究》，吉林人民出版社，2007年版，第227頁。

由此，錢穆在朱子學研究方面的方法與結論都是值得人關注與探討的。無論如何，歷史都是不能被忘卻的，即便是在抽象地談論理性的時候，因為：

　　　理性產生於歷史，歷史是理性之母。〔註123〕

但是，以史學立場研究朱子學，也出現了相應的問題。因為眾所周知，朱子學是有著先驗論的傾向的，而且朱子學中的諸多範疇內涵也是豐富立體的。如果無視此特點，只會使朱子學內涵單一扁平化，錢穆對朱子之「理」的分析即是明證，這是其一。其二，哲學與史學也不是不能溝通共存的，哲學本身就是一種方法論，以史學立場分析朱子學不代表著就不能對具體的概念範疇進行細緻嚴謹的分疏，而在這一點上，錢穆恰恰做得不夠到位。

〔註123〕李澤厚：《歷史本體論・己卯五說》（增訂本），生活・讀書・新知三聯書店，2006 年版，第 39 頁。

第四章　錢穆朱子學研究的意義與問題

4.1 錢穆朱子學研究的意義

4.1.1 二十世紀中國學術界的核心矛盾與主流話語

　　有人說，二十世紀是人類歷史上是最為奇特的世紀，確實如此。所有的在人類歷史其它階段出現的大事，在二十世紀幾乎都可以覓到相似的面孔，而且，二十世紀還有著人類在其它世紀所沒有見過、經歷過的大事發生，如兩次世界大戰，如因第一個社會主義國家建立而在全球範圍內形成了兩大對立陣營，還比如讓人瞠目結舌的科技新發明，這一切，都使人無法漠視二十世紀。

　　在這樣一個奇特的世紀裏，在這樣一個急劇變動的大時代中，任何一個有著敏銳學術觸覺與大無畏擔當精神的知識界人士，都會從自己的立場出發，或為自己的國家民族，或為人類整個的前途命運進行思考，在歷史資源與現實境遇的碰撞中，獲得自己的研究心得，以期為現實提供有價值的借鑒。只是，或許是因為可利用資源的相似性與思考問題角度的接近性，使得眾多產生出的似乎是與眾不同的研究成果有了相似的面孔。也就是說，面對的是相同的問題，利用的是相類似的資料，得出的往往是相接近的結論，沒有人想從眾，但事實上，真正的獨出己見並沒有幾人能做到，這個現象在二十世紀的中國表現得尤為明顯。

在那個錢穆生活的年代，面對著內憂與外患並存的現實窘境，無數的志士仁人為中華民族的前途命運奔走呼號，想用自己的行動彰顯著愛國，用自己的言論詮釋著愛家，但他們的一致指向是「向西看」。在他們看來，中國是受封建思想毒害至深的國度，中國的傳統學術已不適應現時代中國發展的需要，要拯救中華民族於水火，就要打開國門，放低姿態，敞開心胸，學習西方。這樣一種解決中國現實問題的思路，被錢穆稱為「革新派」。在《國史大綱》的「引論」中，錢穆在肯定了「革新派」的出現對於現實的意義是「有志功業」的同時，也分析了「革新派」的問題所在：

> 今人率言「革新」，然革新固當知舊。不識病象，何施刀藥？僅為一種憑空抽象之理想，蠻幹強為，求其實現，鹵莽滅裂，於現狀有破壞無改進。凡對於已往歷史抱一種革命的蔑視者，此皆一切真正進步之勁敵也。〔註1〕

在錢穆看來，「革新派」從清末至今，也有幾次形態與作為方面的改變。

首先是清末維新派著眼於「政治革命」。之所以要進行「政治革命」，因為在維新人士看來，中國幾千年政治都是黑暗的「君主專制」，要想中國發展，必得進行政治體現方面的改革。

在「政治革命」失敗後，「革新派」就把目光轉向了「文化革命」，因為在這些革新人士看來，中國自秦以來的二千年思想都是「沈痼積痒」，因此，就應該把中國的傳統思想，尤其是儒家的思想徹底丟掉，更有甚者，則提議廢除漢字。這一次革命主要在「五‧四」前後進行。

繼「文化革命」之後，在錢穆看來，又有了「經濟革命」。因為在有些革新人士看來，經濟是基礎，中國現如今的問題說到底都是因為經濟問題而產生。

錢穆所說的「革新派」中，後來在學術界佔有重要的一席之地的，用現今通行的說法，就是馬克思主義學派和自由主義學派，而這兩個學派都可稱為廣義的西化派。而狹義的西化派則主要是指以胡適等為代表的「科學派」。這一學派和馬克思學派一樣，在當時的「古今中西」的文化之爭中，成為了主流話語。這也就意味著，在錢穆所處的時代，在「古今」之爭中，多數人重「今」輕「古」；在「中西」之爭中，多數人重「西」輕「中」。在這樣一個學術大環境中，錢穆曾一度被邊緣化也就可以理解了。

〔註1〕錢穆：《國史大綱‧引論》，聯經出版事業公司，1998年版。

4.1.2 錢穆朱子學研究的意義

　　與多數學者以西學爲標準，採取「以西治中」的研究進路研究中國學術思想不同，錢穆採取的是一種「以中治中」的研究進路，而且一生都如此，難怪有人把他當成保守主義的代表了。但是，錢穆一生都固守己見，從不曾因外在的壓力而屈從。之所以如此，是因爲對於學術，尤其是中國傳統學術，學淹四部錢穆進行過全面深入仔細的研究，他的研究結論是有著紮實的學術根基的，因此，他堅信自己的研究是對中國乃至人類學術思想都有價值的研究，他的史學研究如此，有著鮮明中國特色的朱子學研究更是如此。

　　總體而言，錢穆的朱子學研究有著內容與方法兩大方面的意義。

　　在內容上，錢穆能在大道統觀的指導下，正本清源、兼取並蓄，一方面能理清理學的發展脈絡，還歷史上諸多有貢獻的思想家以公道；另一方面，能對理學史上眾說紛紜、莫衷一是的問題給予解答，並借助當時人們耳熟能詳的語言解說理學命題，從而使理學在考據學大行其道的當時，再次以嶄新的面孔走向人們的生活，向人們彰示：理學從來都不是死板、枯燥、僵化的學問，它與人們的生活息息相關。

　　以《中國思想通俗講話》爲例，錢穆曾在該書中，用「通俗」的方式爲人們解釋了理學的一些重要概念與命題，讀來使人既獲益匪淺，又生動有趣、深入淺出。

　　《中國思想通俗講話》早在 1955 年就已結集，原爲 1954 年夏錢穆先生應蔣經國之邀在青潭爲青年救國團所作的講演。錢穆先生在選擇論題時，就充分考慮到了論題的普泛性。他自言，該書所拈出的諸個命題，都是「目前中國社會人人習用普遍流行的幾種觀念與名詞」，最初收錄的是與普通人日常生活關係非常密切的四個命題，即「道理」、「性命」、「德行」、「氣運」；到 1990 年臺灣聯經出版事業公司再版時，又加入了「自然」、「自由」、「人物」、「心血」等 20 個人人熟知的命題。之所以會如此，是因爲這些命題雖然人人耳熟，卻非人人能詳。思想研究的價值就在於「眾心之所同然」處，

　　　　發掘出多數心靈之內蘊，使其顯豁呈露，而闢出一多數心靈之
　　新境界。〔註 2〕

也可以這樣理解：錢穆意欲以這些普泛的命題爲引線，上溯至全部的中國思

〔註 2〕錢穆：《中國思想通俗講話》（新校本），九州出版社，2011 年版，自序。

想史，藉以發揚國粹，傳承文化，引導人心，造福後世。一言以蔽之，就是「爲天地立心，爲生民立道，爲去聖繼絕學，爲萬世開太平」。

學術要走進人間，就要能深入淺出，用愚夫愚婦都能聽理解的詞彙，闡發普通群眾都能理解的道理。《中庸》上說：「致廣大而盡精微，極高明而道中庸。」錢穆畢生都在踐行這樣的名言，追求這樣的境界。在錢穆看來，「致廣大」方能「盡精微」，「極高明」往往「道中庸」。錢穆說：「只有在大眾德性之共同處，始有大學問。只有學問到人人德性之愈普遍處，始是愈廣大。」何謂「道中庸」？

> 人人能知，人人能行，此始爲中庸之道。〔註3〕

錢穆一貫主張爲學不立門戶，「面前路徑須令寬」（邵康節語），何謂「寬」？在錢穆眼中，治學不能有學科分際，所以他學淹四部，兼涉中西；治學不能有等級觀念，所以他既關心文人士子，也關注愚夫愚婦。學問要涉及社會人生的方方面面，這才是寬；只有在人心之同然處探求究竟，才有眞學問。本書名曰「中國思想『通俗』講話」，就是要在不通俗的思想和通俗的群眾之間，在象牙塔和人間之間架設橋梁，因爲

> 天之崇，非以其隔絕於萬物，乃以其包涵有萬物。聖知之崇，亦非以其隔絕群眾，乃以其即學問於群眾，以其包涵有群眾之廣大德性而又得其共同之精微。〔註4〕

正因爲如此，錢穆才能把眾所周知的概念名詞，用普通群眾喜聞樂見的形式解釋出其深刻的含義來。一般人都只知「道理」連用，不作分別，錢穆告訴他們：道與理是有分別的，「道是行之而然的」，「大道是常然的，又可說是當然的」，理是一個「所以然」，是一個「必然」，

> 理是規定一切的，道是完成一切的。〔註5〕

中國人愛說「道理」，這恰恰體現了中國人「道理合一相成」的觀念。

一般人也「性命」常用，錢穆告訴我們：「性命」不同於「生命」，說「性命」體現的正是中國人對於生命的意義與價值獨特的看法，說「性命」即是說「人生」。說「性」不說「生」，因爲「性」中既含有天的因素，又彰顯了人的價值；說「命」也不意味著中國人的消極與宿命，因爲「命」有「命在

〔註3〕錢穆：《中國思想通俗講話》（新校本），九州出版社，2011年版，自序。

〔註4〕錢穆：《中國思想通俗講話》（新校本），九州出版社，2011年版，自序。

〔註5〕錢穆：《中國思想通俗講話》（新校本），九州出版社，2011年版，第14頁。

我」與「命在外」之別。這樣，錢穆就巧妙地把孟子的觀念化用了過來。同「性」一樣，說「命」，既體現了中國人對「天」的景仰，規範了人的冒動與盲動傾向，也凸顯了人的主體能動精神。

同樣，中國人說「德行」，說「氣運」，說「氣血」，都有著豐富的內涵與獨特的民族精神，而中國人獨特的民族精神在這些概念名詞都可以很好地透顯，因此，

> 中國傳統思想，不當專從書本文字語言辯論求，乃當於行為中求。中國傳統思想乃包藏孕蘊於行為中，包藏孕蘊於廣大群眾之行為中，包藏孕蘊於往古相沿之歷史傳統，社會習俗之陳陳相因中。
> 〔註6〕

相比之下，我們可以覺知到現今人文科學研究領域的學術弊端。現在人治學，唯恐自己所走之路不夠「窄」，似乎不如此就不能成為「專家」；唯恐自己所說之話人人能懂，似乎若如此自己就不能被稱為「學者」。評價一個學者學術水平的高低，不是看他的理論能在多大程度上走進人心，在多少普通人的心上激起共鳴，而是看他在何種級別的刊物上發出了幾許論文，在哪個出版社刊行了幾本專著，哪怕這些論文只有幾個人能讀懂，哪怕這幾本專著總是「束之高閣」。長此以往，學術研究必成無本之木，無源之水，何談枝繁葉茂、源遠流長！錢穆所言不錯：

> 若思想脫離了大眾，僅憑一二人戛戛獨造，縱或深思密慮，窮搜冥索，或於書本文字上闡述陳說，或於語言辯論上別創新解，或就個人會悟提出獨見，或從偏僻感觸引申孤詣，只要是脫離了群眾，既非從大多數人心裏出發、又不能透進大多數人心裏安頓，此等思想，則僅是少數人賣弄聰明，炫耀智慧，雖未嘗不苦思力探，標新懸奇，獲得少數聰明智慧、喜賣弄、愛炫耀者之學步效顰，但其與大多數人心靈，則渺無交涉。則此等思想，仍必歸宿到書本上，言語上，流行於個別偏僻處，在思想史上決掀不起大波瀾，決闢不出新天地。〔註7〕

當然，學術研究的人間化不意謂著學術研究的庸俗化。《百家講壇》是學術人間化的重要平臺，但其中不是所有的講演都在保證語言的通俗性、形式的趣

〔註6〕錢穆：《中國思想通俗講話》（新校本），九州出版社，2011年版，自序。
〔註7〕錢穆：《中國思想通俗講話》（新校本），九州出版社，2011年版，自序。

味性、知識的普及性、文化的共享性的同時，兼顧了學問的嚴謹性與思想的深刻性。學術研究是嚴肅的事情，要不得投合，要不得媚俗，更要不得愚眾。好的學術研究應使有志於治學的人有門可入，再登堂而入室。沒有必要的點撥與引導，必然銳減學術研究本身的價值。

「道理」命題的深邃，「性命」問題的難言，「德行」範疇的複雜，「氣運」思想的精微，在錢穆的口中筆下簡單清晰地呈現出來。熔古今於一爐，化難易於一書。不遠俗，不從俗，不脫俗，不媚俗，恰到好處地引俗，這正是《中國思想通俗講話》的魅力所在，價值所在。該書話題雖少，但提綱挈領、以點代面；用語雖不多，但字字精當，堪稱典範。

如果治學都能以這本「大家小書」為圭臬，學界的繁榮應該不只是圖書館學術類著作高高的架子上又多了幾本嶄新的書籍，且是幾年下來都還嶄新的書籍。

以上，只是以《中國思想通俗講話》為例，說明錢穆的理學研究在內容上所具有的深刻的現實意義，把本來就屬於人間而一度被漠視甚至唾棄的理學，又以新的方式送回人間，這是錢穆對理學的一大貢獻，而這樣的貢獻，在錢穆的朱子學研究中也有體現，因為前面已多有分析，在此從略。

接下來看一下錢穆治朱子學在方法論上的意義。在方法上，錢穆採取的是一種「以中治中」的進路，這樣，就在西方學術理念「籠蓋四野」的情況下，為中國傳統的四部之學催開了一線光明。而且，在「以中治中」的進路裏，錢穆還抓住了「史學」這一法寶，為學術史上的紛爭找到了一個很好的評判標準。並且，錢穆以「史學」為法寶，打通了心學與理學的分野，溝通了經史子集這四部之學，進而使宋明理學與先秦儒學、儒學思想與道家思想、中華文化與西方學術之間實現了會通融合。他說：

> 史學殊無新舊，真有得於史學者，則未有不能融貫空間相，通徹時間相而綜合一視之者。亦必能如此而後於史學真有得，亦必能如此而後於世事真有補。〔註8〕

以「史學」「融貫空間相」與「通徹時間相」，最後是打通時空分界，「綜合一視之」，這也正是錢穆以史學為根基，使理學研究實現在時空兩面的融通的追求與價值所在。

〔註8〕 錢穆：《中國今日所需要之新史學與新史學家——本文敬悼故友張蔭麟先生》，出自（美）陳潤成，李欣榮編《天才的史學家——追憶張蔭麟》，原載《思想與時代》第十八期，1943年1月，第134頁。

因爲此部分內容在前幾章中多有闡述，在此就一表而過。

4.2 錢穆朱子學研究的理論困境

錢穆的以朱子學爲代表的理學研究固然都很多貢獻卓絕之處，但是我們也應看到，作爲史家的錢穆在理學這一具有鮮明哲學特性的學問類別的研究上也出現了這樣或那樣的問題，這主要體現在視野上民族性與人類性的衝突、範疇上會通性與差異性的的矛盾方面。

4.2.1 視野上民族性與人類性的衝突

歷史是關於人的學問，是關於生命的學問，錢穆從來都這樣認爲。這個「人」，自然也包括除中國人以外的任何人，但是，在錢穆的眼中，他經常關注的是「民族的人」，而非「人類的人」。爲了解決現實的問題，擺脫現實的困境，錢穆的努力是有價值的，但是，學問的自由屬性卻與之發生了矛盾。沒有自由的學問不是眞正的學問，錢穆自己也這樣認爲，他在《國學概論》的一開篇，就曾表述了他「學術無國界」的主張：

> 學術本無國界。「國學」一名，前既無承，將來亦恐不立。特爲一時代的名詞。〔註9〕

但在具體的研究中，錢穆經常的進行中西文化優劣方面的對比，以突出「國學」對於每個有良知的中國人之重要。在學術研究中，滲透進愛國主義教育本無可厚非，但過強的教育動機，過於突出文化的民族屬性，必然也就會削減學術研究本身的客觀性與普適性。如果眞如錢穆所說，「國學」「特爲一時代的名詞」，那麼是否可以推出：凸顯民族屬性與增進民族情感的學術研究也只具有「時代」的意義？

4.2.2 範疇上會通性與差異性的矛盾

前文在分析錢穆的朱子學研究上已有提出，錢穆研究朱子理學是基於史學的立場，對具有鮮明哲學特性的理學諸範疇，錢穆所主要做的工作是使範疇之間達成融合會通，這固然是達到了學問所應有的「致廣大」的境界，但沒有「盡精微」的「廣大」，是不足以服人的。

具體在理學的一些重要範疇的分析上，錢穆的解釋就有前後不合或涵義

〔註 9〕錢穆：《國學概論》，聯經出版事業公司，1998 年版，弁言。

模糊搖擺的問題，而這個問題在朱子學那裡也是存在的，從這一點上來說，錢穆的理學研究沒有把朱子學向前推進，而是把朱子學中的問題原封不動地又呈現給了我們。如他在《宋明理學三書隨箚》中說：

> 古人僅言心，朱子則常言心體。〔註10〕

> 大抵朱子差處，在每言心體。〔註11〕

而在《中國學術思想史論叢》中則說：

> 大抵陸王心學總喜歡說心體，朱子卻不喜說心體，此乃朱子最高明處。〔註12〕

我們固然可以解釋說，錢穆這兩種所言之心體各有所指，涵義不同，但，在沒有必要的語言分疏的情況下，這就無疑顯示了思考的不深入或不全面。

〔註10〕 錢穆：《宋明理學三書隨箚》，生活·讀書·新知三聯書店，2002 年版，第 82 頁。

〔註11〕 錢穆：《宋明理學三書隨箚》，生活·讀書·新知三聯書店，2002 年版，第 84 頁。

〔註12〕 錢穆：《中國學術思想史論叢·朱子心學略》（五），安徽教育出版社，2004 年版，第 143 頁。

第五章　從朱子學研究看錢穆的學術特質

　　朱子學是錢穆學術思想的重要方面，錢穆治朱子學所得出的獨特結論和所運用的獨特方法，不僅對朱子學、中國傳統學術思想史意義非凡，而且對於我們研究錢穆本人的學術思想也是最佳的切入點之一，因爲從中可以較爲全面地折射出錢穆的學術特質。

5.1 融會古今中西的自然主義天道觀

　　前章已分析道，在錢穆看來，朱子在宇宙論上的特出之處是主張「理氣一體渾成」論。錢穆曾這樣分析朱子宇宙論的學術史淵源：

> 朱子之宇宙論，既是淵源於濂溪之太極圖，故亦兼通於易與道。但從此更當進一層分辨。道家主張乃是一本於自然，朱子理氣論則認自然只是一道，故說有氣則必有理。在宇宙形上界，理是無情意，無計度，無造作，無作用。但一落到人生形下界，人卻可以憑此理來造作，理乃變成了有作用。人生界在氣的圈子之內，自當有情意，有計度。只要此情意計度合乎理，則此理便會發生作用與造作。如是則又從莊老道家轉回到孔孟儒家來。〔註1〕

無疑，在錢穆看來，朱子的宇宙論是儒道兼通的。如果姑且把天地萬物分爲宇宙形上界和人生形下界的話，那麼在宇宙形上界，朱子是本於莊老道家；在人生形下界，朱子又回轉到孔孟儒家，攝「道」歸「儒」正是朱子思想的

〔註1〕　錢穆：《朱子新學案·朱子學提綱》（一），臺北三民書局，1971年版，第44頁。

特質之一，也是朱子對中國學術思想的獻貢之一。正因爲如此，所以錢穆很認可朱子的這種做法：

> 莊周道家重言自然，而孔孟儒義重言人文，惟在人文之上終不得置天地大自然於不問。朱子用心即在此，其思想貢獻亦在此。〔註2〕

可以說，錢穆推崇朱子學，很大一部分原因就是朱子和自己的學術主張極爲相似。僅從朱子學的研究上我們就可以斷定：在宇宙論上，錢穆即主張自然主義的天道觀。這種天道觀本身也是集大成的產物，是錢穆融會古今中西思想的結晶。

20 世紀以來，隨著西方科技對中國學界的衝擊，雖然那時的新儒學是以與自由主義、馬克思主義分庭抗禮的保守主義面孔出現在世人面前，但其在中國思想界依然具有重大的影響力，即便如此，但其中的作爲中國傳統儒學一個重要部分的宇宙論思維卻出現了式微的狀況，陳代湘曾這樣分析當時的情形：

> 在現代新儒學中，人生論異常凸顯，而宇宙論則漸漸萎縮，這其中的原因可從兩個方面來看。1、傳統儒家哲學（乃至整個中國傳統哲學）的主流本來就偏重於對人生的探討，近代以來受西方哲學衝擊，宇宙論衰落，而人生論卻得到提倡和發揚。……〔註3〕

本文雖然不完全認同陳代湘對近現代宇宙論在中國式微原因的分析，但宇宙論在這一時期少有人再花費很多心思去琢磨卻是一個不爭的事實，就此而言，錢穆是那個時代的另類。在廣義的新儒家陣營裏，對儒學的人道屬性、人道精神的闡發是這一時期的主流，也可以說，這一時期儒學所努力張揚的是儒學的道德精神性。而作爲 20 世紀的一個儒家學者，錢穆在大談人道時，卻還是總在宇宙論思維的模式下進行，正如錢穆肯定朱子作爲「別出儒」的價值一樣，我們也應從中看到錢穆天道觀所具有了獨特的價值。

5.1.1 儒道結合的宇宙論

錢穆雖然認爲中國文化的主流思想是儒家思想，但並不持有一種狹義的道統觀，他是以整個中國文化爲大道統的。而在這個大道統中，他認爲，儒家和道家是其中最重要的組成部分。爲此，他曾在不同的著作和演講中，多

〔註2〕錢穆：《宋明理學三書隨箚》，生活‧讀書‧新知三聯書店，2002 年版，第 69 頁。
〔註3〕陳代湘：《現代新儒學與朱子學》，南開大學博士學位論文，2002 年版，第 59 頁。

次闡發其對儒、道兩家的看法：

> 儒家說造化，說生，是說了此宇宙之陽面。道家說自然，說無，
> 是說了此宇宙之陰面。〔註4〕

錢穆自己也不光在儒學方面有廣泛的研究，在道家方面也有深入的探討，《莊子纂箋》和《莊老通辨》就是這方面的代表作。廣泛深入地研究探討的結果，就是錢穆自己的學術思想也深深地打上了儒、道兩家思想的烙印，這一點在宇宙論上體現得尤爲明顯。

首先，錢穆重視天道，並認可老莊道家對宇宙起源的看法：

> 老莊言，天地萬物生於有，有出於無，而還歸於無。生命來自
> 物質，又歸入物質。文化出於自然，而又復歸於自然。一切皆如此。
> 〔註5〕

> 「無極而太極」。此「極」字該是「原始」義。宇宙無所始，無
> 所始即是最先的開始，於是說明了宇宙沒有一個至善萬能的上帝在
> 創造，因此我們也不能追尋天地原始，來奉爲我們至高無上的標準。
> （「極」字亦可作中正與標準解，如「建中立極」是也。如是亦可說，
> 宇宙之無標準，即是其最高標準，此即老莊自然義。）〔註6〕

錢穆在宇宙起源問題上，同樣不認爲上帝創造世界，而是認爲宇宙原本就是一自然，正因爲一切都是自然而然，所以，也就沒有必要去追問何時起源。但與老莊道家不同的是，錢穆談天道只是停留在天地萬物的起源方面，他同朱子一樣，談天道是爲人道的出場做鋪墊，或者說，是以天道爲人道的前提和歸宿，在這一點上，他也同朱子一樣，實現了攝「道」歸「儒」：

> 朱子因此說：「人者鬼神之會。」是則人生即是一小宇宙，亦是
> 一小造化。〔註7〕

> 儒家因此從宇宙大自然中提出一生命觀，理則名之曰生理，氣
> 則稱之曰生氣，《易‧繫辭》說天地之大德曰生，又曰復見天地之心。
> 〔註8〕

〔註4〕　錢穆：《朱子新學案‧朱子學提綱》（一），臺北三民書局，1971年版，第58頁。
〔註5〕　錢穆：《湖上閒思錄‧陰與陽》，聯經出版事業公司，1998年版，第23頁。
〔註6〕　錢穆：《宋明理學概述》，九州出版社，2010年版，第32頁。
〔註7〕　錢穆：《朱子新學案‧朱子學提綱》（一），臺北三民書局，1971年版，第66頁。
〔註8〕　錢穆：《朱子新學案‧朱子學提綱》（一），臺北三民書局，1971年版，第56頁。

若從現代觀念言，朱子言格物，其精神所在，可謂既是屬於倫理的，亦可謂是屬於科學的。朱子之所謂理，同時即兼包有倫理與科學之兩方面。自然之理，乃由宇宙界向下落實到人生界。人文之理，則須由人生界向上通透到宇宙界。朱子理想中之所謂豁然貫通，不僅是此心之豁然貫通，乃是此心所窮之理，能到達於宇宙界與人生界之豁然貫通。〔註9〕

從宇宙自然中提煉出一種生命觀，並以之爲人道的法則，朱子是這樣做的，錢穆也是這樣做的。只不過，錢穆在這樣做的時候，多數是依託於朱子學立論的，而且是在生命演化觀中闡發自己對很多理學命題的看法。

5.1.2 中西和璧的天道觀

錢穆的天道觀不僅受傳統中國儒道兩家思想影響很大，受西方近代的科學技術的影響也很大，可以說，錢穆雖然也大談傳統的宇宙論或天道觀，但其中已注入了很多的時代內容。對錢穆的天道觀的形成影響最大的西方思想應是能量守衡定律和達爾文的生物進化論。但正像前文提到的，錢穆的宇宙論中雖然有道家思想的內容，但他最終還是攝「道」歸「儒」一樣，錢穆的天道觀中雖然有西方思想的影響，但最終，錢穆也實現了融「西」入「中」。

雖道家偏近質世界，儒家偏近能世界。所謂善，即質中之能。〔註10〕

生命愈演進，生命的內部經驗愈鮮明，愈複雜，愈微妙，於是遂從物質界裏發展出精神界。物質界一切變化是純形式的，生命界的一切變化，則在形式裏面賦以內容，即是變化中附隨有經驗。經驗之累積，便成其爲精神界。〔註11〕

從無生命的物質中演化出生命，物質屬陰，生命屬陽。〔註12〕

〔註9〕 錢穆：《朱子新學案·朱子學提綱》（一），臺北三民書局，1971 年版，第 137～138 頁。

〔註10〕 錢穆：《晚學盲言》（上），生活·讀書·新知三聯書店，2010 年版，第 161 頁。

〔註11〕 錢穆：《湖上閒思錄·推概與綜括》，生活·讀書·新知三聯書店，2005 年版，第 123～124 頁。

〔註12〕 錢穆：《湖上閒思錄·陰與陽》，聯經出版事業公司，1998 年版，第 23 頁。

錢穆這裡所說的「質」與「能」，就是受能量守恒定律的啓發而產生的概念，「生命」、「演進」、「發展」、「物質」，這些都是達爾文生物進化論中慣用的術語，但這些概念或術語在錢穆的思想體系中，都是他藉以闡發自己學術思想的手段，其最後的落腳點都在中國傳統思想的天道、人道上，錢穆的用意，正是要借助這些西方的或說現代的概念或術語，以加深人們對中國傳統學術思想的理解。

　　錢穆借鑒西方學術之處不僅體現在學術語言上，更體現在運思模式上，他的運思模式首先具有鮮明的進化論思維特徵。在宇宙論上，朱子以宇宙為本然的大生命，採用的是一種擬人化的思維，朱子談宇宙之仁，談天心，都是在這種思維的基礎上立論；錢穆也不是沒有擬人化的思維，只是這種思維被錢穆從宇宙論上轉移到了歷史觀上。錢穆在談宇宙的時候，以宇宙萬物的生命為自然演化過程，而在這個過程中，人類歷史的累積在錢穆看來卻猶如一個大生命，所以，在歷史觀上，錢穆的擬人化思維就促成了，換句話說，錢穆眼中的大生命是民族生命的歷史，所以，他喜歡談歷史大生命，喜歡談史心。這一點，在他很多談宇宙生命起源的文字中都可以看到，這也是在宇宙論或天道觀上，錢穆與朱子的最大不同之處。除此而外，錢穆就都是沿著朱子的思路往下走了。

　　除了進化論思維對錢穆有重大影響外，能量守恒定律的觀念在錢穆的學術研究中也已現端倪。「能所」的問題，本來是中國佛學領域的術語，基本上相當於西方學術語言中的主觀和客觀。中國學術史上，王夫之對此有過相當多的論述。錢穆在借鑒王夫之思想的同時，受能量守恒定律的啓發，開始注意到了「質」與「能」的關係問題。不同於王夫之的「能」「所」並提，錢穆是「質」「能」對舉。晚年的錢穆在其最後一本巨著《晚學盲言》中，曾闢專章談論「能」與「質」的問題，認為「質」固然根本，但「能」更為重要；「質」「能」固然相即不離，但「能」是人類歷史發展的最本質力量。錢穆所說的「能」，是在物質中產生的，又相對獨立於物質的一種存在，這種存在比「道」多了一些力量，比「心」多了一些具體，比「理」多了一些靈動。錢穆關於「質」與「能」關係的理解，可以說，既是受西學啓發而來，更是對中國傳統學術思想，尤其是朱子學的融會與創新。他所要做的，就是要借助對「質」「能」關係的闡發，不僅進一步加深人們對中國傳統文化精神的理解，更重要的是，實現對中國傳統思想中的合理內核與不盡如人意地方的揚棄。

5.1.3 錢穆天道觀的學術意義

很多人認為，在科技日益發展的今天，宇宙起源、人類起源這樣的問題，都是可以從科學角度給予解答的問題，因此，也就不再是屬於運用邏輯思維進行推理的哲學問題。事實上，這是一種混淆了自然科學與人文科學不同屬性與使命的做法。固然，人文科學要借助於自然科學的研究成果，為人文科學的建構提供強有力的支撐。但是，人文科學是關於人類精神世界的科學，是為人類構建精神家園的科學，自然科學只能為人文科學提供前提與基礎，而不能左右人文科學的走向，因為，說到底，自然科學只是人文科學的一部分，而不是全部，而且自然科學要以人文科學為最終指歸。就像宋明理學和道家思想有相同或相近的對宇宙起源、生命起源的看法也會產生不同的人道思想一樣，基於同樣的人類的自然科學研究成果，也會產生不同的學術思想。就此而言，宇宙論思維永遠沒有失去價值的一天。

在 20 世紀受到西方科學技術劇烈衝擊的時代背景之下，在多數學者已放下了宇宙論思維、視宇宙論思維為過時或不合時宜的時代風氣之下，錢穆不僅沒有順隨世俗，而且能擇善固執，發展了具有民族特色的宇宙論思維，不能不說這是錢穆的一個巨大貢獻。他用自己的融會中西貫通古今的天道觀，彰顯了那個特定時代的中國人的獨立的思維成果。這樣，錢穆既很好地做到了對於優秀民族文化的傳承，又做到了對傳統民族文化的創新性轉化。

5.2 溝通理智與情感的客觀經驗論

5.2.1 問題的提出

錢穆治學範圍相當廣泛，用現代的學術分科來劃分，涉及歷史、文化、文學、思想史、政治、地理、教育、藝術等諸多領域，自然，他的著作也可分別歸入不同的類別。錢穆雖然沒有純粹的如西方的哲學著作般的哲學專著，但他不是沒有哲學思想，他的哲學思想是以他自己特有的運思方式和體例寫成的，以早年寫作的《湖上閒思錄》和晚年寫作的《晚學盲言》為代表。

《湖上閒思錄》寫作於錢穆 1948 年任教於無錫江南大學期間，當時政局動蕩，又值錢穆胃病初愈，身體欠佳，於是每每課餘之時，錢穆都徜徉於太湖之畔，於自然美景之中，獲得難得的肉體與精神的雙重放鬆，而平時很少能認真深入思考的哲學問題、人生問題於此時也經常縈繞在其腦際。這時的

閒思遐想，後在友人的提點之下，就彙成了其在哲學方面的早期代表作之一
《湖上閒思錄》。對於這本字數僅爲 9 萬字但涉及範圍很廣的散文小品式的哲
學類著作，錢穆自己一直也是看好的，他曾在寫於 86 歲高齡目盲之時的本書
的「再跋」中說道：

> 忽一日，三民書局主人來索余《湖上閒思錄》，將以再付剞劂。
> 因由內人誦讀一過，余逐篇聽之。初不意余方今所撰，正多舊來見
> 解，並有前所發得，而今已漫忘者，自慚學問未有進步。〔註13〕

這裡面雖不免有自謙之詞，但此書的思想性之強從中也可見一斑。就是在這
一本書的一篇名爲《經驗與思維》的文章中，他集中地談到了客觀經驗論的
問題。

他對客觀經驗論這一命題的導入是循序漸進的。

首先，他懸於對立中求統一爲人類的總目標，分析了古今重要思想派別
對此的各種不同的解決方式，他說：

> 人生根本是一個對立，我以外不能沒有非我之存在，我與非我
> 便是一個對立。即就我而論，有生便有死，死與生又是一對立。……
> 人的意見，總想在此對立上面尋出一個統一來。然而若超出此對立
> 之外求統一，則此超出之統一，又與被超出之對立者成爲對立。若
> 深入此對立之裏面求統一，則此深入之統一，又與被深入者成爲對
> 立，這樣則依然仍是一對立。〔註14〕

在錢穆看來，人生就是一個對立，能夠化解對立，則是人類最基本的理論訴
求。而古今中外的重要的思想派別，無論是超出此對立之外求統一，還是深
入此對立之內求統一，都沒有從根本上化解對立。在這一點上，東方的道家
和佛家正因爲看到了此對立之難於統一，於是他們提供了一種「惟一可以的
統一」的方案：

> 若眞要避免對立，尋求統一，不如只在這之本身上求之。所以
> 說這是甲，不如說這是這。與其說人生由神創造，不如說人生便是
> 人生。與其說現象背後有本體，不如說現象便是現象。然而這是這，
> 依然還是一對立。前一這與後一這對立，依然不統一。若眞要避免
> 對立，尋求統一，則不如只說這，更不說這是什麼。一切人生，一

〔註13〕錢穆：《湖上閒思錄・再跋》，生活・讀書・新知三聯書店，2000 年版。
〔註14〕錢穆：《湖上閒思錄》，生活・讀書・新知三聯書店，2000 年版，第 67 頁。

切現象，這這這這，直下皆是，生也是這，死也是這，我也是這，非我也是這，是也是這，非也是這，一切對立，一切矛盾，只一這字，便盡歸統一，盡歸調停了。佛家稱此曰如，道家稱此曰是，又曰然。佛家說如如不動，道家說因是已，又說萬物盡然。一切皆如，一切皆是，一切皆然。生與死對立，如只說如，或只說是，只說然，便不見有對立。然而在此上便著不得言語，容不得思維。若要言，只言這，若要思，只思這，這是惟一可以的統一。〔註15〕

但是以道家和佛家的這種以「著不得言語，容不得思維」的方式實現的統一，是不令人滿意的，因為

然而這一個宇宙，只見這這如如是是然然，便成為一點一點分離，一節一節切斷了的宇宙。一個這這如如是是然然的人生，也是一個點點分離，節節切斷的人生。人們在此宇宙中，過此人生，便只有突然頓然的跳躍，從生跳躍到死，從這一這跳躍到那一這。因為點點分離，節節切斷了，這與這中間似乎一些也沒有聯繫，沒有階層次第了。所以雖像極靜止，實在卻是極跳動。但人生又那耐得常如此突然頓然地跳動？形式邏輯本來是一種靜止的邏輯。這這如如的邏輯，更是形式邏輯之徹底倒退。〔註16〕

或者可以說，道家和佛家體現的是一種東方的化解矛盾與衝突的智慧，但這種智慧是一種消極的智慧，因為這種智慧固然可以解決人類的很多問題，但這種解決的方式毋寧說是在迴避矛盾。因此，從根本而言，在化解對立的方式上，道家、佛家與西方人並沒有本質的區別，且看錢穆的分析：

黑格爾辯證法，見稱為動的邏輯，一連串正反合的發展，其實仍還是一個正反對立。他的絕對的客觀精神，仍不免和物質界現象界對立，這在上面也說過。東方人這這如如的觀法，則是從經驗倒退到純難驗直觀的路上去，在此上把對立卻真統一了。但又苦於太突兀、太跳動。博格森說的綿延與創造的所謂意識之流，其實則並非純經驗的直觀，此二者間應該有其區別的。依博格森的理論，應該說在心之解放之下，始得有純經驗之直觀。但在東方人看法，純經驗直觀裏，似乎不該有記憶，而博格森的所謂意識之流則不能沒

〔註15〕 錢穆：《湖上閒思錄》，生活・讀書・新知三聯書店，2000 年版，第 66 頁。

〔註16〕 錢穆：《湖上閒思錄》，生活・讀書・新知三聯書店，2000 年版，第 65 頁。

有記憶的，這是二者間區別之最要關鍵。再換言之，上述佛家道家
這這如如的直觀法，用博格森術語言之，應該是意識之流之倒轉，
而非意識之流之前進。應該是生命力之散弛，而非生命力之緊張。
博格森要把純經驗的直觀來把握生命之真實，其實仍是在深入一層
看，仍逃不出上述所謂哲學上的對立之窠臼。因此博格森哲學，依
然是一種對立的哲學，生命與物質對立，向上流轉與向下流轉對立，
依然得不到統一。博格森認為只有哲學可以把握到真的實在之統
一，其實依然擺脫不了西方哲學家之習見，遂陷入於西方哲學界同
一的毛病。〔註17〕

黑格爾辯證法無疑體現的是一種「超出此對立之外求統一」的化解方式，作
為理性主義哲學，在錢穆看來，這種化解方式無疑是失敗的；博格森的生命
哲學體現的是一種「深入此對立之裏面求統一」化解方式，作為非理性主義
哲學，在錢穆看來，它同樣是失敗的。既然無論是西方的理性主義和非理性
主義，還是東方的道家與佛家的思想，都不能從根本上很好地解決人生的對
立問題，那麼，哪一種思維能很好地在對立的人生中求得統一呢？錢穆認為，
只有儒家，只有儒家的仁禮、愛敬之情感，才真正地實現了此對立中之統一：

孟子說：「以仁存心，以禮存心。仁者愛人，有禮者敬人。愛人
者人恒愛之，敬人者人恒敬之。」即此愛敬之心，則已融入我而一
之。人我非對立，只是一愛敬。此乃是一親實經驗，而非思維。凡
所思維，則在愛敬上思維。思其當如何愛，如何敬而止，不越出愛
敬上，別有思維。如夫婦和合，父慈子孝，在我外與我對立之他，
其實即吾心愛敬之所在。能愛敬與所愛敬，能所主客內外合人，體
用無間，那才是真統一了。更何得視之為外在之一如，一是，一然。
故此種經驗不得只謂是一主體經驗，因客體已兼融為一。即謂之是
一客體經驗，亦復不是，因主體亦同在此經驗中也。〔註18〕

而儒家的這種化解人生對立的方式，就是一種「攝知歸仁」的方式。只有這
種思維方式，才真正實現了主客對立中求得統一。這種情況下所攝之「知」，
是「仁」中之「知」，是人類群族中那一份共通之情感經驗，因而，也就可以

〔註17〕 錢穆：《湖上閒思錄》，生活·讀書·新知三聯書店，2000年版，第67頁。
〔註18〕 錢穆：《湖上閒思錄》，生活·讀書·新知三聯書店，2000年版，第 67～68
　　　　頁。

稱之爲「客觀經驗」,「客觀經驗」一詞本身就是主客交融的成果。到此,錢穆才一步步地引出了他那個上昇到一定哲學高度的哲學術語──客觀經驗。

5.2.2 客觀經驗論的內涵

那麼,錢穆又是如何論述「客觀經驗」的呢?

> 所謂客觀經驗,若再以博格森術語相比擬,則有似於其所謂之純粹綿延。此一種純粹綿延,乃是生命本體,或說意識大流,穿越過個體生命之意識流而存在者。惟這一觀念,無疑是思辨超越了經驗,所以成其爲西方的哲學。而中國儒家則在心之長期綿延中,必兼涵有此心之情感部分,即前述我心之愛敬,此乃把情感亦兼涵在意識之內,而與西方人只言純理性,純思辨,純知識之意識大流又不同。今再淺白言之,若由純知識的探討,則彼我死生自成兩體對立。加進了情感,則死生彼我自然融會成爲一體。實則此一體,非有情感,則無可經驗。而兼有了情感,則自無主客之分了。又試問如博格森言記憶,使無情感,又何來記憶呢?〔註19〕

從表面上來看,錢穆所說的「客觀經驗」與博格森所說的「純粹綿延」有著很大的相似性,但從根本上說,二者有著本質的區別,這種本質的區別就集中體現在情感的滲入上。在錢穆看來,只有有了愛敬等情感的滲入,主客內外才能融通爲一體,人生的對立也才眞正地化解,而這種化解並非道家與佛家般的消極化解,而是一種勇於面對人生的積極化解,勇於面對人生就是珍視人類的以愛敬等情感爲紐帶的群體經驗,而這,就是客觀經驗。而這客觀經驗就是生命間的經驗,也是生命間的情感,這個生命是囊括了已在者與已逝者、將在者,這樣的人類化解對立的方式自然也就是最合理的。在此,錢穆以「客觀經驗論」的提法,實現了對西方以培根爲代表的經驗主義與以笛卡爾爲代表的理性主義思維模式的融通與超越,並試著以「客觀經驗」的思維模式實現東方思維模式與西方思維模式的對話溝通,藉以彰顯東方思維模式,尤其是儒家思維模式的價值。

爲了深入理解錢穆的「客觀經驗」論,有一個問題是不能迴避的,這就是客觀經驗與主觀經驗的關係問題。在錢穆看來,主觀經驗是指個體的經驗,

---

〔註19〕錢穆:《湖上閒思錄》,生活・讀書・新知三聯書店,2000 年版,第 68～69 頁。

自古以來，中國人就有各種以客觀經驗來統一個體主觀經驗之對立的做法，先秦儒道兩家用「道」字，佛教華嚴宗用「理」字。一事就一是經驗，集合萬事散殊之經驗，就能合成一客觀經驗，這一客觀經驗就是「理」。錢穆就此分析說：

> 所謂客觀經驗者，乃在此萬事中抽出一共通條理而統一此萬事。否則萬事平鋪散漫，勢將轉入這這如如之境，此則為一種純經驗。又否則必然超出於萬事之上，或深入於萬事之裏，而另求統一，則為宗教與哲學。今則不超於萬事之上，不入於萬事之裏，只就萬事而在其本身上籀出其相互間之共通條理，認識其相與間之聯繫而統一之。故理不在事之上，亦不在事之後，乃只在事之中，只就於事之本身中尋統一，故為真統一而非對立上之統一。此後朱子即頗採華嚴宗言，而倡理氣同源論。惟朱子言性即理也，性之內即包有情。又說：「仁者心之德，愛之理。」亦仍把此理字觀念兼容到內心情感上來，不失儒家之大傳統。故其言大學格物致知必以吾心之全體大用與眾物之表裏精粗並言。則試問哪有撇開情感而可我心之全體大用的呢？故經驗中必兼情感，而思維則只緊貼在情感上，此則惟中國儒家為能暢發其深義。故西方哲學思維都屬無情的，即言其宗教信仰，生人之對於上帝似若有情，實亦無情，惟其思維信仰無情，故經驗亦無情。道佛兩家，道家屬思維，佛家雜有信仰但亦多偏於無情。惟儒家經驗思維皆有情，故遂為中國文化之大宗。〔註20〕

理性與感性、理智與情感，歷來就是哲學史上難以處理的問題，偏重任何一方，誇大任何一方的作用與價值，無疑都會出現很嚴重的問題，人類歷史的發展事實即可證明。實現理性與感性、理智與情感溝通共融，無疑也正是錢穆所說的化解一生之對立，錢穆以「不超於萬事之上，不入於萬事之裏」有「客觀經驗」實現了人生對立的化解，就其實，也就實現了理性與感性、理智與情感的溝通共融。

5.2.3　客觀經驗論的理論價值

錢穆整個學術思想的立基在史學和心學，「一天人合內外」是其最終指歸，「客觀經驗論」是其思想理論的必然昇華。錢穆所說的「客觀」是最大化

〔註20〕錢穆：《湖上閒思錄》，生活・讀書・新知三聯書店，2000年版，第69～70頁。

的人生經驗歷史,「經驗」是大群全體的人心體悟。在方法論上,在現時代的社會背景、思想背景下,可以說,錢穆走的是一條正確的思維之路。成中英曾用「超融」〔註21〕作爲術語,對朱子的方法論進行概括,「超融」的方法同樣適用於錢穆所提出的「客觀經驗」論。只不過,作爲史家的錢穆,其哲學思想是依託於其史學思想的,在具體的論證層面,他也就不會如哲學家般進行純粹的邏輯推演,因此,正如李澤厚所說:

> 梁和錢比現代新儒家如熊、馮、牟更爲準確地把握了中國傳統的特質和根本。但他們語焉不詳,沒有從哲學上展開,經常只是提示一下而已。〔註22〕

「語焉不詳」,不是說錢穆沒有能力進行如李澤厚所說的「詳」,而是他的興趣本不在此,歷史、文化才是錢穆關注的焦點。「沒有從哲學上展開,經常只是提示一下而已」的「客觀經驗」正是學通四部經驗的錢穆的「客觀」經驗,「客觀經驗」的思維模式,對學術思想史的意義卻是非同尋常的。

眾所周知,古老中國是一個重視歷史與傳統的國度,爲何定要重視歷史與傳統,不同學人曾有多種不同的理解,錢穆在這裡,將問題上昇到了歷史哲學的高度。他說歷史心文化心,他說道理一體渾成,其實質都是因爲他發現了傳統中國人的重視客觀經驗的特點。錢穆所看重的客觀經驗,既是對歷史經驗的總結,又是對哲學理念的抽離。很多人都知道錢穆喜歡談經驗,不喜歡談理性,卻不知錢穆也喜歡進行邏輯的推演,只不過錢穆不喜歡脫離史學的概念性的推演,純粹的理性主義和主觀的經驗主義錢穆都是不能接受的。在錢穆看來,任何眞理都具有相對的屬性,只有在相對眞理內部,才有所謂絕對眞理的存在。既然眞理都具有相對性,那麼眞理就不能是「必然」的,而只能是「蓋然」的;既然要在相對眞理的內部尋找絕對眞理,那麼眞理就不能依據「偶然」,而只能依據最大限度的「蓋然」,而這一最大限度的

〔註21〕「超融」(transcendentai integration)一詞,成中英自己這樣解釋:「所謂『超融』,指的是提升概念以超越地融合眾異與眾端,透顯秩序與層次,以見一體中之多元與多元中之一體。」「『超融』不是一般的綜合,而是在思考過程中找到一個涵蓋一切經驗與相關概念的觀念,整合一切經驗與概念爲一個內涵豐富、層層相關、面面俱到的整體。」參見蔡方鹿、舒大剛、郭齊主編《新視野 新詮釋——朱熹思想與現代社會》(上),四川大學出版社,2007年版,第32～33頁。

〔註22〕李澤厚:《人類學歷史本體論》,天津社會科學出版社,2008年版,第272頁。

「蓋然」只能是整部人文發展的歷史。這樣，錢穆就在史學的基礎上提出了「客觀經驗論」。在錢穆看來，中國近七百年的學術史上，也只有朱子真正地做到了以「客觀經驗」來爲人類大群提供生存真理。雖然錢穆從未把「客觀經驗」一詞用於朱子學的分析，但他關注朱子學的歷史學與心學屬性，本身就是他認可朱子學的歷史經驗的表徵，錢穆也正是以歷史經驗爲準繩來解讀宋明理學、分疏中西文化的差異：

> 今人稱中國思想近於西方之經驗論，實則中國所重非個人經驗，而更重於歷史經驗。個人經驗是私的，短暫而狹小。歷史經驗是公的，廣大而悠久。中國人必分別天理與人欲，非本之哲學，乃本之史學耳。〔註23〕

這就再一次表明了錢穆對朱子學或整個宋明理學的最基本看法是本之史學立論，而非哲學立論。而《經驗與思維》一文標題的深意即在於：思維是必要的，但思維要以經驗爲前提來進行。但這個經驗不是個體的主觀經驗，而是人類大群的客觀經驗。可以說，錢穆所說的「客觀經驗」，既非理性主義，也非直覺主義，而是一種新的學術類型，正如羅義俊所說：

> 在人的認識活動中，錢穆雖然肯定與推崇直覺的作用，但又承認而不誇大思辨、理性（理智）的作用。因此，如果一定要比類西方哲學，那麼，其知識論的性質與基本特徵，決不是非理性主義、直覺主義所能概括，也沒有理據加以界定爲理性主義，而只能說是超（越的）理性主義與超（越的）直覺主義，實是理性主義與直覺主義的和合會通，可平實地說是主體會通主義。此主體會通主義，同時亦即是其學問論與方法論。分解言之，爲：可知與不可知同在論，（認知）主體自由論，客觀經驗論、直覺根源源、主體會通論與真理會通論，以及以求道明德爲目的的知識目的論。〔註24〕

> 錢穆所謂的客觀經驗論是容納思辨又超越思辨的經驗直覺主義。〔註25〕

〔註23〕錢穆：《宋明理學三書隨箚》，生活・讀書・新知三聯書店，2002 年版，第 75～76 頁。

〔註24〕羅義俊：《錢穆學案》，選自方克立、李錦全主編《現代新儒家學案》（中），中國社會科學出版社，1995 年版，第 417 頁。

〔註25〕羅義俊：《錢穆學案》，選自方克立、李錦全主編《現代新儒家學案》（中），中國社會科學出版社，1995 年版，第 421 頁。

「主體會通主義」也好,「經驗直覺主義」也好,都是從不同側面表明錢穆學術特質。可以說,錢穆的「客觀經驗」論關聯著好多學術問題,如何深入挖掘其中的豐富含義,如何給錢穆的「客觀經驗」論定性,還是一個需要深入探討的問題。如果本文能起到一個拋磚引玉的作用,吸引更多研究者對於錢穆學術的興趣,那麼本文的作用也就實現了。

5.3 以史證心、以心顯道——「唯道論」的學術本質

錢穆不喜歡把西學套用在中國固有學術之上,但不代表他不借用西方學術語言來思考中國思想,正如錢穆曾在「經驗論」的啓發下提出「客觀經驗」論一樣,錢穆也在「唯心論」、「唯物論」的啓發下,提出了「唯理論」、「唯道論」的概念。但錢穆不認爲單純「唯理論」的提法切合中國學術思想實際,即便是對於程朱理學也是如此,他只認可「道理合一相成」論或直接稱爲「唯道論」:

> 我們若要問,這一個世界,照中國人看法,究竟是道的世界呢?
> 抑還是理的世界?則不如說這一世界乃是道理合一相成的世界。不
> 過古代中國人,在道字的觀念上,多用了些思想。而後代中國人,
> 則在理字的觀念上,多用了些思想。〔註26〕

> 如是道既是自然的,常然的。同時也是當然的,必然的。而且,
> 又是渾然的。因此,中國思想不妨稱爲唯道論。〔註27〕

多數時候,錢穆也徑自用「唯道論」代表他對中國傳統文化屬性的認識。

5.3.1 錢穆體系中「史」「心」「道」的含義及相互關係

「唯道論」的提出不是一蹴而就而是循序漸進的,不是孤立突兀而是有所依託的。「唯道論」所依託的最重要的概念就是「史」「心」和「道」,而這三個概念在邏輯的展開上也是有著先後次序的,即先有「史」,再有「心」,最終有「道」,它們之間的邏輯關係即是:以史證心,以心顯道。

爲了深入理解「唯道論」的本質,有必要先瞭解錢穆對「史」「心」和「道」

〔註26〕 錢穆:《中國思想史通俗講話·道理》,聯經出版事業公司,1998 年版,第 22
頁。
〔註27〕 錢穆:《湖上閒思錄·道與命》,生活·讀書·新知三聯書店,2000 年版,第
37 頁。

的看法。

先說「史」。「史」即歷史，錢穆對歷史的看法在他的所有著作中都可見到，他對歷史的重視也由此而現。在《中國歷史精神》中，他談到了自己對歷史的理解：

> 歷史便即是「人生」，歷史是我們全部的人生，就是全部人生的「經驗」。歷史本身，就是我們人生整個已往的經驗。至於這經驗，這已往的人生，經我們用文字記載，或因種種關係，保存有許多從前遺下的東西，使我們後代人，可以根據這些來瞭解，來回頭認識已往的經驗，已往的人生，這叫做「歷史材料」與「歷史記載」。我們憑這些材料和記載，來反看已往歷史的本身，再憑這樣所得，來預測我們的將來，這叫做「歷史知識」。所以，歷史該分三部分來講：一爲歷史本身；一爲歷史材料；一爲我們所需要的歷史知識。〔註28〕

這是一段很有代表性的表明錢穆歷史觀的文字，多次被研究者引用。這裡面有兩個重要的觀點，一是錢穆認爲歷史即是人生，一是歷史分成三個部分或三個方面。

歷史即是人生，說明錢穆持有的是一種大生命史觀，他的這種大生命史觀是非常有個性色彩的，也是相當引人注目的，他總是反覆地說：

> 歷史是一種經驗，是一個生命。更透澈一點講，「歷史就是我們的生命」。〔註29〕

> 歷史是一種「把握我們生命的學問」，是「認識我們生命的學問」。〔註30〕

> 史學是一種生命之學。〔註31〕

既然史學本質上就一種生命之學，生命由過去、現在、未來構成，正像個體生命的過去、現在、未來從來都不是不是孤立存在而是相互關聯一樣，歷史也應滲透並影響於於現在和未來。因此，他從不認爲歷史是獨立於現時代人的一堆死的東西，而是足夠打通古今、溝通現在與過往的活的知識。爲了明確地表明他的這樣一個觀點，他把歷史分爲三個部分或三個方面：歷史本身、

〔註28〕 錢穆：《中國歷史精神》，九州出版社，2010年版，第6～7頁。
〔註29〕 錢穆：《中國歷史精神》，九州出版社，2010年版，第10頁。
〔註30〕 錢穆：《中國歷史精神》，九州出版社，2010年版，第11頁。
〔註31〕 錢穆：《中國歷史精神》，九州出版社，2010年版，第13頁。

歷史材料和歷史知識，藉以說明自己對歷史有著清醒而完整的認知。從錢穆對歷史的看法中不難看出，錢穆的生命史觀與以傅斯年為代表的史料派的對立也只局部的對立。但對錢穆來講，歷史本身是不能復原的，我們所依據的歷史材料本身只是手段，獲得歷史知識才是目的。這個歷史知識的重要性即體現在：

> 歷史時間過去的未過去，依然存在著；未來的早來到，也早存在著。〔註32〕

可以說，上引材料側重談的是錢穆的以歷史知識為目的的大生命史觀，既然歷史即是人生，是我們全部的人生，那麼，人生中最重要的理念就不能脫離歷史而存在，這就要說到「心」：

> 歷史不外乎人事，而人事全本人心。無此心即不復有此事，故治「史學」當以「心學」為主。人心之積而為史心。無所見於人心，而謂有所見於史心，天下無此理。無所見於史心，而治史，則史者一堆堆之事變，亦曰陳人之陳跡而止耳。〔註33〕

歷史知識之所以為人生之必要，是因為歷史知識原本就本於人心而有。所以，錢穆強調治史重要的是以史心為主。古往今來人心之相通之處，即見得史心，如此，歷史才不是一堆死的材料，而是活的知識。可以說，錢穆主張讀史，就是在讀史心。心是史的核兒。由此，建立在史學基礎上的錢穆的心學思想也展現了出來，錢穆所說的「心」雖然有物質的屬性，但更多時候他是在說它的抽象的意指：

> 中國人所謂心，並不專指肉體心，並不封蔽在各各小我自體之內，而實存在於人與人之間。哀樂相關，痛癢相切，中國人稱此心為道心，以示別於人心。現在我們可以稱此種心為文化心。所謂文化心者，因此種境界實由人類文化演進陶冶而成。亦可說人類文化，亦全由人類獲有此種心而得發展演進。〔註34〕

正因為加進了歷史的思考，錢穆的「心」也就與眾不同起來。宋明理學家所說的「道心」在他這裡，就明確地以歷史心和文化心的面孔展現了出來。羅義俊在《錢穆學案》中獨具隻眼地指出，

〔註32〕 錢穆：《中國歷史精神》，九州出版社，2010 年版，第 9 頁。
〔註33〕 錢穆：《孔子與論語》，九州出版社，2010 年版，第 228 頁。
〔註34〕 錢穆：《靈魂與心》，廣西師範大學出版社，2004 年，第 19 頁。

從儒學中疏釋出歷史心與文化心之概念，是錢穆一突出之貢獻，亦可謂是其儒學之一「新」之所在。〔註35〕

確實，「歷史心」「文化心」是錢穆對整個中國學術思想史的突出貢獻，是錢穆的儒學思想之「新」之所在。或者，可以換一種說法：如果用兩個詞來概括錢穆思想，那麼應該用「歷史」和「心」；如果用一個詞來概括錢穆思想，那麼應該用「歷史心」（或「文化心」），「歷史心」與「文化心」在錢穆的思想體系裏是一而二、二而一的關係。

以上對於「歷史心與文化心」的闡發，錢穆似乎在一轉手之間自然而然地就完成了，但這一看似輕鬆的一轉手，卻是他多年學術積累的成果，是有著非同尋常的學術史、思想史意義的。

首先，「歷史心與文化心」實現了程朱陸王的交融，使心性合一，既不易簡又不支離。對於程朱與陸王之主要分歧，學術界已有諸多議論，儘管截至目前依然莫衷一是，但基本上可以說，程朱更重性，陸王更重心；程朱偏重「道問學」，陸王偏重「尊德性」，而錢穆用「歷史心與文化心」則實現了理學兩大派別的會通：既重視生命個體，又關注大群整體；既重視生命個體的情感與體悟，又關注大群整體的經驗與知識。而在錢穆，也正是以「歷史心與文化心」爲準繩來評判程朱陸王的：

> 若從原始人類言，此等心皆可謂之是天理，但若從人類文化已衍進之後之社會言，則此等心有時實也不得不謂之是人欲。因此，陸王主心即理，而程朱主性即理，其間不得不放進人類歷史文化之衍進一層來作衡評。〔註36〕

在這裡且不說錢穆對程朱陸王的分析是否準確，但提出「歷史心與文化心」卻也的確實現了對理學內部兩大派系的會通。

其次，錢穆用「歷史心與文化心」實現了向原始儒學的回歸，因爲在他看來，原始儒學即孔子儒學即是歷史學與心學的合一：

> 孔子的學說，分爲兩種：一種是「心學」，一種是「史學」。儒家思想的重要精神在此。〔註37〕

〔註35〕羅義俊：《錢穆學案》，選自方克立、李錦全主編《現代新儒家學案》（中），中國社會科學出版社，1995 年版，第 414～415 頁。

〔註36〕錢穆：《中國學術思想史論叢・心與性情與好惡》（卷二），安徽教育出版社，2004 年版，第 86 頁。

〔註37〕錢穆：《講堂遺錄》，九州出版社，2010 年版，第 25 頁。

既然儒家思想的重要精神即在於「心學」與「史學」，那麼，

> 由「心學」轉到「史學」，此則由宋明重歸先秦一大節目。

〔註38〕

由心學轉到史學，即是心學與史學合一，在這方面朱子只是有某些實際的作為而並沒有使二者眞正的統一起來，錢穆則用「歷史心與文化心」的概念的析出實現了，且看錢穆的具體做法：

> 孔子的學問，一種是「心學」，一種是「史學」，史學還要從心學入手。不瞭解人的心，斷不能瞭解人的事。但人的心並非狹窄關閉在你的軀殼腔子內，當知人心應跳出軀殼腔子看。「我」與「非我」，「父」與「子」，「夫」與「婦」，「古」與「今」，會合而看，始見此心體之眞，與心量之大，這是孔子之所謂「仁」。因此孔子思想不僅把「人」與「我」的界限打破，「己」與「群」的界限打破，又把「生」與「死」的界限打破，積累史學以完成其心學。如此，則全部人生之演進，便完成一心體之演進。全部人生便進入了自然宇宙境界，如此則又把「人」與「天」的界限打破。孔子之學，實在是六通四闢，廣大無邊，但發端則只在一心。〔註39〕

在此，錢穆以「歷史心與文化心」不僅打通了孔子的學問，而且很好地疏解了孔子的核心思想「仁」，孔子的偉大也因此而見。

第三、「歷史心與文化心」溝通的不僅僅是程朱陸王之間，也不僅僅是宋明理學與原始儒學之間，而且會通了整個中國思想學術史，錢穆會通古今、傳承整個中華民族優秀思想文化傳統的博大胸襟與開闊視野也由此而見：

> 上下古今，千萬億兆人之心，可以會成一大心，而此一大心，仍必寄存表現於每一人之心。中華四千年文化，是中國人一條心的大生命。〔註40〕

生命，就意味著鮮活；以「中華四千年文化」爲「一條心的大生命」，這樣，古今就成爲一體，古今思想家的所有優秀思想成果都應該也可以爲我所用。

第四、從表面上看，錢穆的「歷史心與文化心」這一概念似乎更強調中國固有歷史文化的獨特性，但從深層而言，錢穆在學術境界上一直追求的是

〔註38〕 錢穆：《中國思想史》，九州出版社，2011年版，第227頁。

〔註39〕 錢穆：《講堂遺錄》，九州出版社，2010年版，第23～24頁。

〔註40〕 錢穆：《靈魂與心》，廣西師範大學出版社，2004年版，第114頁。

「一天人、合內外」，這也就邏輯地預設了他融通古今中西的訴求，而藉此，錢穆眼中的「天人合一」的獨特的意蘊，錢穆的儒學思想的與眾不同之處也就彰顯出來：

> 錢先生之理想，主旨在于兼重「物理事變」與「心知情慧」，使西方科學新知與中國儒家人文傳統獲得調和，以為人類求知立行建立一新原則，創立一新體系。而依錢先生之說，此即是會通天、人，綰「自然」與「人文」而一之，可以懸為儒學未來之目標。錢先生此一說法，就其性質言，仍繫屬於以「性理」涵攝「心」、「物」之論法，其所與先秦乃至宋代、明代儒學觀之差異，似乃止在前文所提及之一種「放大視野」之意義。〔註41〕

第五、以上四點若合而言之，就是「歷史心與文化心」的提法實現了「一天人、合內外」的理論訴求，但錢穆的這一重要概念提出的意義並不限於此。從哲學的角度而言，「一天人、合內外」即是打破了主客二分的思維格局，實現了主客交融。而主客實現交融，就不再有先驗論存留的餘地，也沒有主觀經驗論立論的空間，有的只是客觀經驗論在人類生命史上的話語權。而這一客觀經驗論的提法，正是建基和依託於「歷史心與文化心」的理論。

以上，主要談了錢穆析出「歷史心與文化心」這一範疇的學術思想史意義，若從現實意義的角度談，「歷史心與文化心」提出的意義，與錢穆寫作《國史大綱》的初衷是一致的，也就是說，它有著凝聚人心、昇華民族情感的功能。

「歷史心與文化心」在錢穆的著作中，經常是同時出現的，錢穆也沒有單獨對「歷史心」與「文化心」進行區分，只是在談到「歷史」「文化」的關係時，才算間接地對二者之間的關係做了分析。在錢穆的心目中，二者也是一而二二而一的關係。但為了加深對錢穆思想的理解，對「歷史心」和「文化心」的關係進行一下分析，還是必要的。錢穆曾在《湖上閒思錄的》「再跋」中談到了他對「歷史」與「文化」區別的大致看法：

> 歷史僅限於事實，可以專就本己，真相即明。而文化則寓有價值觀，必雙方比較，乃知得失。〔註42〕

〔註41〕戴景賢：《論錢賓四先生之義理立場與其儒學觀》，《臺大文史哲學報》（第七十期），2009年第5期，第85～111頁。
〔註42〕錢穆：《湖上閒思錄·再跋》，生活·讀書·新知三聯書店，2005年版。

因此，大致而言，二者的共性在於：都具包容性、變化性、傳承性和歷時性；不同之處在於：「歷史心」側重強調的是歷時性的累積，「文化心」側重突出的是歷時性的人文化成；或者可以說，「歷史心」重的是客觀的累積過程，「文化心」重的是客觀的化成成果。

對於錢穆的「歷史心與文化心」，羅義俊的的總體評價還是中肯的：

> 錢穆並未同意把儒學僅僅歸結爲哲學形上學或心學，此正是他提出儒學即史學的底蘊。他以「心學與史學，乃爲中國傳統學術中兩大主幹」。更明言「心學是做人大宗綱，史學則爲做人大原本。此二者一內一外。欲明儒家學術，則必兼此二者。」他在唯道論中特重時間性概念，從儒家心性論中析出歷史心和文化心的概念，又提出「歷史乃人心之積累」，強調從已往歷史文化中覓取眞實與光明、從歷史中探求人生本源、從歷史中求取文化客觀眞理、「格天之學有賴於格物與格心，而格心之學則有賴於治史」的歷史認識論與儒家客觀經驗論。這些構成了他儒學史學觀的基本思想內容，亦是他的新儒學之異於其他取哲學進路以邏輯建構哲學體系的如熊、唐、牟、方等新儒學巨子之「新」之所在，歷史主義是錢穆新儒學內在的基本特徵。而且，從這個意義上可以說，錢穆是歷史主義的儒。〔註43〕

這樣，錢穆也就完成了「唯道論」主張的第一步：以史證心。這樣的「心」也就可以傳，並且必須被傳下去：

> 上下兩千五百年，孔子永爲至聖先師。人之所學，則皆孔子之學。人之所道，則皆孔子之道。孟子曰：「聖人先得吾心之同然。」後世繼孔子而起者，亦可謂皆有得於孔子之心矣。但皆尊孔子各不尊其己。時異世易，所學所道，實已不同，而其統則一。乃有所謂道統。道則統於心。修身齊家治國平天下，皆貴一統，其統均在心。其傳亦在心。但心與心之間，乃有一大邊就。中國人之學統道統，乃於絕不邊就中有此一大邊就，斯人千古不磨心，惟中國文化中國人生乃此。〔註44〕

〔註43〕羅義俊：《錢穆學案》，選自方克立、李錦全主編《現代新儒家學案》（中），中國社會科學出版社，1995年版，第457頁。

〔註44〕錢穆：《晚學盲言》，生活・讀書・新知三聯書店，2010年版，第119頁。

傳得這樣的「心」，也就是在傳生命之「道」。有「心」就會有歷史，研讀歷史就是在傳心，傳心即是傳道。這個「道」是由歷史而來，是由歷史上的人心而來，所以，這個「道」是可以深入人心的，可以打通古今的。沒有「史」和「心」，「道」也就沒有了根基；沒有了「道」，「史」和「心」就沒有了最終的指向。讀史是爲了品出其中的史心，有了史心也可以談人生之道。由此，錢穆也就完成了他「唯道論」的主張的第二步：以心顯道。

以上，本文對錢穆思想體系中的「史」、「心」、「道」三個概念做了大致的分析，可以說，錢穆在說「史」的時候，主要在指歷史知識或史心；在說「心」的時候，主要在指歷史心和文化心；在說「道」的時候，主要在說人生之道。所以，從某種意義上可以說，在錢穆看來，史即心，心即道，史即道。

5.3.2 與唯心論、唯物論並提的「唯道論」

「唯心論」與「唯物論」本是西方哲學術語，在錢穆那時的哲學界影響甚大，很多學者也喜歡用唯心與唯物給中國哲學家思想家的學術定性。錢穆雖然沒有直接這樣做，但卻在「唯物論」與「唯心論」啓發之下，有了「唯道論」的提法，並認爲中國哲學思想本質上都屬於「唯道論」。爲何會如此呢？且看錢穆的分析：

> 我們只聽說「天道」「人道」，卻不曾聽人說「物道」。我們也只聽說「天理」「物理」，卻很少有人說「人理」。可見若注重在講道，則天與人對立。若注重在講理，則成爲天與物對立。人只包在物之內，不見有它自主自行的地位。若論天道，天屬不可知，因此天的地位高了，而人的地位也隨而高。若論天理，天屬可知，不僅天的地位低了，而人的地位也隨而低。因道之背後必有一主動，人類自身亦爲道之主動，而有所謂人之道。因此「天」「人」對立，而人的地位自高了。由於天人對立而可以求達天人相通，天人合一的境界，那是古代中國人求能明道之最高一境界。至於萬物，則並不能主動，因此不能有物之道，物之道則包括在天道之內了。至於理，它是先在那裡規定一切，主宰一切的。人也得受理之規定與主宰，因此人也包括在物之內而僅成爲一物。因此只有天理物理，「天」「物」對立，另外更沒有人的地位了。而且

天也只成爲一物，也在受理之規定與支配。如是則天地萬物合成一體，只有理高出於其上。〔註45〕

錢穆在此首先否定的是「唯物論」和「唯理論」。他從中國思想的自身實際入手，認爲中國自古即無「物道」一詞，如此，則天人對立且天人一道，人之地位隨之升高；中國只有「天理」與「物理」而無「人理」，言「理」則人同於物，「天理」與「物理」對立的同時也就沒了了人的位置，人之地位隨之降低。所以，言說中國學術本質，就應該從此等處入手，看出中國學術思想重「道」而輕「物」與「理」的整體傾向，要給中國學術思想定性只能用「唯道論」而不能用「唯物論」與「唯理論」，而且，說到底，唯理也是等同於唯物的：

如是講來，唯理的世界，其實只是一唯物的世界。不僅沒有上帝，而且也沒有人。此宇宙則僅是一理在主宰而支配著，而此理又只有在物上去求，所以說「格物窮理」。所以此唯理的世界，其實仍是人類所不能忍受的世界。因此，偏重道與偏重理，必然會形成兩種宇宙觀，與兩種人生觀。道的宇宙，是在創造過程中，有多種可能的變動，而且有些處盡可由人來作主。理的宇宙，則先已規定了，在此規定中，無法有變動，誰也不能另有主張，另有活動之餘地。〔註46〕

所以，錢穆反對偏重理的世界觀，因爲在偏重理的世界觀裏，人的地位在降低，價值無從體現。這就出現了另一外問題，既然錢穆反對唯理的世界觀，那麼他又爲何那麼喜歡並推崇程朱理學呢？這是因爲，錢穆從來不認爲程朱理學是唯理的世界觀，而且程朱理學所謂的「理」是氣中之理，是理氣一體渾成之理，所以說到底，程朱理學的世界觀也是唯道論的或說道理一體合成的世界觀。

解決完唯物與唯理的問題之後，接下來錢穆就著手解決唯心的問題。按理說，錢穆對「心」是非常看重的，他不應該反對「唯心論」的提法。但我們應該注意到，錢穆單獨說的「心」與「唯心論」中的「心」不是同一層面的概念。他單獨說的「心」主要指歷史心與文化心，是兼體用之言的心：

所謂天人之際，古今之變，其要乃在一己之心。內心必通於外物，乃成其所謂心。〔註47〕

〔註45〕 錢穆：《中國思想通俗講話》，聯經出版事業公司，1998年版，第20～21頁。
〔註46〕 錢穆：《中國思想通俗講話》，聯經出版事業公司，2002年版，第21～22頁。
〔註47〕 錢穆：《中國史學發微》，生活・讀書・新知三聯書店，2009年版，第223頁。

而「唯心論」中的「心」，在錢穆看來，其實是個體心，唯心基本上等同於唯我、唯神，或者說，唯心論就是不切實際的空想論：

> 萬物何從來，於是有上帝。死生無常，於是有靈魂。萬物變幻不實，於是在現象之後有本體。此三種見解，不曉得侵入了幾廣的思想界，又不知發生了幾多的影響。但上帝吧！靈魂吧！本體吧！究竟還是絕難證驗。於是有人要求擺脫此三種見解，而卻又赤裸裸地墮入唯物觀念了。要反對唯物論，又來了唯心論。所謂唯心論，還是與上帝靈魂與本體三者差不多。〔註48〕

上帝、靈魂、本體，在錢穆看來，都是個體心靈產生的不切實際的東西，因為這些東西誰都無法證明其有無，所以也就是一種唯我的東西，唯心的東西。可以說，錢穆把西方的脫離現實物質而談的所有東西都歸入了唯心論，唯神論即如此；把所有的只看重現實物質而談的所有東西都歸入了唯物論，唯理論即如此。由此，錢穆只認中國傳統學術思想是唯道論而非唯心論就可以理解了。

5.3.3「道始於情」

「唯道論」是以「史」和「心」為內涵的，錢穆對「史」和「心」的態度也就可以看作是他對唯道論的態度。在談到「史」的時候，錢穆在他的最有影響力的國史專著《國史大綱》的引論中曾說：

> 凡讀本書請先具下列諸信念：
>
> 一、當信任何一國之國民，尤其是自稱知識在水平線以上之國民，對其本國已往歷史，應該略有所知。（否則最多只算一有知識的人，不能算一有知識的國民。）
>
> 二、所謂對其本國已往歷史略有所知者，尤必附隨一種對其本國已往歷史之溫情與敬意。（否則只算知道了一些外國史，不得云對本國史有知識。）
>
> 三、所謂對其本國已往歷史有一種溫情與敬意者，至少不會對其本國歷史抱一種偏激的虛無主義。〔註49〕

錢穆所說的「史」，主要是指國史，在當時很多人輕視國史，對國史抱有一種

〔註48〕錢穆：《湖上閒思錄・道與命》，生活・讀書・新知三聯書店，2002 年版，第32 頁。
〔註49〕錢穆：《國史大綱》（上），九州出版社，2010 年版，引論。

歷史虛無主義的態度的情況下，錢穆則主張對於本國已往之歷史應有一份「溫情與敬意」。這種對於國史的「溫情與敬意」雖是在特殊的時代背景下提出來的，但可以代表錢穆在治史方面的一貫特點，即，錢穆談「史」的時候帶著「情」的。一般來說，治史時的客觀中立是容不得「情」的存在的，但錢穆卻認為，治史必得有「情」，無情不能治史，因為說到底，治史是為明得史心，求得史識。而史心與史識都是與「情」密切相關的。錢穆看重張載和朱子的「心統性情」論，有很大一方面原因，也是因為「心統性情」論為「情」留下了合適的空間，對歷來不被人看好的「情」有了一個很好的交待。

「情」在錢穆的思想體系中，是和「道」、「心」、「史」同等重要的一個概念。「情」是什麼？「情」就是「人心的好惡」，以人心之好惡為準繩，也正是陽明的「良知」。

> 若我們真看重人類現前的個體心，則自見現前個體心中，情感的成分，其比重會勝過理智與意志。其實此是亙古亙今而皆然的。而所謂情感，則主要便是人心之好惡。〔註50〕

在錢穆看來，孔子之仁是「情」，孟子之惻隱之心是「情」，「情」從來都是與「道」密切相關的，無情無以見道。道是什麼？道主要是仁道，仁道就是情道：

> 仁者推己好惡，而知他人之同有此好惡。以不背於他人之好惡者，而盡力以求滿足其一己之好惡焉。以不背於其一己之好惡者，而盡力以求滿足他人之好惡焉。究其根極人己兩蒙其利。故仁者，人己之好惡兩得之者也。故仁者，人我之見不敵其好惡之情也。不仁者，好惡之情不敵其人我之見者也。後世之言仁者，不敢言好惡：不知無好惡，則其心麻痺而不仁矣。〔註51〕

推己之好惡同於人之好惡，如此便為「仁」，好惡是什麼？好惡即是情。從中我們不難看出，錢穆對「情」的推崇與看重。

其實，錢穆對「情」的推崇與看重是有著深遠的學術淵源的。「道始於情」本是郭店楚簡《性自命出》中的一句話，這句話高度精鍊地總結了中國傳統儒家思想對於「道」與「情」關係的看法，可以說這也代表了錢穆的看法：

〔註50〕 錢穆：《中國學術思想史論叢・心與性情與好惡》（卷二），安徽教育出版社，2004 年版，第 80 頁。
〔註51〕 錢穆：《四書釋義・論語要略》，九州出版社，2010 年版，第 57 頁。

中國人所謂「道」，則必兼「情」，本於情，始見道。〔註52〕

當代學者李澤厚也對「道始於情」給予了極大的關注，他曾說：

中國的「道」（天道）始於「情」。〔註53〕

同樣認爲「道始於情」，錢穆由此走向了「唯道論」，李澤厚由此走向了「情本體」。因此，拿李澤厚的「情本體」與錢穆的「唯道論」作對比，更能加深我們對錢穆學術特性的理解。

總體說來，錢穆的「唯道論」與李澤厚的「情本體」有五同四異。先說五同：

第一、在對「情」的分析上，都與「欲「對舉。可以說，李澤厚對「情」的理解是有得於錢穆的，他曾明言自己大量引用錢穆的話爲自己的「情本體」論證：

錢認爲「性」是「人」、「物」均有，動物有「欲」，而只人有「情」。

可見，「情」不等於「欲」而與「欲」又有關聯。〔註54〕

錢穆對「情」與「欲」關係的討論很多，茲舉幾例：

依照中國人觀念，奔向未來者是欲，戀念過去者是情，不惜犧牲過去來滿足未來者是欲，寧願犧牲未來來遷就過去者是情。中國人觀念，重情不重欲。〔註55〕

情對外而發，欲爲己而有。人之鬥爭對象當在己，即其欲。中國人謂之天人交戰。人欲亦人生中一部分，天理乃人生之總體。情發中節即爲理，故中國人常言合情合理，又稱天理人情。〔註56〕

由錢穆在與「欲」的對舉中言「情」可以看出，錢穆所說的「情」是狹義的「情」，是把「欲」排除在外的純粹的合「理」的「情」，因此可以這樣說，錢穆持有的是「情善欲惡」說。但錢穆並沒有截然分割「情」與「欲」的關係：

〔註52〕錢穆：《晚學盲言·知與情》（下），生活·讀書·新知三聯書店，2010年版，第1311頁。

〔註53〕李澤厚：《李澤厚近年答問錄》，天津社會科學出版社，2006年版，第225頁。

〔註54〕李澤厚：《李澤厚近年答問錄》，天津社會科學出版社，2006年版，第229～230頁。

〔註55〕錢穆：《湖上閒思錄·情與欲》，生活·讀書·新知三聯書店，2005年版，第11頁。

〔註56〕錢穆：《晚學盲言·整體與部分》（上），生活·讀書·新知三聯書店，2010年版，第25頁。

> 天地生人，大同而小異。異者在其身，同者在其心。異者在其
> 欲，同者在其性。……欲偏對物，性偏於人。……情則在性與欲之
> 間，故稱性情，亦稱情慾，又稱天性人情物欲。……能使一己之欲
> 向上流，乃見人情，乃見天道。天道即本於人之天性。自天性向下
> 流，則有人情，又有物欲。故物欲亦在天性中，但非天性即盡在物
> 欲中。〔註57〕

> 由欲轉情，乃是人類由自然人生轉向到文化人生一大關鍵。……
> 故欲是個人的，情是彼我群體共通的。人類由自然人進入文化人，
> 比較上，欲日淡，情日深，此是人生一大進步，亦即是人心一大進
> 步〔註58〕

「情」也是由「欲」而來，「欲」是「情」之前提，「情」是「欲」之發展。
錢穆肯定「欲」爲人之自然屬性，但更肯定「情」之爲人獨特屬性：

> 其主要關鍵，在一情字上。人類群體日大，則欲日退而情日進。
> 蓋欲只在己，常要把外物來滿足我。情則及物，常把自己的來推及
> 人。〔註59〕

天地之間，只有人會有「情」，因此，「情」的可貴也由此可見。由「欲」到
「情」也並不難事，只要能循「欲」上導，推己及人，自會有合「理」合「性」
的「情」，否則只會流於物欲。由此看來，錢穆是在與「欲」的關係中，探討
「情」的合理性。

以「情」「欲」對舉來探討「情」的理論屬性，在中國思想史上，先秦時
期以孟子、荀子爲代表。孟子從「性善論」的立場出發，認爲人皆有「惻隱
之心」、「羞惡之心」、「辭讓之心」、「是非之心」，這些都是情，而這些情正是
仁、義、禮、智四德之端。既然人性是善的，那麼情也就是善的，只是情會
受到欲的引誘而流於惡，人經常會「放心」而不知「求」，所以，孟子主張「求
放心」和「寡欲」。荀子與孟子對「情」的看法相反，基於「性惡論」的立場，
他以「情」「欲」直接兩分進行探討：

> 性者，天之就也；情者，性之質也；欲者，情之應也。〔註60〕

〔註57〕 錢穆：《現代學術論衡・略論中國教育學》，生活・讀書・新知三聯書店，2001
年版，第 182～183 頁。
〔註58〕 錢穆：《雙溪獨語》，臺北學生書局，1991 年版，第 204 頁。
〔註59〕 錢穆：《雙溪獨語》，臺北學生書局，1991 年版，第 204 頁。
〔註60〕 荀子：《荀子・正名》，見王先謙：《荀子集解》，沈嘯寰、王星賢點校，新編

無疑，在荀子看來，「性」是人生來就有的，「情」是由性的本質表現出來的，「欲」則是情受外物感應而產生的，三者關係密切，但與他性惡論的立場相應，荀子認爲由性發生的情、欲也是不善的，於是，提出了「節欲」、「導欲」、「養欲」的主張。

《禮記・禮運》中也有「情」與「欲」並提的做法：

何謂人情？喜、怒、哀、懼、愛、惡、欲七者弗學而能。〔註61〕

並說：

飲食男女，人之大欲存焉。〔註62〕

此處之「欲」或「飲食男女，人之大欲」之「欲」，均是說「飲食男女」是人性自然的要求。

可以說，先秦典籍中基本上還沒有把「情」和「欲」分開來對待，「情欲」經常是連在一起使用。以「情」與「欲」對舉，錢穆是有得於荀子的，但與荀子不同的是，錢穆對「情」與「欲」進行了更加仔細的分疏，爲「情」和「欲」各自圈定了領地，由此認爲情善而欲惡，確立的「情」的合法性與「欲」的不正當性，並以此爲前提探討中西文化的不同屬性：

人生有偏向前（多希望未來）和偏向後（重記憶過去）之兩型。

向後型的特徵，最顯著的是愛好歷史。歷史全是人生過往之記錄。

向前型的人，對此不耐煩，他們急要向前，急要闖向未來不可知之域，他們不要現實，要理想。重歷史的人，只從現實中建立理想，急向未來的，則要建立了理想來改造現實。……西方人的愛，重在未來幸福上，中國人的愛，重在過去情義上。西方人把死者交付給上帝，中國人則把死者永遠保藏在自己心中。〔註63〕

偏向前的人生，是欲多於情，偏向後的人生，是情多於欲，由此，中西文化的各自屬性不僅一目了然，而且，中西文化的優劣也由此而現。

第二、對「情」的倚重，都認爲「道始於情」。

諸子集成本，中華書局，1988 年版，第 428 頁。

〔註61〕《禮記・禮運》，見《四書五經》，陳戌國點校，嶽麓書社，2002 年版，第 516 頁。

〔註62〕《禮記・禮運》，見《四書五經》，陳戌國點校，嶽麓書社，2002 年版，第 516 頁。

〔註63〕錢穆：《湖上閒思錄・情與欲》，生活・讀書・新知三聯書店，2005 年版，第 8～10 頁。

「道」是具有鮮明中國學術特質的概念，在儒家思想體系中，大致相當於「理」或「眞理」。但無論是宋明理學家所看重的「理」，還是西方思想家看重的「眞理」，主流看法都不認其與「情」有密切關係。

錢穆曾說過：

> 無論古今中外的思想家，似乎都對人心抱有或多或少或輕或重一種不放心態度。尤其對於情感，似乎更多不放心，而有些則竟抱有重大的不放心。〔註64〕

確實如此。從中國思想史來看，原始儒家如孔、孟對「情」原本是很看重的，雖然《論語》中直接使用「情」字只兩處〔註65〕，而且所說之「情」主要指「情實」而非「情感」，但這並沒有影響孔子對「情」的重視：

> 惟仁者能好人，能惡人。〔註66〕

> 苟志於仁矣，無惡也。〔註67〕

孔子雖然重視人之本眞情感，只是沒有明確系統地進行理論闡發。

在孔子之後，孟子順著孔子的理路，把儒家思想重「情」的特點又向前推進了一大步。雖然《孟子》全書也只有三處明確使用「情」字〔註68〕，但可以說，孟子的很多理論主張都是基於「情」而立論的，如著名的「四端」說。孟子認爲「四端」之情正是仁、義、禮、智四德之端，如能「擴而充之」，就「足以保四海」。但孔孟之後的中國學術思想界卻沒一直沿循孔孟這條重「情」的思路向前發展。

與原始儒家重視「情」相反，老莊道家則主張「無情」說。他們以「致虛極，守靜篤」爲修養之眞諦，反對情之動，主張有人之形而無人之情：

> 吾所謂無情者，言人之不以好惡因傷其身，常因自然而不益生也。〔註69〕

〔註64〕錢穆：《中國學術思想史論叢‧心與性情與好惡》，安徽教育出版社，2004 年版，第 80 頁。

〔註65〕《論語》只在《子路》篇中「上好信則民莫敢不用情」和《子張》篇中「上失其道，民散久矣。如得其情，則哀矜而勿喜」兩處出現「情」字。

〔註66〕錢穆：《論語新解‧里仁篇第四》，聯經出版事業公司，1998 年版，第 116 頁。

〔註67〕錢穆：《論語新解‧里仁篇第四》，聯經出版事業公司，1998 年版，第 118 頁。

〔註68〕《孟子》書中三處使用「情」字的地方分別是：《滕文公章句上》「夫物之不齊，物之情也。」《離婁章句下》「故聲聞過情，君子恥之。」《告子章句上》「乃若其情，則可以爲善矣，乃所謂善也。」

〔註69〕〔清〕郭慶藩撰，王孝魚點校：《莊子集釋‧德充符第五》卷二下，中華書局，

「無情」不是沒有情，而是不動情，是一切因循自然，不加作爲，不求得失，這樣也就達到了與「天地與我並生，萬物與我爲一」的境界。

到了西漢時期，作爲儒家學者的董仲舒從天人感應神學目的論的立場出發，推出了性善情惡的理論，並根據情慾的多寡提出了「性三品」說。他認爲，人的性情都是上天賦予的，人性有善有惡是因爲有情的緣故。情是惡的，因此對之必須加以禮義的節制。

魏晉之後，佛教開始在中土廣爲傳播，佛教各派均主禁欲主義，認爲情慾是人們體認佛性的最高障礙。

到了唐代，出現了激烈的反佛思潮。韓愈把董仲舒的「性三品說」繼續向前推進，提出「性情三品」說，並指明了情的內容，即喜、怒、哀、懼、愛、惡、欲，認爲情與性不是截然對立的，要因情見性，該愛則愛，該惡則惡，才能通過情來表現性。可以說，韓愈不僅在「文」「道」關係上企圖走近先秦儒學，就是在「情」「道」關係上也力圖接近孔孟。只是韓愈的這種想法在他的學生李翺的手裏，又出現了逆轉。

李翺認爲，聖人與一般人的區別即在於對情的駕馭，聖人能不被情迷而失其本性，凡人則沉溺於情而迷失本性，認爲情是性之累，這無疑是典型的性善情惡論。

韓愈、李翺的思想對宋代的思想產生了重要的影響。王安石提出「性本情用」的觀點，認爲性是情之本，情是性之用，由此認爲性情一體，認爲善惡都是後天習染的結果。二程則兼綜儒道，主張有情而無情說，認爲物當喜則喜，當怒則怒，只要喜怒之情「順於萬物」而不繫於心，則就是有情而無情。可以說，二程以理言情，是用理來規範情，這也就成爲了以後理學主流的傾向。朱子則進一步借用張載的話分析心性情關係，認爲「心統性情」，心爲主，性爲本，情爲用，情要合乎理，要「存天理，滅人欲」，這仍然表現出了對「情」的不放心。

宋明理學之後，雖然出現對理學的反動，如戴震就曾以情欲爲性而反對理學以理爲性，並在清末民初出現了維新運動和新文化運動的啓蒙，倡導自然人性論，高揚情欲，但由於缺乏系統的哲學論證，終究在學界沒有形成影響巨大的思想潮流。而隨著西方民主與科學觀念的輸入，中國學界對情的分析要麼基於科學的心理學立場，要麼直接用理性來限制情，總之，還是游離

1985 年版，第 221 頁。

於原始儒家對「情」的重視之外。

可以說，中國思想中雖然多數時候表現的是對「情」的不放心，但根源上還是重「情」的；而西方哲學史上，則「情」就一直沒有受到應有的重視。西方哲學從古希臘發源，從柏拉圖的理念論開始，就奠定了西方哲學的主流學術傾向，即形成了理性主義傳統。直到康德、黑格爾，以理性思辨來獲取真理，理性主義始終是主流話語。即便是中世紀的神學時代，托馬斯・阿奎那也主張運用理性論證上帝的存在，直到近代的啓蒙運動依然高舉理性主義大旗。雖然期間也有如休謨的情感主義哲學，但始終處於邊緣地位。直到以尼采、海德格爾爲代表的存在主義思潮和以柏格森的生命哲學的出現，才眞正重視個體情感的存在，形成了席卷世界的哲學思潮，但其論證的方式還是要把情感變成理性的抽象。理性的霸權地位自然引出了對於理性的反動，後現代的解構主義思潮即由此產生。但是後現代主義只重視解構不重視建構，結果就導致了人類精神最後成爲了沒有家園了幽靈。

從以上的分析可以看出，錢穆、李澤厚對「情」的重視，既體現了他們把偏離了儒學正統的中國學術思想回轉到原始儒學的努力，也顯示了他們以中國優秀傳統思想文化解決現代人精神困境的嘗試。他們重視「情」說到底就是重視人，因爲：

> 人之有情乃爲人類一大特點，而天地竟可無情。〔註70〕

第三、都是在西方學術思想催生下產生的具有東方特質的學術論斷。

錢穆生活的時代，是中國傳統學術思想飽受西學衝擊的時代，面對「滾滾而來」的西方學術思想理念，錢穆同時代的很多學者加以搬用、套用，以期用這種方式與世界接軌。錢穆以其深厚的國學素養，結合中國社會的實際，提出了一系列獨特的理解。這些獨特見解中，既有政治方面的，也有學術思想方面的，如在政治方面，不認爲中國秦以下社會是君主專制社會和封建社會；在學術思想方面，認爲中國無哲學而有思想，更反對把「唯物」、「唯心」這樣的西方本體論術語套用在中國學術思想之上，而只是認爲，可以借用西方的分析模式，判定中國思想是「唯道論」。因「唯道論」與「唯心論」、「唯物論」的區別在前文已有闡述，此處從略。

而李澤厚則在深入的思索後，提出了「情本體」的概念。「情本體」是李

〔註70〕 錢穆：《雙溪獨語》，臺北學生書局，1991 年版，第 204 頁。

澤厚在現代本質主義哲學被消解而人類的精神家園也隨之被摧毀的時代背景之下提出的具有解構與重構雙重特性的哲學命題，是李澤厚所認為的「應中國哲學登場了」裏面的中國化哲學。20世紀90年代，李澤厚面對當代人迷失了精神家園的現實困境，提出了區分「兩種道德」──宗教性道德與社會性道德兩分的解決方案。在李澤厚看來，社會性道德是「公德」，是為社會公共秩序服務的道德；宗教性道德是「私德」，是可以解決個人安身立命和終極關懷問題的道德。「社會性」「公德」與「宗教性」「私德」的關係其實是極為錯綜複雜的，二者有時判然有別，並不溝通；有時則互相重合，似為一體。總體而言，「宗教性道德」是外在的「社會性道德」的根基和前提，它約略相當康德的「絕對律令」以及各種宗教裏面的「天國」、「眞主」、「上帝」，它是個體追求的最高價值，常與信仰相關聯，好像是執行「神」（其實是人類總體）的意志，而李澤厚的「情本體」正是與宗教性道德密切相關的提法。在李澤厚看來，「情本體」實際上就是以情為根本，為基礎。而情感的最高指向即是信仰，基於情感的信仰正是宗教的本質，而以此為基礎營建的道德也就可以稱之為宗教性道德。

　　李澤厚對「情本性」的抉發不僅基於現時代的學術背景，更是有得於中國傳統的思想文化。李澤厚曾總結中國文化為「樂感文化」，「樂」是什麼？即是情，「樂感」即是李澤厚所認為的中國文化的共同屬性，中國文化也正是關於「情」、來源於「情」的文化：

> 樂感文化以情為體，是強調人的感性生命、生活、生存，從而人的自然情慾不可毀棄、不應貶低。〔註71〕

> 情本體是樂感文化的核心。〔註72〕

從李澤厚對情本體的闡發我們也不難看出，「情本體」和「唯道論」一樣，都是在西方學術思想催生下產生的具有東方特質的學術論斷。

　　第四、都包涵有人類實踐歷史的內容。

　　錢穆的「唯道論」雖然有著天道人道統統包納的表象，但實際上，錢穆和其他的儒家學者一樣，談天道是為引出與重點論證人道做前提和服務的，

〔註71〕 李澤厚：《實用理性與樂感文化》，生活・讀書・新知三聯書店，2005年版，第79頁。

〔註72〕 李澤厚：《實用理性與樂感文化》，生活・讀書・新知三聯書店，2005年版，第55頁。

錢穆所說的「道」從來都是側重人道的：

> 所謂「道」，主要為「人道」，為人與人相處之道。其惟一基礎，
> 為人與人之一番同情心。〔註73〕

而這個「人道」，錢穆並不像一般理學家那樣，主要從對「天道」的「觀」中得來，錢穆對人道的理解，主要是從對以往民族歷史的品讀與感悟而來：

> 中國人所講一切道理，大都盡是在歷史本身演進中覺悟得來。
> 〔註74〕

正因為如此，錢穆才提出了歷史心與文化心的概念。基於民族實踐的歷史，就可以抽離出古今同然之心，就可以抉發出人之為人的最本質屬性——人道。

李澤厚同樣看重人類實踐的歷史。他對離開人的純粹的客體自然並不感興趣，認為離開人的自然是科學的主題，並認為，哲學在自然面前不可能保持絕對的中立，「天道」只是人道的投射，而人道即由人類的實踐歷史而來。他曾這樣說：

> 我們就生活在我們歷史意識的一種不斷超額影響中。……歷史
> 流傳物和自然的生命秩序構成了我們於其中作為人而生活的世界之
> 統一。〔註75〕

> 所謂「普遍必然性」其實就是歷史的客觀社會性，它不越出人
> 類活動、思維範圍，包括對宇宙、自然的研究，也以觀察者或經驗
> 的人為其不可或缺的要素或方面。理性是歷史地建立起來的。理性
> 的基礎是合理性。〔註76〕

可以說，在李澤厚看來，歷史對現實人類生活的影響是無處不在的，人類實踐的歷史促成了「理性」的產生，根本就沒有脫離人類歷史實踐的「普遍必然性」。

因此，無論是錢穆的「唯道論」，還是李澤厚的「情本體」，都是以歷史為依託的，他們都不認為有可以脫離人類實踐而存在的先驗的本體。

〔註73〕 錢穆：《晚學盲言‧知與情》（下），生活‧讀書‧新知三聯書店，2010年版，第1311頁。

〔註74〕 錢穆：《中國史學發微》，生活‧讀書‧新知三聯書店，2009年版，第89頁。

〔註75〕 〔德〕伽達默爾：《真理與方法》，導言，王才勇譯，李澤厚主編《美學譯文叢書》，遼寧人民出版社，1987年版。

〔註76〕 李澤厚：《人類學歷史本體論》，天津社會科學出版社，2007年版，第90頁。

第五、都具有解構中重構的學術特徵。

前面已經提到，錢穆曾說，中國傳統學術思想可以叫作「唯道論」或「道理一體合成論」，但不能叫作「唯心論」、「唯物論」與「唯理論」。因爲唯心論實質上是唯我論，唯物論實質上是唯理論。唯心論只重視個體的內心而忽視的族類大群，唯物論把人也看成物和唯理論只見天理物理不見人理一樣，人的崇高性都無從體現，因此唯物論和唯理論一樣，都是見物不見人的世界。錢穆既不滿意以個體之心爲中心的唯心論，因爲這樣的理論太「變」太「活」；又不滿意見物不見人的唯物論與唯理論，因爲這樣的理論太「常」太「死」，他所認爲的理想境界應是變中有常，常在變中。就此而言，只有「唯道論」符合這樣的要求。因爲道是行之而然的，是可以由人來選擇的，是在人心同然處尋覓的，是可以溝通古今的。因此，我們可以說，錢穆的「唯道論」具有解構與重構的雙重屬性，錢穆的對「天理」的消解是爲了對「天道」「人道」的重建，正如羅義俊所說，是爲了「重建一個道，重立一個心」。〔註77〕

而李澤厚的「情本體」是由對宋明理學的深刻認識而來：

> 宋明理學對超驗或先驗的理性本體即所謂「天理」「道心」雖然作了極力追求，但在根本上是失敗的。他們所極力追求的超驗、絕對、普遍必然的「理」、「心」、「性」，仍然離不開經驗的、相對的、具體的「情」「氣」「欲」。〔註78〕

宋明理學力圖用超驗或先驗的理性思維掌控世俗人生，維護宗法世界的社會秩序，這樣做雖然取得了一定的成績，但從本質上背離了人性與人情，因此，後來才出現了明末清初的激烈的反抗思潮，戴震的一句「以理殺人」集中地展現了這種以「理」「性」爲本體的思維在現實運作上的困境。可以說，理學的「理本體」、「性本性」同西方傳統的本體論思維是相近的，體現的是一種結構主義思維，李澤厚不滿意傳統的本體論思維對人類精神世界的操控，因此，提出了獨特的「情本體」。

> 理學講「心統性情」。但從程朱到陽明到現代新儒家，講的實際都是「理本體」、「性本體」。這種「本體」仍然是使人屈從於以權力

〔註77〕羅義俊：《錢穆學案》，選自方克立、李錦全主編《現代新儒家學案》（中），中國社會科學出版社，1995 年版，第 398 頁。

〔註78〕李澤厚：《人類學歷史本體論》，天津社會科學院出版社，2010 年版，第 210 頁。

> 控制為實質的知識／權力的道德體系或結構。所以，不是「性」
> （「理」），而是「情」；不是「性（理）本體」，而是「情本體」；不
> 是道德的形而上學，而是審美形而上學，才是今日改弦更張的方向。
> 〔註79〕

從上述引文可以看出，李澤厚對這個「情本體」是非常看重且充滿著信心的。
那麼，什麼是「情本體」呢？

　　李澤厚曾說，「情本體」就是無本體。不說本體，人類精神無所歸依；說
本體，又容易走入僵化死板，唯一的解決方案就是在變動中建本體，這樣得
到的本體才能既具有本質主義哲學的優點又避免其缺陷。於是，李澤厚從中
國傳統文化的源頭，汲取到了以情為本的營養，認為他所說的「情本體」是
這樣的：

> 情本體即無本體，它已不再是傳統意義上的本體。……「情本
> 體」之所以仍名之為「本體」，不過是指它即人生的真諦、存在的真
> 實、最後的意義，如此而已。〔註80〕

即便是一般人所認為的僵化的「理」，李澤厚也賦予了它「情」的屬性：

> 中國傳統雖也強調「理」，但認為「理」由「情」（人情）而生，
> 「理」是「情的外在形式，這就是「稱情而節文」的「禮」。〔註81〕

既然「情」是人生最本真的東西，最根本的東西，那麼，人生境界的最高追
求也應是「情」的自主自由，這樣的境界在李澤厚看來，只能是審美的境界。
也只有在審美的境界中，才可以使人成為人並且與天地同體，如此，心靈也
就得到了最好的安頓。李澤厚凸顯「情本體」的審美性質，正是為了以中國
式的思維解決現代西方哲學的世界性難題。

　　前面大致分析了錢穆的「唯道論」與李澤厚的「情本體」的五個相同之
處，接下來，本文著手分析兩者的四個不同之處：

　　第一、最本質的不同是著眼點的不同，前者著眼的是中國文化的獨特屬
性，後者著眼的是人類哲學的未來走向。因為此前已有分析，此處從略。

〔註79〕 李澤厚：《人類學歷史本體論》，天津社會科學院出版社，2010 年版，第 22
　　　　頁。

〔註80〕 李澤厚：《人類學歷史本體論》，天津社會科學院出版社，2010 年版，第 23
　　　　頁。

〔註81〕 李澤厚：《李澤厚近年答問錄》，天津社會科學出版社，2006 年版，第 225 頁。

第二、錢穆以「中和」爲「情」立法，李澤厚以「度」爲「情」把關。

李澤厚與錢穆都看重「情」在學術思想中的地位，但「情」在思想史上也確實是不讓人「放心」的，因爲，「情」與「性」相比，性是靜的，情是動的；性是體，情是用。正因爲「情」難以把握，所以，把「情」放在學術思想的核心地位，就出現了一個合法性的問題。那麼，李澤厚、錢穆二人又是如何爲「情」把關的呢？

可以說，錢、李二人所談的「情」都是狹義上的情，或者說，是排除物欲、私欲在外的合乎「理」的「情」。但也有細微的差別，表現在：錢穆以「中和」爲「情」立法，李澤厚以「度」爲「情」把關。

《中庸》中對「情」的分析對錢穆產生了很重要的影響，這體現在錢穆在分析「情」的時候，總愛在「中和」的框架下進行：

> 人生有喜、怒，亦有哀、樂，此皆人情。方其存中未發，則不可分，故不謂之「情」而謂之「性」。及其發，始有喜、怒、哀、樂之分，始見「情」。生、老、病、死，可樂亦可哀。可樂自當樂，可哀亦當哀。曾子曰：「慎終追遠，民德歸厚矣。」中國古禮有三年之喪，其哀至矣。然哀而中節，斯即和，亦即一樂。則怒亦即喜，惡亦即愛矣。〔註82〕

錢穆肯定「情」本身的正當性，又在「中和」的框架下，保障了這一正當性。只有發而中節，則情即是性，即是理。

對於李澤厚的「度」，趙士林曾有這樣的分析：

> 「度」就是「掌握分寸，恰到好處」。在李澤厚的人類學歷史本體論中，「度」來自生產技術，呈現了人類歷史實踐的內在特徵，具有本體地位。美是「度」的自由運用，是人性能力的充分表現。關於「度」的本體論闡釋，同「情本體」的闡釋一樣，是李澤厚晚近的重大哲學貢獻。〔註83〕

「度」的自由運用，來自它本身所具有的實踐屬性。正因爲如此，「度」也就總能體現爲拿捏好分寸，掌握好火候，從而表現得恰到好處。不難看出，李澤厚的這個「度」與中國傳統的「中和」說是一脈相承的，只不過，在李澤厚的「度」裏面，明顯讓人看到了人類歷史實踐的作用。

〔註82〕錢穆：《晚學盲言·中與和》，聯經出版事業公司，1998 年版，第 1230 頁。

〔註83〕趙士林：《略論情本體》，《哲學動態》，2011 年第 6 期，第 90～96 頁。

第三、錢穆的「唯道論」走向的是含有藝術的道德境界，李澤厚的「情本體」走向的是含有道德的審美境界。

在錢穆的作品中，我們看不到「審美」這個詞彙，同樣的意思，他只用「藝術」來傳達。在錢穆的很多作品中，都有單獨探討「藝術」的文字，如《現代中國學術論衡》有《略論中國藝術》，中國文化史導論中有《文藝美術與個性伸展》，《湖上閒回憶錄》中有《藝術與科學》，《中國文化論叢》中有《道德與藝術》等。在錢穆看來，中國傳統文化的一大特點是要求人生藝術化，因此，

> 我們要瞭解中國文化之終極趨向，要想欣賞中國人對人生之終極要求，不得不先認識中國文學藝術之特性與內在之精意。〔註84〕

那麼，錢穆所指的人生藝術化是什麼呢？再看錢穆對此的分析：

> 人生本體即是一樂，於人生中別尋快樂，即非眞藝術。眞藝術乃始得眞快樂。周濂溪教二程尋孔顏樂處，此乃中國藝術人生之最高境界。濂溪並未教二程尋孔顏道義。明道教人則曰「吃緊爲人」，不曰：「吃緊爲道義」。此即人生藝術尤高出於道義之上。故樂天知命即道義，即藝術。〔註85〕

在現實人生中，總不忘記對人生之「樂」的追尋，周濂溪對孔顏「樂處」的贊許，即是將人生藝術化的典型範例。

李澤厚也認爲中國文化的本質即是一種「樂感文化」，中國人生總是強調一個「樂」字，將樂觀進取的人生態度視爲最健康的人生態度，甚至是人生最高境界。這種「樂」的文化精神已經化爲中國人的普遍意識或潛意識，成爲李澤厚所謂的文化——心理結構：

> ……「樂」在中國哲學中實際具有本體的意義，它正是一種「天人合一」的成果和表現……人與整個宇宙自然合一，即所謂盡性知天、窮神達化，從而得到最大快樂的人生極致。〔註86〕

雖然同認爲中國傳統文化的特質是要求人生藝術化，以「樂」爲人生極致，

〔註84〕 錢穆：《中國文化史導論·文藝美術與個性伸展》，聯經出版事業公司，1998年版，第181頁。

〔註85〕 錢穆：《現代中國學術論衡》，生活·讀書·新知三聯書店，2001年版，第260～261頁。

〔註86〕 李澤厚：《中國思想史論》（上），安徽文藝出版社，1999年版，第315～316頁。

認為中國文化是道德與藝術並重，但錢穆和李澤厚對道德與藝術二者孰輕孰重的看法還是略有不同的。在錢穆看來，藝術是本於道德的：

> 孔子教人曰：「志於道，據於德，依於仁，游於藝。」中國人論道皆必據德依仁。德與仁乃人性，即人生藝術所本。未有違於人性而得成為藝術者。〔註87〕

無疑，說藝術必須以人性即人道為前提，不能違背人性而談藝術，「違於人性」的也不能成為藝術。因此錢穆進一步說：

> 中國藝術不僅在心情娛樂上，更要則在德性修養上。〔註88〕

> 道德與藝術是人生中最高境界，就人類文化講，藝術必依附於道德。道德始是人生理想之終極實踐。〔註89〕

因此，我們可以說，在錢穆的「唯道論」體系中，最終的指向是包含有藝術的道德境界，或者說是有著藝術的外在形式的道德境界。而李澤厚則不然，他的「情本論」指向的最高境界是含有道德的審美境界。

> 作為樂感文化核心的「情本體」，既非宗教之情，亦非道德之情，而是包容兩者又超越兩者的審美之情。……李澤厚指出「情本體」從審美始，以審美終。將情本體的建設視為文化最高訴求，將審美境界視為人生最高境界，就不能不將美學視為第一哲學。〔註90〕

無疑，李澤厚認為，人類精神最好最適當的與天地合一的方式就是走「以美啟真」之路，如此，一切情感都包蘊於審美之情中。這種情懷就是與天地同有「大美」的情懷。

第四、適用範圍不同，李澤厚的「情本體」主要針對的是宗教性道德即「私德」而非社會性道德的構建，錢穆的「唯道論」主要言說的是中國文化的屬性而非人類文化的共性。

李澤厚很看重「情本體」，認為「情本體」與宗教性道德即「私德」的構建關係非常密切。李澤厚雖然認為宗教性道德即「私德」與社會性道德即「公

〔註87〕錢穆：《現代中國學術論衡》，生活・讀書・新知三聯書店，2001年版，第260～261頁。

〔註88〕錢穆：《現代中國學術論衡》，生活・讀書・新知三聯書店，2001年版，第261頁。

〔註89〕錢穆：《中國文化叢談・道德與藝術》，聯經出版事業公司，1998年版，第278頁。

〔註90〕趙士林：《略論「情本體」》，《哲學動態》，2011年第6期，第90～96頁。

德」之間有著緊密且複雜的關係，但擁有著更多現實考慮的他卻爲「情本體」圈定了適用的範圍，他沒有讓「情本體」直接與社會性道德關聯，他只說：

> 「情本體」主要與「宗教性道德」有關，從而也影響到「社會
> 性道德」的規範建立，因爲我認爲宗教性道德對社會性道德有「範
> 導」和「適當構建」的作用。〔註91〕

在社會性道德的運作中，李澤厚還是主要基於理性，認爲應該是「權利優先於善」：

> 我在《己卯五說》中認爲，「倫理學今天實際也已一分爲二，即
> 以公正（justice）權利（human rights）爲主題的政治哲學——倫理
> 學和以善（goodness）爲主題的宗教哲學——倫理學」（2006年三聯
> 書店版，第248頁）。《歷史本體論》從而提出「善惡與對錯分家」：
> 「明確對錯與善惡有別，不應從後者，不管是儒家的性善論或基督
> 教的性惡論來建立、構造或干擾前者的法律制定和道德裁決」。
> 〔註92〕

把道德兩分，把倫理學兩分，把善惡與對錯兩分，既體現了李澤厚對人類現實世界的清醒認知，也表現了李澤厚曲線救「人」的深層用意。

任何學問都具有時代性，是時代的核心矛盾引生了新的哲學思考。錢穆生活的時代是中國傳統學術飽受西方學術衝擊的時代，爲了給自己民族的文化爭得一席之地，錢穆總是會把整個中國文化視爲整體，來與西方文化進行對比，從而闡發中國文化的獨特價值，引起國內學人對自己民族文化的重視。余英時曾說：

> 錢先生自能獨立思考以來，便爲一個最大的問題所困擾，即中
> 國究竟會不會亡國？〔註93〕

確實如此。錢穆曾在《師友雜憶》中提到自己小學時在果樹學校的一段經歷，他的體育老師錢伯圭曾對他說，《三國演義》一開篇就說天下合久必分、分久必合、一治一亂之類的話，這是中國歷史走錯了路，歐洲的英、法諸國就不是如此，他們是合了就不再分，治了就不再亂，所以我們應向他們學習。錢

〔註91〕李澤厚：《李澤厚近年答問錄》，天津社會科學出版社，2006年版，第212頁。
〔註92〕李澤厚：《李澤厚近年答問錄》，天津社會科學出版社，2006年版，第218頁。
〔註93〕余英時：《猶憶風吹水上鱗——錢穆與現代中國學術》，三民書局股份有限公司，1991年版，第19頁。

伯圭的話使錢穆受到了極大的震動，錢穆自言：

> 余此後讀書，伯圭師此數言常在心中。東西文化孰得孰失，孰
> 優孰劣，此一問題圍困住近一百年來之全中國人，余之一生亦被困
> 在此一問題內。而年方十齡，伯圭師即耳提面令，揭示此一問題，
> 如巨雷轟頂，使余全心震撼。從此七十四年來，腦中所疑，心中所
> 計，全屬此一問題。余之用心，亦全在此一問題上。余之畢生從事
> 學問，實皆伯圭師此一番話有以啓之。〔註94〕

錢穆一生以民族爲本位，關心的都是東西文化孰得孰失，孰優孰劣的問題，雖然錢穆沒有留過學，沒有系統地學習過西方學術思想，但不代表錢穆沒有世界視野。在治學上，錢穆總力著力抉發中國文化的特性，以期達到爲「故國招魂」（余英時語）的目的，由此，他終於得出了中國文化屬於「唯道論」的判斷。

最後需要說的是，「情本體」與「唯道論」本質上是相通的，只不過側重的角度不同而已。「情本體」側重談的是起點處，通向的是審美的境界；「唯道論」側重談的是終極處，通向的是道德的境界。說到底，都是天人合一的境界。以情爲本，目的是在情的發生處思考，爲人道的確立提供最初的依據；唯道論是以人道爲最終追求，而以人情爲最初入手處，於情中見道。就此而言，錢穆也並非如李澤厚所說的「語焉不詳」，而是各有所詳。

5.3.4　錢穆「唯道論」的學術價值

前面已經提出，「唯道論」是錢穆用以闡述他對中國傳統文化思想看法的概念，但這一詞語並非由錢穆最早提出，而且「唯道論」一詞最初也不是用以概括整個中國傳統文化特色，而僅是用於闡述道家學術尤其是老子思想特色。許地山曾在《道教史》中提到：

> 在道教建立以前，古代思想家已經立了多門底道說，其中最重
> 要而與道教有關係底是倡唯道論底道家。〔註95〕

林清泉、周力行等學者也表達過類似的看法。宮哲兵則明確指出：

> 在老子的理論體系中，道是唯一的最高的範疇。甚至於其他學

〔註94〕錢穆：《八十憶雙親師友雜憶合刊》，聯經出版事業公司，1998 年版，第 36
　　　　頁。
〔註95〕許地山：《道教史》，上海古籍出版社，1999 年版，第 11 頁。

派中常常使用的天道、地道、人道、君子之道、用兵之道等，老子認爲它們都是「可道」之道，不是自己創立的唯一的最高的「常道」之道。所以《老子》第一章的第一句是：「道可道，非常道。」由此可見，老子的道論與他同時代的其他道論是不同的；道是唯一的、最高的範疇，所以他的道論可以說是唯道論。〔註96〕

正因爲宮哲兵認爲老子的道論與眾不同，老子的「道」是唯一的、最高的範疇，所以在他看來，老子的道論才是名符其實的「唯道論」。由此，宮哲兵也就得出了如下結論：

道就是中國哲學史的主題，唯道論就是中國哲學史的主幹。

〔註97〕

可以說，錢穆也認爲「道」是中國思想上是最重要的一個概念，「唯道論」是中國傳統文化的典型特徵，但是，這種相近或相似只是表面的，其實卻不然。老子的「唯道論」的裏「道」是「常道」，錢穆「唯道論」所指的「道」雖然與老子的「道」有關聯，但更主要的是指儒家的「道」即「人道」：

中國人做學問，不重分門別類，更重會通和合。非爲求知，乃爲求「道」。所謂「道」，主要爲「人道」，爲人與人相處之道。

〔註98〕

弘揚「人道」，正是孔子儒學的獨特屬性：

孔子之學所重最在道。所謂道，即人道，其本則在心。〔註99〕

因此我們可以說，同是提倡「唯道論」，宮哲兵等人得出的是道家主幹說，錢穆得出的是儒家主幹說。錢穆對儒家主幹思想也曾多次明確表示：

故中國人生徹頭徹尾乃「人本位」，亦即「人情本位」之一種藝術與道德。儒家居正面，道家居反面，乃爲儒家補偏而救弊。

〔註100〕

儒家說造化，說生，是說了此宇宙之陽面。道家說自然，說無，

〔註96〕宮哲兵：《唯道論的創立》》，《哲學研究》，2004 年第 7 期，第 34～40 頁。

〔註97〕宮哲兵：《唯道論的創立》》，《哲學研究》，2004 年第 7 期，第 34～40 頁。

〔註98〕錢穆：《晚學盲言·知與情》（下），生活·讀書·新知三聯書店，2002 年版，第 1311 頁。

〔註99〕錢穆：《論語新解》，生活·讀書·新知三聯書店，2007 年版，第 6 頁。

〔註100〕錢穆：《晚學盲言》（下），生活·讀書·新知三聯書店，2002 年版，第 985 頁。

是說了此宇宙之陰面。〔註101〕

道佛兩家，道家屬思維，佛家雜有信仰但亦多偏於無情。惟儒
家則經驗思維皆有情，故遂為中國文化之大宗。〔註102〕

認為中國整個傳統文化尤其是儒家文化是「唯道論」，就又走回了宋明理學融
「道」家思想入「儒」家思想的傳統理路。以整個中國傳統學術思想為整體，
來對抗西方的學術思想，也正是錢穆對中國文化所做的貢獻。

著眼於整個中國傳統學術的特點，費盡心力分疏「唯物論」與「唯心論」，
提出「唯道論」，不只是因為錢穆不喜歡把西方哲學術語死板地套用在中國學
術思想之上，而是因為錢穆確實是對中國學術思想的本質有所見：

西方有「唯心論」「唯物論」之別。而中國則謂心物同體，心物
一原。凡物各有其德其性，即其「心」。宇宙同體，則互顯己德以為
他用，非毀他德以供己用。〔註103〕

正因為錢穆認為中國學術思想本質上是唯道論，所以錢穆反對馮友蘭理學與
心學的劃分。不僅因為錢穆所認為的程朱理學的「理」不是唯理論的「理」，
就連陸王所說的「心」也不是唯心論的「心」，因為陸王所說的「心」也是兼
體用而言的。就此而言，錢穆的唯道論不僅溝通了中西學術，而且會通了程
朱陸王，更彰顯了中國學術思想的共同本質，這正是唯道論另一個學術價值。

錢穆的「唯道論」的思想也在努力實現著中國學術思想從傳統向現代的
躍進，這還要從錢穆對「道」的理解入手。在錢穆看來，相對於「理」，「道」
更能體現中國人的智慧，因為「道」是行之而然的、是可以選擇的、可以創
造的，是常然與當然的，是可以完成一切的，而「理」則是規定一切的，不
能由人的，是所以然與必然的，因此可以說，「道」的思維比「理」的思維更
靈活，更切合實際，這樣的思維體現的正是現代哲學對於近代哲學的解構，
但「道」卻沒有後現代主義的只解構不建構，而是解構中有建構。從這一點
上說，錢穆的思維是脫胎於中國傳統學術思維，但又超越了他那個時代思維
的一種思維模式。不僅能「綜彙」，而且能「別出」，不僅是朱子學術的特點，
也是錢穆學術的特點。正如羅義俊對此的評價：

〔註101〕錢穆：《朱子新學案‧朱子學提綱》（一），臺北三民書局，1971年版，第58頁。
〔註102〕錢穆：《湖上閒思錄‧經驗與思維》，生活‧讀書‧新知三聯書店，2005年版，
　　　　　第77頁。
〔註103〕錢穆：《晚學盲言‧質世界與能世界》（上），聯經出版事業公司，1998年版，
　　　　　第239頁。

> 道是錢穆儒學思想之最高至大之哲學範疇，其形態是綜合會通、整體渾然。他妙悟通體，承天人合一觀和「體用不二」觀的儒家形上智慧，客觀地總天地萬物、合體用一體而言道。……道是本體存有論的。〔註104〕

5.4「一天人，合內外」的一體化思維

錢穆不僅用「一體兩分，兩體合一」的思維疏解朱子學，也用這種思維疏解整個中國思想。只是在面對整個中國思想文化的時候，錢穆的重點放在了「一」與「合」上，常用「一天人，合內外」來概括中國文化特質，他說：

> 中國文化特質，可以「一天人，合內外」六字盡之。〔註105〕

「一天人，合內外」體現的正是一種一體化思維，羅義俊對此曾有表述：

> 從錢穆的唯道論和心性中心論中，可以發現其所表現的一體性思維是極顯著的。而此一體性思維之內涵，則爲一體兩分、和合成體的哲學思想。〔註106〕

正因爲有了這樣一種一體化思維，在錢穆看來，天人一體，內外一體，古今一體，這，正是錢穆的一體化思維的應有之義：

> 中國人重情不重知。「知之爲知之，不知爲不知，是知也。」人之知，必當同知其所不知。而知與不知融爲一體，道家名之曰「自然」，儒家稱之曰「天」。我之爲我，乃由天命、自然。一天人，合內外，樂天知命，主要在其情。〔註107〕

5.4.1 錢穆的晚年「澈悟」

與中國傳統的天人合一思維相應，錢穆一樣非常看重「天人合一」：

〔註104〕羅義俊：《錢穆學案》，選自方克立、李錦全主編《現代新儒家學案》（中），中國社會科學出版社，1995 年版，第 398～399 頁。

〔註105〕錢穆：《中國史學發微》，生活·讀書·新知三聯書店，2009 年版，第 127 頁。「一天人、合內外」的思想最早由張載提出，他在《橫渠易說·繫辭下》中說：「天人不須強分，易言天道，則與人事一滾論之，若分別則只是薄乎云爾。自然人謀合，蓋一體也，人謀之所經畫，亦莫非天理。」

〔註106〕羅義俊：《錢穆學案》，選自方克立、李錦全主編《現代新儒家學案》（中），中國社會科學出版社，1995 年版，第 415 頁。

〔註107〕錢穆：《晚學盲言·知與情》（下），生活·讀書·新知三聯書店，2010 年版，第 1308 頁。

在中國人，則不說上帝，不說自然，而混稱之曰「天」。但天與
人的問題，是中國思想史上一絕大的問題，我們值得時時注意到。
現在則首先提出兩層意義來說。一、人性既是稟賦於天，因此在人
之中即具有天。二、天既賦此性與人，則在天之外又別有了人。
〔註108〕

他一生無數次闡發「天人合一」，更以晚年所寫的最後一篇文字為代表。

1989 年 9 月，錢穆赴港參加新亞書院創建四十週年慶典，因行動不便，
在港逗留數日期間，多留在旅社中。因有所感而思及「天人合一」這一他一
生中屢次講到的觀念。有一天與夫人錢胡美琦在過道散步時，忽緊握夫人之
手，笑著對夫人說，他這幾天一直在思考一個大問題，並發明了一個從未想
到的大發現，並說這是他晚年的最後的成就。錢夫人很不解，反問他，天人
合一觀不是早已講過多次了嗎？但錢穆卻說，講過的話也可以再講。理解不
同，講法也不同。當天下午，新亞研究所的老校友來看望錢穆，錢穆神采奕
奕地與他們講天人合一，到晚上，仍興奮不已。當時他自言，數日之中對此
觀念有「澈悟」，因而「心中快慰，難以言述」。回臺後，因忙於搬家和對該
文沒有足夠的重視，錢夫人一直沒有協助錢穆寫作此稿。直到 1990 年 4 月，
中華書局創辦八十週年之際，主編來約稿，才促成了一篇文字的寫作。該文
寫完之後，錢穆又多次修改和增訂，才於 1990 年端午節那天，也就是遷出素
書樓前三日交稿。

錢穆在《中國文化對人類未來可有的貢獻》的「前言」中說道：

中國文化中，「天人合一」觀，雖是我早年已屢次講到，惟到最
近始「澈悟」此一觀念實是整個中國傳統文化思想之歸宿處。……
我深信中國文化對世界人類未來求生存之貢獻，主要亦即在此。
〔註109〕

對於錢穆對「天人合一」觀念的這種闡揚與「澈悟」，很多學者都表達了自己
的看法。湯一介說：

錢先生這篇文章短短不到兩千字，但所論之精要，意義之深宏，
澈悟之高遠，實為我們提供研究和理解中國傳統文化的價值之路

〔註108〕錢穆：《中國思想通俗講話·性命》，聯經出版事業公司，1998 年版，第 29
～30 頁。

〔註109〕錢穆：《世界局勢與中國文化·中國文化對人類未來可有的貢獻》，聯經出版
事業公司，1998 年版，第 419 頁。

徑。〔註110〕

湯一介對錢穆晚年這一「澈悟」的理解，與自己對中國傳統文化的理解是高度一致的。

與湯一介從理解中國傳統文化的路徑角度分析錢穆晚年的這一「澈悟」不同，杜維明從另外一個角度分析了錢穆晚年「澈悟」所具有的意義，他說，

（錢穆雖然）是一位突出文化和思想的史學家，但他的晚年「澈悟」卻有著深刻的哲學意義和宗教內涵。〔註111〕

對湯一介、杜維明對錢穆晚年「澈悟」的推崇不同，蔡尚思從中託古改制的視角中，看到了現代新儒家的通病：

我以為第一、康有為的諸子託古改制說，也可以說是諸子主張古今合一的，古只是手段，今才是目的。第二、所謂天人合一觀，不是孔子一人、儒家一家獨有的。先秦諸子多有不同的天人合一觀，而天人合一觀又都是各家託天來創立自己的學說的。……錢穆先生認為中國文化對人類最大的貢獻是天人合一觀，而天人合一觀又是孔子獨有的，這個問題同現代新儒家的肯定孔子是古今中外最偉大的思想家與預言今後世界將會儒家化、也只有儒學能糾正和代替西方文化的看法分不開的，我當另寫一文論述之。〔註112〕

可以這樣認為，對錢穆晚年為之「興奮不已」的「天人合一」觀的「澈悟」，蔡尚思是不以為然的。因為，在他看來，這是作為現代新儒家的錢穆為了高揚孔子思想、中國文化，並預言今後世界將會儒家化所做的「託古改制」，而這，是現代新儒家通行的做法。並且，蔡尚思徑直把錢穆的表述進行了調整：

錢穆先生說：「一切人生盡是天命的天人合一觀」，應當改為「一切天命盡是人生的天人合一觀」，才合事實。因為是先有各種的人生觀而後去假託天命的，是以人託天的，人是假託天命者，天命是被人假託的。〔註113〕

〔註110〕 湯一介：《讀錢穆先生〈中國文化對人類未來可有之貢獻〉》，北京大學學報（哲學社會科學版），1995年第4期，第50～52頁。

〔註111〕 杜維明：《東亞價值與多元現代性》，中國社會科學出版社，2001年版，第30頁。

〔註112〕 蔡尚思：《天人合一論即各家的託天立論——讀錢穆先生最後一篇文章有感》，《中國文化》，1993年第1期，第65頁。

〔註113〕 蔡尚思：《天人合一論即各家的託天立論——讀錢穆先生最後一篇文章有感》，《中國文化》，1993年第1期，第65頁。

其實，就字面來看，蔡尚思對錢穆之言的改動是有道理的，但就深層來說，錢穆所理解的「天命」，從來沒有脫離歷史，所以，錢穆所說的「一切人生盡是天命的天人合一觀」與蔡尚思所說的「一切天命盡是人生的天人合一觀」，並沒有原則性的不同。兩人思想的不同只是在於：蔡尚思認為天命是人的假託，錢穆則認為天命為實有，天命即在人生中。因此可以說，蔡尚思對錢穆的天人觀的解讀還是沒有切入其本人的思想實際。

那麼，錢穆的天人觀念到底有怎樣的內涵與意義呢？下面，本文就對此著手進行分析。

5.4.2「天」之範疇

為了深入理解錢穆的天人關係，有必要從錢穆一生對「天」與「人」的理解入手。接下來，我們先分析錢穆眼中之「天」。

天是中國思想上最古老的範疇，淵源於夏、殷人的帝、上帝觀念，首見於殷商甲骨卜辭及《詩》、《書》等先秦文獻。甲骨文中的帝，是一個主宰一切人事的至上神靈，體現了一種原始的宗教觀念。卜辭中雖有「天」字，但作「大」字解。陳家夢曾指出：

> 卜辭的「天」沒有作「上天」之義的。「天」之觀念是周人提出來的。〔註114〕

隨著社會的發展，「天」開始有了宗教哲學的意蘊。依據現存文本，周代人雖然也「天」「帝」並用，但對「天」的使用頻率已明顯高於「帝」。《尚書》中的從《大誥》到《立政》這11篇中，「天」字共106見，「帝」僅33見。而借助於文本內容我們可以發現，「天」在周代人眼中已具有了價值標準的內涵，即「敬德保民」。西周末到春秋這一段時期，「天」的思想又開始豐富起來，首先表現在以「天」核心，出現了很多成對的範疇，如「天道」「天地」等；其次是天道的下移，人道的凸顯。春秋末期至戰國初期，「天」的含義極大地豐富起來。後世關於「天」的理論幾乎都可以在那個時期找到源頭。孔子對「天」的認知既具有傳承性，又有創新性，反映了一種從自然之天向人文之天轉化的可能與趨勢。《墨子》文本中的「天」雖然有人格神的表象，但「天志」只是墨子推行其學說的手段，說到底是「天志」還是「人志」。在《老子》書中，「天」雖然也有主宰義，但「天」是從屬於「道」的。孟子發展了儒家的「天」，以「天」是

〔註114〕陳夢家：《殷虛卜辭綜述》，中華書局，1992年版，第581頁。

有意志者，把天道與人道相聯繫，使得「天」不僅具有本體論意義，也具有認識論意義。莊子發揮了老子之「天」的自然屬性，主張天人之別，舍人而從天。荀子則徹底剝卻西周以來在「天」上包裹的層層宗教外衣，還原了「天」的自然屬性，在天人相分的思維框架下，主張「制天命」。到了西漢時期，爲了統治的需要，董仲舒又使天人相關起來，只是他走向了另一個極端，即提出天人相通、同類感應的觀念，這在加強了王權統治的同時，又使得人類的思想走上了回頭路。唐代柳宗元、劉禹錫論天，以天與人對舉，都指天文學上的天。宋明理學家言「天」，尤其中程朱理學言「天」，又多了「天即理」的義項。

總而言之，「天」這一範疇在中國思想中，大致有以下幾種含義：

第一、宗教之天。這樣的天，導源於「帝」的觀念，與人類最原始的巫術傳統密切相關，具有人格神的特徵：

> 天乃大命文王，殪戎殷。〔註115〕

> 天之將喪斯文也，后死者不得與於斯文也。天之未喪斯文也，
> 匡人其如予何！〔註116〕

第二、命運之天。這種意義上的天，常與「命」並提，主要指人力無法改變的必然趨勢，含有宿命、運數、因緣等意義。

> 死生有命，富貴在天。〔註117〕

> 莫之爲而爲者，天也；莫之致而至者，命也。〔註118〕

第三、頭頂上那個「蒼蒼者」，即天空，這是常識中之所謂天：

> 天之蒼蒼，其正色邪？其遠而無所至極邪？〔註119〕

這樣的往往與「地」對言，《中庸》說：

> 今夫天，斯昭昭之多，及其無窮也，日月星辰繫焉，萬物覆焉。

> 今夫地，一撮土之多，及其廣厚，載華嶽而不重，振河海而不泄，
> 萬物載焉。〔註120〕

〔註115〕《尚書・康誥》，見《四書五經》，中華書局，2009 年版，第 259 頁。

〔註116〕錢穆：《論語新解・子罕篇第九》，聯經出版事業公司，1998 年版，第 312 頁。

〔註117〕錢穆：《論語新解・顏淵第十二》，聯經出版事業公司，1998 年版，第 425 頁。

〔註118〕孟子：《孟子・萬章章句上》，選自朱熹《四書章句集注》，嶽麓書社，2008 年版，第 420 頁。

〔註119〕〔清〕郭慶藩撰，王孝魚點校：《莊子集釋・逍遙遊第一》，中華書局，新編諸子集成（第一輯），1961 年版，第 4 頁。

〔註120〕錢穆：《大學中庸釋義：朱熹中庸章句》，《四書釋義》，聯經出版事業公司，

第四、指自然之天，指整個自然世界，這樣的「天」常與「人爲」對擧。
莊子書云：

> 何謂天？何謂人？⋯⋯牛馬四足，是謂天；落馬首穿牛鼻，是
> 謂人。〔註121〕

第五、指義理之天，人類可以通過它的運行總結出人類的生存法則，這
樣的天常與「道」、「命」、「性」等並提：

> 盡其心者，知其性也。知其性，則知天矣。〔註122〕

> 誠者，理之在我者皆實而無僞，天道之本然也。〔註123〕

> 性則心之所具理，而天又理之所從以出者也。〔註124〕

5.4.3 錢穆天人觀的內涵

錢穆眼中之「天」，有自然之天與義理之天的傳統義項，但更多了一重他
自己的理解，即歷史之天。以歷史爲天，歷史知識爲現世人生的運行法則，
這是錢穆天論的最獨特之處。

> 天地萬物，如一大圓體。自人類言，其中心乃在各自之一「己」。
> 中國人言：「一天人，合內外。」此天地萬物，由己爲之中心，乃能
> 一，乃能合。此言非具體，乃抽象。而己之爲天地中心者，非非「身」，
> 乃其「心」；但非西方哲學「心物對立」之「心」。〔註125〕

在「歷史之天」的觀念下，「己」在天地萬物之中，爲天地萬物的中心，「己」
之「心」即體現了「天」之廣蘊。從民族歷史文化中感悟天，所以，天中有
己，己中有天，天人一體，兩者渾然一體，不可分割。「天」和「人」的關係，
自然就可以認爲是一種內在的關係：

> 爲什麼必須把「天」和「人」配合起來講？我認爲，這正是因

第383頁。

〔註121〕〔清〕郭慶藩撰，王孝魚點校：《莊子集釋‧秋水第十七》，中華書局，新編
諸子集成（第一輯），1961年版，第590頁。

〔註122〕孟子：《孟子‧盡心章句上》，選自朱熹《四書章句集注》，嶽麓書社，2008
年版，第477頁。

〔註123〕朱熹：《四書章句集注‧孟子集注》離婁章句上，嶽麓書社，2008年版，第
385頁。

〔註124〕朱熹：《四書章句集注‧孟子集注》滕文公章句上，嶽麓書社，2008年版，
第343頁。

〔註125〕錢穆：《晚學盲言》（上），聯經出版事業公司，1998年版，第65頁。

爲中國古人認爲「天」與「人」的關係是一種內在關係。〔註126〕
「天」與「人」關係爲何是一種內在關係？這就與錢穆對「人」的理解有關
係。與對「天」的理解相應，錢穆雖然有時也從生物學角度闡發人的特性，
但更多時候，錢穆所說的「人」是文化之人，是大人，這裡面依然有著歷史
思維。在錢穆看來，「天」的觀念由人類發展的歷史搏成，個體的「人」就生
活在歷史的天空之下，是歷史將「天」與「人」融爲一體，忘卻歷史，割斷
歷史脈絡之人，都相當於逆天而行，是不得中道的。天爲大生命，人爲小生
命，合天人是眞生命，生命哲學由此生發。所以，歷史之學就是關於天的學
問，關於人的學問，是通達「天人之際」的最重要途徑。這樣，還是在歷史
思維之下，錢穆所理解的天人關係也呈現出與眾不同的樣態。

但也有學者對錢穆眼中之「天人觀」有著不同的理解，朱寰曾對錢穆的
天人觀進行仔細研究，認爲錢穆的天人觀有著先後不同：

> 錢穆早年傾向於從人與自然、人與人關係的角度解讀「天人合
> 一」，將儒家精神理解爲道德人文精神，體現出他作爲史學家注重經
> 驗事實、輕視形而上學的特點。就此而言，錢穆與新儒家之間的分
> 歧較爲明顯。然而在晚年，錢穆對「天人合一」有了新認識，即從
> 超越的、形而上的角度理解儒家精神，體現出濃厚的宗教內涵，這
> 是他側身新儒家之列的重要佐證。

並解釋說：

> 錢穆多次將天命與天互換使用，而又沒有對天命作出解釋，顯
> 然是默認了這一概念的約定俗成的涵義。在傳統思想中，天命即是
> 天之意志。在錢穆所引用的《論語》有關天的詞句中，天就是意志
> 之天。「天人合一」就是「天命與人生合一」，這種合一不再是一種
> 基於生物原因的、天然的不可分性。〔註127〕

很明顯，朱寰認爲錢穆晚年所理解之天是「意志之天」，是同於原始儒學的。
這樣，錢穆晚年在境界上，也就走向並接近了孔子，這個論斷是正確的。只
是這段話中有值得商榷之處：我們可以說錢穆的晚年「澈悟」具有濃厚的宗

〔註126〕湯一介：《讀錢穆先生〈中國文化對人類未來可有之貢獻〉》，北京大學學報（哲
學社會科學版），1995 年第 4 期，第 50～52 頁。

〔註127〕朱寰：《錢穆天人觀的轉變》，青島大學師範學院學報，2004 年第 3 期，第 12
～16 頁。

教內涵，但我們不可以說「這種合一不再是一種基於生物原因的、天然的不可分性」。事實上，錢穆固然早期重視生物進化論，思想中有著明顯的進化論的痕跡，但錢穆一生都沒有把精神與物質相分割。因此，我們不能說他早年的天人觀只是「基於生物原因的、天然的不可分性」，他晚年的天人觀完全沒有了物質與精神相為依託的內涵。在天人關係的理解上，錢穆的思想是逐漸深入而非有前後截然的不同，只不過，在表述上時有側重而已。無論是錢穆早期的還是晚期的天人觀，都是建基於史學，這是一以貫之，自始至終而皆然的，只不過在晚年的「澈悟」中，有了境界上的提升而已。錢穆之所以一生都以史學為根基，用羅義俊的話說就是他要

> 重建一個道，重立一個心，「是要合天人內外為一個大本體」，
> 重建中國「以往最高領導全體人生的（儒家）思想大傳統」。〔註 128〕

5.5　四部之學的融通——義理、考據、辭章相得益彰的學術樣態

錢穆曾這樣評價朱子學：

> 中國學術史上，中晚時期，只有朱子一人，綜合了經史子集四
> 部之學。〔註 129〕

其實，錢穆自己也是綜合了經史子集四部之學之人。在錢穆去世之時，他的學生逯耀東曾繞室而行，口中喃喃自語：

> 絕了，絕了，四部之學從此絕了！〔註 130〕

當然，逯耀東的感歎有些絕對化，但至少說明了一個問題，即錢穆的確在四部之學方面卓有建樹。劉夢溪也說：

> 中國現代學者中的一些最出色的人物，往往在致力於某一學科
> 領域的專精研究的同時，又自覺不自覺地在打開學科間的限制。……
> 錢賓四之為學，固然有融通四部之大目標。〔註 131〕

〔註 128〕羅義俊：《錢穆學案》，選自方克立、李錦全主編《現代新儒家學案》（中），中國社會科學出版社，1995 年版，第 398 頁。

〔註 129〕錢穆：《中國學術通義‧朱子學術述評》（增訂三版），臺灣學生書局，1982 年版，第 132 頁。

〔註 130〕逯耀東：《夫子百年——錢穆與香港的中國文化傳承》，選自李振聲編《錢穆印象》，學林出版社，1997 年版同，第 124 頁。

〔註 131〕劉夢溪：《中國現代學術要略》，生活‧讀書‧新知三聯書店，2008 年版，第 109 頁。

宏通四部之學的意義不在於掌握了更多的知識，而且因爲得到了更「全面的」營養，因爲，四部之學本就是一體，學問本就是觸類旁通的。融通了四部之學之後，錢穆的學術也呈現了非同尋常的景觀，這就是義理、考據、辭章三個方面的相得益彰。

5.5.1 錢穆對義理、考據、辭章關係的闡發

　　義理、考據、辭章三者應協調發展、相得益彰的觀點，由清代桐城派的領袖姚鼐明確提出：

> 余嘗謂學問之事，有三端焉，曰：義理也，考證也，文章也。
> 是三者，苟善用之，則皆足以相濟；苟不善用之，則或至於相害。
> 〔註132〕

其實，在姚鼐之前早就已經出現過類似的提法。在西漢時的經學研究方面，曾以章句、義理和訓詁三者爲三門分支學科；到北宋之時，隨著學術的發展，就已出現了文章之學、訓詁之學與義理之學的分野，但那時已出現了厚此薄彼的情形，理學家程頤就曾明言：

> 古之學者一，今之學者三，異端不與焉。一曰文章之學，二曰
> 訓詁之學，三曰儒者之學。欲趨道，舍儒者之學不可。〔註133〕

程頤所說的「儒者之學」，即相當於義理之學，由程頤對義理之學的尤爲看重也可見出當時學界重視義理而輕視辭章和考據的現狀，由此，朱子能博通四部之學，義理、考據、辭章三者並重的傑出之處也就凸顯出來。只是，早已就有的學術弊端到了錢穆寫作《新學案》時，又凸顯了出來，正因爲如此，錢穆力主義理、考據、辭章三者應協調發展、相得益彰的觀點以及以著作踐行這一主張的卓越之處也就彰顯出來。

　　錢穆在寫作《新學案》期間，曾與好友楊聯陞有過多次書信往來，藉以切磋學問，暢談心得與想法。在其中的一封書信中，他表達了自己對朱子學認識的同時也表示了對於中國學界不合理現狀的一種憂慮，他說：

> 近人習於放筆爲文，於此義理極精微考據極錯縱之問題之下，
> 而下筆力求涵蓄，弦外之音，其能欣賞玩味者又有幾人？因此知義

〔註132〕姚鼐：《述庵文鈔序》，《惜抱軒全集》（卷四），中國書店，1991年版，第46頁。

〔註133〕程顥、程頤：《二程遺書》卷十八，上海古籍出版社，1992年版，第145頁。

　　理、考據、辭章三者皆備之說，其事極不易企，戴東原、姚惜抱皆
　　徒有此說耳。朱子以下惟清初顧亭林堪有此境。〔註134〕

在此，錢穆主要表示的是學者對於辭章之學的重視不夠或是在此方面的學養
不足等現狀的憂慮。在錢穆看來，義理、考據、辭章三者皆是治學不可分割
的三個方面，但對於這種郅境，卻沒有幾人能達到。尤其是近代學者，他們
治朱子學只是顧此失彼，而於義理、考據、辭章皆備的朱子學文本，卻沒有
幾人能整體把握與駕馭，如此，如何能眞正地研治朱子學？其實，當時學界
的弊端不僅僅表現在輕視辭章之學，而是不能從整體上或認識到義理、考據、
辭章三者合一的重要性，於是出現了各有所偏的情形，僅在史學界，就有如
下的情形：

　　今日中國之史學，其病乃在於疏密之不相遇。論史則疏，務求
　　於以一言概全史。……而考史之密則又出人意外。……考史之密與
　　夫論史之疏，兩趨極端，何時而始有會通合一之望，其事將如河清
　　之難俟。〔註135〕

「疏密之不相遇」說的義理與考據之分離不合，用《國史大綱》中的提法，「革
新派」之史學即體現爲「疏」，「科學派」或曰「考訂派」之史學即體現爲「密」，
但都是「疏密不相遇」。「會通合一之望」體現的即是錢穆的義理、考據、辭
章的會通合一的學術主張，這也正是錢穆治學上的一貫主張。在錢穆執教北
大期間，可以說，「科學派」之史學是大行其道的，但在錢穆看來，

　　考訂派則震於科學方法之美名，往往割裂史實，爲局部窄狹之
　　追究。以活的人事，換取死的材料……既無以見前人整段之活動，
　　亦於先民文化精神，漠然無所用其情。彼惟尚考證，誇創獲，號客
　　觀，既無意於成體之全史，亦不論自己民族國家之文化成績也。
　　〔註136〕

爲此，錢穆深入分析了這種學術弊病產生的原因：

　　此數十年來，國內學風，崇拜西方之心理，激漲彌已，循至凡
　　及義理，必奉西方爲準則。一若中西學術，分疆割席……治中學者，
　　謹願自守，若謂中國學術，已無義理可談，惟堪作考據之資料。……

〔註134〕錢穆：《素書樓餘瀋》，聯經出版事業公司，1998年版，第230～231頁。
〔註135〕錢穆：《中國學術通義·張曉峰中華五千年史序》，九州出版社，2011年版，
　　　　第160頁。
〔註136〕錢穆：《國史大綱》，商務印書館，1996年版，引論。

故鄙言義理者，其實則尊奉西方人義理為莫可違異耳。盛言考據者，其實則蔑視本國傳統，僅謂是一堆材料，僅堪尋隙蹈瑕，作為其所謂科學方法者之一種試驗與練習耳。〔註137〕

正因為有鑒於此種學術弊端對於本國學術傳統的巨大危害，所以錢穆多次談到義理、考據、辭章三者協調發展的重要性：

從前中國古人講學問，把來分成為三個部門：一稱義理之學，一稱考據之學，一稱辭章之學。……提出此學問三分法的，乃在清代乾隆時，有兩位可說是當時的大學者，一是戴震東原，一是姚鼐姬傳。……但姚、戴兩人又有同樣一個意見，說此三者不可偏廢。如講義理之學，不能廢了考據、辭章之學。講考據之學，也不能廢了義理、辭章之學。……我想三者不可偏廢，應可有兩個講法。一是講學問之類別。……亦可從學問之成分上講。任何一項學問中，定涵有義理、考據、辭章三個主要的成份。此三者，合則成美，偏則成病。〔註138〕

錢穆從學術發展的歷史入手，先談義理、考據、辭章三分法遠有學術淵源與傳統，然後講明自己對這一傳統的認識。其中最重要的，是錢穆在談論三者「不可偏廢」的關係的同時，還對三者的內容做了一個大致的考量，即認為義理、考據、辭章可以從學問類別上講，也可以從學問成分上講。

從學問類別上講，義理之學、考據之學、辭章之學都是關於人生的學問，因此不可偏廢任何一類學問。在錢穆看來，若依據現代學術分科，義理之學相當於哲學，考據之學相當於史學，辭章之學相當於文學。但這只是錢穆依據現代學術分科進行的分疏，其實，在錢穆多數時候談到的義理之學是另有意指的。他反對用哲學解釋義理之學，因為在錢穆看來，哲學是西方二元對立思維的產物，中國的義理之學則不然：

中國人言義理，主要在言人生。言人生，主要在言學問工夫。言學問工夫，主要在此一心。〔註139〕

義理有一目標，必歸宿到實際人生上。孔孟思想之可貴正在此。〔註140〕

〔註137〕錢穆：《學籥・學術與心術》，聯經出版事業公司，1998年版，第168～169頁。
〔註138〕錢穆：《中國史學發微・史學導言》，聯經出版事業公司，1998年版，第42～43頁。
〔註139〕錢穆：《宋明理學三書隨箚》，生活・讀書・新知三聯書店，2002年版，第30頁。
〔註140〕錢穆：《中國史學發微・史學導言》，聯經出版事業公司，1998年版，第51頁。

因此，可以說，錢穆所說的義理之學是與人生實際密切相關的人道之學。不僅義理之學關乎的是人道思想，以辭章爲內容的文學也是如此：

> 文學辭章之內容，主要在人之「情感」。〔註141〕

> 講到集部，即辭章之學，詩也好，文也好，一切也應歸宿到人生上。〔註142〕

正因爲文學主要表現的即是人生實際中的「情感」，而「情感」在錢穆看來又是人生之道眞正載體，所以，錢穆認爲文學即人學，認爲文學也有「心」，是爲「文心」：

> 文心即人心，即人之性情，人之生命所在。故亦可謂文學即人生，倘能人生而即文學，此則爲人生之最高理想，最高藝術。〔註143〕

不僅義理之學、辭章之學關乎人生實際，是心學，歷史學更是如此。作爲史學大家的錢穆曾在無數場合、不同著作中，反覆強調史學的人本屬性：

> 歷史是一種經驗，是一個生命。更透澈一點講，歷史就是我們的生命。〔註144〕

> 史學是一種生命之學。〔註145〕

可以看出，錢穆所說的歷史或史學是在廣義的層面上的概念。他並不將考據之學僅視爲對文字、史料等進行單純的音韻、訓詁、校勘和考證，而是包括歷史知識在內。正因爲如此，研究史學，他也特別強調史心：

> 歷史不外乎人事，而人事全本人心。無此心即不復有此事，故治「史學」當以「心學」爲主。人心之積而爲史心。無所見於人心，而謂有所見於史心，天下無此理。無所見於史心，而治史，則史者一堆堆之事變，亦日陳人之陳跡而止耳。〔註146〕

如此說來，無論是人道思想爲核心的義理之學，還是以歷史知識爲重點的考據之學，抑或是以爲語言表達爲內容的辭章之學，本質上都是人學，都是心學。因此，三者本就是一體，不應厚此薄彼。但三者之中，各自的職能還是

〔註141〕錢穆：《中國史學發微‧史學導言》，聯經出版事業公司，1998年版，第47頁。

〔註142〕錢穆：《中國史學發微‧史學導言》，聯經出版事業公司，1998年版，第51頁。

〔註143〕錢穆：《中國現代學術論衡‧略論中國文學》，生活‧讀書‧新知三聯書店，2001年版，第246頁。

〔註144〕錢穆：《中國歷史精神》，九州出版社，2010年版，第10頁。

〔註145〕錢穆：《中國歷史精神》，九州出版社，2010年版，第13頁。

〔註146〕錢穆：《孔子與論語》，九州出版社，2011年版，第228頁。

分明的：

> 「義理」教我們德行，「辭章」培養我們情感，「考據」增進我
> 們之知識。須德行、情感、知識三方皆備，才得稱爲一成人。〔註147〕

> 考據應是考其義理，辭章則是義理之發揮，經濟乃義理之實際
> 措施，則不啻謂一切學問，皆以義理作中心，而義理則屬做人之道，
> 仍是重人過於重學之見解。〔註148〕

這是錢穆談義理之學、考據之學、辭章之學的眞見解。可以說，義理、考據、辭章從學術分類的角度來談，不能厚此薄彼，但很多時候，這三者是在同一部著作中有統一的整體，是學問內部必不可少的成分。在研治朱子學之時，錢穆就曾就學者對義理、考據、辭章不能全面解讀的憂慮：

> 積月以來，專究「朱陸異同」一案；殊怪前人於此不論，尊朱
> 尊陸都皆憑己見，考之不精不備，以此終無定論。良因治義理之學
> 者，每輕視考據；而從事考據，又多置義理於不談。〔註149〕

在錢穆看來，朱子的著作堪稱義理、考據、辭章會通合一的典範，他的《韓文考異》就是一例。錢穆說：

> 故朱子之校韓集，不僅訓詁考據一以貫之，抑考據義理文章亦
> 一以貫之矣。〔註150〕

但治朱子學者，卻往往不能兼顧此三者。對於朱子學中「朱陸異同」這樣一重要學術公案，研究者竟在沒有精備地考證的基礎上，依據己見隨意解讀，這樣的學弊，如何不讓人擔憂？其實，想做到義理、考據、辭章並重也不難，這就是在學習的過程中要放開視野，勇於學習：

> 須知做學問應先有一廣大基礎，從多方面涉獵，務使自己能心
> 智開廣。若一意研究史學，而先把文學方面忽略了。又若一意研究
> 文學，而先把史學方面忽略了。又若一意研究思想，而不知歷史，
> 不通文章。如此又何能成得學？……故知我們從事學問，開頭定要

〔註147〕錢穆：《中國史學發微·史學導言》，聯經出版事業公司，1998 年版，第 57頁。

〔註148〕錢穆：《歷史與文化論叢·學與人》，聯經出版事業公司，1998 年版，第 152頁。

〔註149〕錢穆：《素書樓餘瀋》，聯經出版事業公司，1998 年版，第 230 頁。

〔註150〕錢穆：《朱子新學案·朱子韓文考異》（五），臺北三民書局，1971 年版，第238 頁。

> 放開腳步，教自己能眼光遠大，心智開廣。當知一切學問，並未如
> 我們的想法，好像文學、史學、哲學，一切界限分明，可以互不相
> 犯，或竟說互有牴觸。當知從事學問，必該於各方面皆先有涉獵，
> 如此才能懂得學問之大體。〔註151〕

其實，就目前學界現狀來說，固然有對義理或考據輕視的情形，但相比之下，對辭章的輕視更為普遍，而辭章卻是無往而不在的：

> 中國古人說：「有德必有言」言就該是辭章。〔註152〕

> 「史所載事者，事必藉文而傳，故良史莫不工於文。」……諸
> 位要學歷史，首先宜注重文學。文學通了，才能寫書。……講史學，
> 不僅要史才、史學、史識、史德，而更又講到要文章，這又是章實
> 齋之深見。所以章實齋著書，取名《文史通義》。〔註153〕

作為為學的一個要件，通一些辭章之學的好處至少可以體現在兩大方面，一是讀，一是寫。不通辭章之學，就不能讀出文字深含的義理或把握作者行文思路；不通辭章之學，也寫不出足以因辭達意的文字或能讓讀者更好地理解自己義理的文字。就此而言，在現時代的背景之下，重提錢穆的義理、考據、辭章並重的治學主張，是具有很大的現實意義的。

5.5.2 義理、考據、辭章相得益彰的學術樣態

錢穆不僅在治學上有義理、考據、辭章應會通合一的主張，而且在實際的著述中也身體力行地踐行著這一主張。我們不能說錢穆所有的著作都堪為典範，但至少其中有相當一部分著作堪稱典範。

首先，從學術分科的角度講，錢穆在義理、考據、辭章三個方面都有足以名世的作品。在狹義的考據學方面，有《先秦諸子繫年》、《劉向歆父子年譜》、《兩漢經學今古文平議》、《莊老通辨》；在廣義的考據學即史學方面，有《國史大綱》、《中國歷史精神》、《國史新論》等；在義理之學方面，有《中國近三百年學術史》、《中國學術思想史論叢》、《中國思想史》、《朱子新學案》、

〔註151〕錢穆：《中國學術通義·關於學問方面之智慧與功力》，九州出版社，2011年版，第283～284頁。
〔註152〕錢穆：《中國史學發微·史學導言》，聯經出版事業公司，1998年版，第44～45頁。
〔註153〕錢穆：《中國史學名著·章實齋文史通義》，聯經出版事業公司，1998年版，第403～404頁。

《論語新解》、《晚學盲言》；在辭章之學即文學方面，有《中國文學論叢》、《湖上閒思錄》、《論語文解》，等等。

其次，從學問內在的成分來看，錢穆的作品更多時候是義理、考據、辭章三者能有機地統一在一起。義理方面因為前文已大量提到，所以不再展開說；在考據、辭章方面，錢穆也總是力圖把這二者發揮到極致。

先說考據。作為學問的一個內在成分的考據，主要是指材料確鑿、言有所本。以《朱子新學案》為例，錢穆雖把重點放在對朱子學義理的闡發上，但錢穆考據之功也時時可以展現。這一方面體現在錢穆總是力圖「就朱子原書敘述朱子」，而不是空發議論；另一方面體現在錢穆時時對有爭議的學術問題進行材料的眞偽辨別，如對中和舊說與中和新說在時間上的考證，對王陽明「晚年定論」所依據材料的時間的考訂，都顯示了錢穆治學紮實、言必有據的特點。

接下來，本文重點要談的是辭章的問題，錢穆曾說：

> 做一切學問，都該通辭章。辭章之學至少能因辭達意。〔註154〕

確實如此，因為這個問題無論是在錢穆當時的學界還是眼下的學界，意義都是非同尋常的。只要稍微留心一下眼下的學術著作即可看到，辭不達意、語句不通、行文不講章法等現象，可以說俯拾皆是。所以，本文有必要借錢穆的著作，展現一下什麼是義理、考據、辭章的會通合一。

作為學問內在成分的辭章，整體上包含字、詞、句、章等各個環節。古人早有鍊字的提法，廣為傳頌的賈島的「反覆推敲」就是一例。所謂鍊字，其實就是對語言的斟酌，就是用最經濟、最適當的字詞，最恰當地傳達最豐富的含義。錢穆很重視語言的斟酌，在不同類型的文章中，他所使用的語詞及語言風格是不一樣的。在講稿類的著作中，他總能針對受眾的特點，力求語言通俗、直白、準確而簡練；而在純學術著作中，他則盡量使用書面用語，用詞精當，用語典雅；而在隨筆類的文章中，他又喜歡用富於詩情畫意的語言展現自己豐富的內心世界及優美、蘊藉的文風。

除了在遣字造句上總能努力斟酌外，在行文的布局安排上錢穆也是很講究的。我們通常所說的行文技法，如開門見山、首尾呼應、起承轉合、對比反襯、詳略得當、重點突出等，在錢穆的著作文章中是經常可以見到的。錢

〔註154〕錢穆：《中國史學發微‧史學導言》，聯經出版事業公司，1998 年版，第 53 頁。

穆在完成了五大卷本的超百萬字的《朱子新學案》之後，因考慮到讀者可能會畏其繁瑣，於是又寫了一個近十萬字的「提綱」冠於卷首。對於這個後來發行了單行本的「提綱」，楊聯陞曾盛讚說，胡適之恐怕是寫不出來的。錢穆在辭章之學方面的功力可見一斑。

下面，就以幾段文字為例，來具體分析錢穆的辭章之學：

> 古代生活如看走馬燈，現代生活如看萬花筒，總之是世態紛紜，變幻無窮。外面刺激多，不期而內面積疊也多。譬如一間屋，不斷有東西從窗外塞進來，塞多了，堆滿了一屋子，黑樾樾，使人轉動不得。那裡再顧得到光線和空氣。現代人好像認為屋裡東西塞實了是應該的，他們只注意在如何整疊他屋裡的東西。古代人似乎還瞭解空屋的用處，他們老不喜讓外面東西隨便塞進去。他常要打量得屋宇清潔，好自由起坐。他常要使自己心上空蕩蕩不放一物，至少像你有時的一個禮拜六的下午一般。憧憬太古，迴向自然，這是人類初脫草昧，文化曙光初啟時，在他們心靈深處最易發出的一段光輝。一切大宗教大藝術大文學都從這裡萌芽開發。〔註155〕

上引文字選自錢穆在 1948 年太湖之畔寫作的《湖上閒思錄》，錢穆在此主要談的是藝術與科學的問題，這段文字的好處在於作者能綜合運用多種表現技巧為文中的「義理」服務，使「義理」更加突出、形象、有說服力。

第一種技巧是在句式的使用上。作者使整句與散句交錯，長句與短句並用，如第一句中，「古代生活如看走馬燈，現代生活如看萬花筒，總之是世態紛紜，變幻無窮。」這樣，就使得行文既流暢又富於變化，頗具音韻之美，不顯死板。

第二種技巧是注重行文之間的起承轉合，或者說非常注意字句之間的過渡銜接。我們可以看到，文中的每一個句號的前後均有語詞上的銜接，因此，這段文字看上來是文脈貫通，思路清晰。

第三種技巧是注意到了語詞的選用，時而使用典雅蘊藉的書面語詞，如「初脫草昧」、「曙光初啟」，時而使用生動活潑的日常語詞，如「塞多了」、「堆滿了一屋子」、「黑樾樾」。之所以在同一篇文章中會用不同的語言風格的語詞，是為了表達的需要。我們可以看到，錢穆在談一般性的理論裡，多用書面語，在舉例論證或設論證時，為了生動、富於生活化的表達效果，錢穆多

〔註155〕錢穆：《湖上閒思錄》，生活・讀書・新知三聯書店，2005 年版，第 20 頁。

使用一些口語詞。

因此，不能不說，錢穆在寫文章時，無論是遣詞造句，還是布局謀篇，都是有著精心的思考與設計的。

下面再分析一例：

> 上次講《尚書》，今天還有些話該補充。我曾告訴諸位，書須懂得一部一部的讀。譬如《書經》，若能辨其眞僞，除去《虞》、《夏》、《商書》，特別注重《西周書》，這樣便易讀，對此書內容更易清楚。其次，讀一部書，該要進一步瞭解此書的作者。從事學問，不能只看重材料。若只看重材料，便可不要一部一部地去讀書。書不要讀，只須翻便是。若要一部書一部書的讀，便該瞭解這一作書之人。每一部書應作一全體看，不專是零碎材料的拼湊，不專爲得些零碎知識而讀書。我們必須瞭解到每一書的作者，才懂得這一書中所涵蘊的一種活的精神。即如我此刻講《尚書》，或許會和別人講法不同。此因講的人不同，所講內容及其精神便會不同。諸位不要認爲學問則必是客觀的，其中也有做學問人之主觀存在。即科學亦復如是，文史之學更然。應知學問背後必然有一個「人」。自然科學背後也要一個人，只是其人之個性較不透現。如做一杯子，只是一杯子，此是兩手或機械所成，人性表現較少。文史之學背後，則每有一種藝術存在，或說精神存在，所以我們讀文史方面每一書，必定要讀到此書背後之人。〔註156〕

上引文字出自《中國史學名著》的第二講「春秋」。這篇文字本是由上課的講稿整理而成，正因爲如此，所以行文的流暢性與語言的生動性就體現得更爲明顯。教學過程講究的是「溫故知新」。所以，錢穆在文章一開始即首先回顧了上次課的內容，並爲上次的內容做了必要的補充。而補充的內容在不只一點的情況下，就以如「其次」、「亦」、「更」、「所以」這樣的標誌性語詞顯示思路。如此，不僅聽者知道你在講什麼，自己也知道自己在講什麼。以上提到的是錢穆在行文上的流暢性的特點，接下來說語言的生動性。我們可以注意到，這段文字根本就沒有長句。長句固然可以表意嚴密，但不適合於口頭表達與直接聽受，因此，作者通篇都使用短句和口頭語言進行表達，這樣語言既生動又便於理解，而且，這段文字中也絲毫見不到古奧的詞語，這種語言風格正符合講稿特點。

〔註156〕錢穆：《中國史學名著》，聯經出版事業公司，1998 年，第 17～18 頁。

5.5.3 師者錢穆

75 年的從教歷程，歷練了錢穆這位眞正的師者。那麼，什麼是「師」，「師」又有哪些內涵呢？我們還是從錢穆自己的闡發入手。

錢穆對「師」的理解基於他對「道術」的理解。他曾這樣說：

> 「道」、「術」二字聯用，乃是同義詞，猶云路。《莊子・天下篇》有云：「古之所謂道術者」，又曰：「道術將爲天下裂」，皆指學問行爲言，此即合用之例。若分別用，則義訓有別。道指義理，義訓方法。凡有關從事學問之方向，及其所應到達之目標等，應屬「道」，即凡論該做何等樣學問，或論學問之意義與價值等，皆屬之。但依此方向，達此目標，亦非簡單一步可冀，此中盡有層次、步驟、曲折、艱難，此屬方法問題，即是學問之「術」。簡言之，該做何等學問是道，應如何去做是術。〔註157〕

在這裡，錢穆分別從「合」和「分」兩個方面角度解讀了「道術」的含義，之所以如此，一方面是因爲他一貫擁有著「一體兩分、兩體合一」思維，另一方面，這也與他對中國傳統學術的理解和一貫的治學主張一脈相承。從「合」的方面說「道術」，是爲了闡明天下學術一源、殊途而同歸的特點；從「分」的方面說「道」與「術」，是爲了他後面的「道術兼盡」的主張作張本。在錢穆看來，「道」與「術」固然可以分言，但只有「道術兼盡」才是爲學的最高境界，因此，也只有達到如此境界之人，才稱得上是眞正的「師」。這樣的「師」，不僅是「人師」，也是「經師」。那麼，「人師」與「經師」有何區別呢？

> 僅能講授經籍，能口說，不能躬行，此只得稱「經師」。須能以身作則，由自身來實踐，來代表此項大理論，即此項爲人之道者，始得稱「人師」。〔註158〕

在錢穆看來，宋以前，只有孔子堪有此境：

> 自古論學，惟孔子能道、術兼盡，孟、荀以下，便不免各有偏重。孟子似偏重道，荀子似偏重術。⋯⋯孔子亦自云：「下學而上達，

〔註157〕 錢穆：《中國學術通義・泛論學術與師道》，九州出版社，2011 年版，第 213 頁。

〔註158〕 錢穆：《歷史與文化論叢・儒學與師道》，聯經出版事業公司，1998 年版，第 224 頁。

知我者其天乎！」當知孔子仍由下學，下學即是「術」，上達乃是「道」。欲求上達，必自下學。而從事下學，必求上達。如此始是道、術兼盡，方可到達最高境界。〔註159〕

錢穆之所以高度重視孔子的學問，「道術兼盡」是其中最重要的一點。孔子的學術不僅能提供給後學以做人之道，而且還指點後學如何通達此人道理想。正因為如此，孔子才是「至聖先師」，錢穆也正是以這樣的標準權衡學者境界之高下。在錢穆眼中，能與孔子境界相近者，後世以朱子為最：

朱子做學問似乎有意要能「道、術兼盡」。朱子並重二程，即見其欲道術兼盡之意，朱子論道有甚多處承續二程，但其指示人從事學問之方法方面，即在學問之術的一面，似乎較伊川更詳細、更親切。……朱子則教人如何窮經、論史、學文，如何讀書窮理，幾乎細大不捐。……在孔子教法之下，朱、陸像是各偏在一邊，而朱子則比較能兼顧到兩邊。……朱子後來成就後學最多，其學術之流衍與展布亦極大極廣，綿延亦最久。若專就這一面講，朱子雖論道尊孟子，而論術則似近於荀子。〔註160〕

正因為朱子比較能兼顧道術兩邊，所以，錢穆也極為推崇朱子學。

而聯繫現實，錢穆則指出了當時學界的弊端——「重於明道，疏於辨術」：

所爭皆在宗旨與目標上，所提出的盡是些理論，亦可說其所爭者乃是「道」。但大家並不曾有一套方法來親切指導人，使人不注意到落實用力之一面，因此只是徒爭門面，絕少內容。竟可說盡是提出意見，卻無真實的學問成績。即所謂「科學方法」，亦只是一句口號。換言之，科學方法四字亦成為一「道」。〔註161〕

因此，錢穆曾預言，晚清以下的中國學術界走上「新陸王學」，事實上也的確如此。因此，

道固當重，術亦不可輕。〔註162〕

〔註159〕錢穆：《中國學術通義‧泛論學術與師道》，九州出版社，2011年版，第214～215頁。

〔註160〕錢穆：《中國學術通義‧泛論學術與師道》，九州出版社，2011年版，第228～229頁。

〔註161〕錢穆：《中國學術通義‧泛論學術與師道》，九州出版社，2011年版，第232～233頁。

〔註162〕錢穆：《中國學術通義‧泛論學術與師道》，九州出版社，2011年版，第214頁。

雖然錢穆持有一種廣義的道統觀，但就爲學之境界與路徑言，無疑，錢穆更認同孔子與朱子的學脈更爲接近。正如許炎初所說：

> 賓四先生對孔子的理會，實特受之於朱子的影響而不可掩，而對朱子的推許，更是受之於他對孔子的理解所影響而更不可掩。〔註163〕

錢穆尊孔尊朱不僅體現在治學的主張上，更是落實到具體的作爲上，他也同樣以「道術兼盡」作爲治學的最高境界，以既作「人師」也作「經師」爲標準要求自己，並在75年的漫長從教歲月歷練自己，最終成就了一位孔子、朱子之後的又一位眞正「師」者。

錢臨照曾在《錢穆紀念文集》曾題詞說：

> 道德江漢秋陽，文章金石照人。〔註164〕

這不是溢美之詞。錢穆在具體的從教歷程中，也總是力圖「道術兼盡」，既教「道」又教「術」。錢穆在治學上總是試圖教給讀者及學者一些他認爲最重要的東西，而開卷之人也確實能從其著作中學到這些東西。他能告訴每一個研究者：眞正的學問是怎樣的，怎樣治學，怎樣讀書，怎樣做人，怎樣寫文章，怎樣教學，而且他都努力以身爲範（爲學棄家），以著作爲範。

閱讀錢穆的著作，從不會讓人感覺那是冷冰冰的文字，而且眞切地感受到一個深愛著自己民族文化的學者，一顆飽含情感的心在跳動。他以他特有的民族責任心與擔當精神，總是向讀者孜孜不倦地教人如何做人，如何做學問。他說：

> 須知做學問應先有一廣大基礎，從多方面涉獵，務使自己能心智開廣。若一意研究史學，而先把文學方面忽略了。又若一意研究文學，而先把史學方面忽略了。又若一意研究思想，而不知歷史，不通文章。如此又何能成得學？……故知我們從事學問，開頭定要放開腳步，教自己能眼光遠大，心智開廣。當知一切學問，並未如我們的想法，好像文學、史學、哲學，一切界限分明，可以互不相犯，或竟說互有牴觸。當知從事學問，必該於各方面皆先有涉獵，

〔註163〕許炎初：《錢賓四先生「孔子——朱子學脈論」——從〈論語新解〉理解〈朱子新學案〉》，第六屆儒佛會通學術研討會論文集，華梵大學哲學系主辦，2005年5月4～5日。

〔註164〕江蘇省無錫縣政協編：《錢穆紀念文集》，上海人民出版社，1992年版。

如此才能懂得學問之大體。〔註165〕

他在告訴後學：做學問應心智開廣，多有涉獵，不能自限門庭。這是他以自己的親身經歷爲範例，對後學進行親切的指導。

無論經師、人師皆不可缺。教人治學固貴指示一大道，亦貴有方法。〔註166〕

若只講道、不辨術，一則容易有門戶之見，二則不能希望有甚多人各能在一事、一職、一套學問上，各有貢獻。當知學問之事，或大或小，或廣或狹，皆須有門徑，有方法。一條條路平放在前，非一家一派一條路所能包辦，所能囊括而無遺。〔註167〕

作爲師者，錢穆一方面教給人「道術」，另一方面，他在實踐著「道術」。

在教人「道術」方面，他是以「道術」兼盡的目標做著傳「道」教「術」的事。

在傳「道」時，他有鮮明的特點：

第一、情感與理智並存。錢穆的文字有時很古樸，但這不影響它的親切。他的文字從來都不是和讀者之間保持著一定的距離，他總是以文字爲媒介和讀者進行著互動與交流，曉之以情，動之以理。他不僅重視與讀者之間情感上的交流，更是以一種對民族文化的大無畏的擔當精神打動人與催發人。在最後一次課上，他諄諄告誡學生：

「你們不要忘了自己是一中國人」，這是一切大本大源之所在。
〔註168〕。

第二、理想與現實同在，富於人間性。錢穆一直都在關注爲人之道，不斷地提點學生人之爲人的道理，總說聖人也有七情六欲，這樣，就給學生以成聖的願望與可能。

第三、傳統與時代兼顧。錢穆對傳統思想範疇的理解不受前人限制，總能結合時代內容賦予其新的含義，這樣學之者也就不會再感陌生而產生隔膜。正因爲如此，所以，他的學生就深有感觸地說：

〔註165〕錢穆：《中國學術通義‧關於學問方面之智慧與功力》，九州出版社，2011年版，第283～284頁。
〔註166〕錢穆：《中國學術通義‧泛論學術與師道》，九州出版社，2011年版，第234頁。
〔註167〕錢穆：《中國學術通義‧泛論學術與師道》，九州出版社，2011年版，第234頁。
〔註168〕錢穆：《世界局勢與中國文化‧今年我的最後一課》，聯經出版事業公司，1998年版，第416頁。

　　錢師的學術思想不但代表了中國過去數千年的學術、思想、文化、歷史的多元、多方、多樣的傳統，更代表了在 20 世紀新舊交替重要時代（trahsition time）裏中國學者（思想家、歷史家、文化人）對中西文化、人類前途最全面、最合理、最真實的瞭解與前瞻。
〔註 169〕

在教「術」的時候，他依然有著鮮明的特徵：

第一、他主張為學路徑要寬闊。他說：

　　我們從事學問，立志要高，但路徑要親切落實。又須知，並非只此一路。〔註 170〕

第二、提點人讀書要得法。錢穆談及讀《論語》的方法時總結道：

　　要而言之，讀書者，一、當注意於書中之人物、時代，行事，使書本有活氣。二、當注意於書中之分類、組織、系統，使書本有條理。三、當注意於本書與同時及前後各時有關係之書籍，合書本有聯絡。四、當注意於本書於我儕切身切世有關係之事項，使書本有應用。讀他書如是，讀《論語》亦莫勿然。〔註 171〕

為此，錢穆非常推崇朱子的讀書法，在評論朱子的讀書法時他說：

　　讀古人書，讀古人書，非務外為人，爭古人之是非。乃欲擴大自己心胸，多聞多知，也該容古人開口說他底道理。但也不是要舍己以徇，乃求有個融會，以益期於至當之歸。若要得如此，卻須把自家先放低，先退一步，虛心做一不知不會底人。莫把自家先與他爭衡，待瞭解得他，白會有疑有辨，久之卻來新見。朱子如此教人讀書，實亦不是專對當時理學界作箴砭，千古讀書，欲求得益，必當奉此為準繩。〔註 172〕

　　第三、目標要高遠。錢穆曾告訴學生嚴耕望，要他做學問一定要做一等學問：

　　讀書的目的必須放得遠大。要替文化負責任，便要先把自己培養成完人。要具備中國文化的知識，同時也要瞭解世界各種文化。

〔註 169〕陳啓雲：《治史體悟——陳啓雲文集》（一），廣西師範大學出版社，2007 年版，第 62 頁。
〔註 170〕錢穆：《中國學術通義·泛論學術與師道》，九州出版社，2011 年版，第 235 頁。
〔註 171〕錢穆：《四書釋義·論語要略》，聯經出版事業公司，1998 年版，第 20 頁。
〔註 172〕錢穆：《朱子新學案·朱子學提綱》（一），臺北三民書局，1971 年版，第 165 頁。

要發揚中國文化，也要溝通中國不同的文化。〔註173〕

第四、下手要隨性所近。他經常以自身爲實例，教導學生：

> 我最先只懂讀文章，但不讀俗陋的，如《古文觀止》之類，而只
> 依隨著文學傳統所重，讀姚惜抱所選《古文辭類纂》。但我並不能懂
> 得姚選妙處，我想應擴大範圍，讀他所未選的，才能知其所選之用意。
> 我乃轉讀唐、宋八家全集，乃於《王荊公集》中發現有很多好文章爲
> 我所喜，而姚氏未選。因此悟得所謂「文人之文」與「學者之文」之
> 分別。我遂知姚氏所選重文不重學，我自己性近或是在學不在文。我
> 遂由荊公轉下讀朱子與陽明兩家，又上溯群經諸子。其時尚受桐城派
> 諸家之影響，不懂得注意清儒考據。但讀至《墨子》，又發覺有許多
> 可疑及難通處。乃知參讀清末人孫詒讓之《墨子間詁》。從此起，再
> 翻讀清儒對其他諸子之訓釋校訂。在此以前，我雖知姚、曾兩人都主
> 張義理、辭章、考據三者不可偏廢之說，但我心中一向看不起訓詁考
> 據，認爲一字經考證而衍成爲三數百字，可謂繁瑣之甚，故不加措意。
> 至此才知我自己性之所好，不僅在文章，即義理、考據方面，粗亦能
> 窺其門徑，訓其意趣。我之聰明，雖不敢自謂於義理、考據、辭章三
> 者皆能，但我至少於此三方面皆已能有所涉獵。〔註174〕

第四、分別指點入門之法，這也就相當於孔子的「因材施教」。這一點，
在他很多的給學生的書信中都可見到，此處從略。

總之，無論從何角度而言，錢穆都可以稱爲一個「師者」，眞正的「師者」。
他的近百年的生命存在對於中華文化的傳承與發展，意義非凡。

最後，需要指出的是，錢穆一生固然都是在爲「故國招魂」，但不能說他
沒有世界思維，沒有從人類全體著眼的胸懷與氣魄，他曾這樣說：

> 無古今、無中外，既是同此人，同此道，則人類文化，應可成
> 爲一大傳統、大合協。中國古人所謂「道一風尚」，此社會自能上軌
> 道，世界自能轉摶和平大同之一境。其主要責任，則應由爲師者來
> 擔任。〔註175〕

〔註173〕 錢穆：《新亞遺鐸·亞洲文商學院開學典禮講詞摘要》，聯經出版事業公司，
　　　　1998年版，第1～2頁。

〔註174〕 錢穆：《中國學術通義·關於學問方面之智慧與功力》，九州出版社，2011年
　　　　版，第282～283頁。

〔註175〕 錢穆：《歷史與文化論叢·儒學與師道》，聯經出版事業公司，1998年版，第

只不過，在內憂外患並存的時代裏，他更多地思考中國文化的傳承問題，可以說，是時代因素決定了錢穆關注的重點所在，就此而言，說錢穆是一位保守主義的典型代表，顯然不很恰當。

226 頁。該文原爲 1965 年錢穆在吉隆坡教師協會講演時所用的演講稿。

結語：從朱熹到錢穆
——學脈的傳承與範式的轉換

　　朱子學是錢穆學術思想史研究方面的重頭戲，從中，我們既能看到「以中治中」的模式研治朱子學的典型樣態，也可以從中窺見到儒學發展到錢穆時所具有的新的特徵。可以說，一方面，從學術精神的實質方面看，錢穆與朱熹有著非常多的相似之處；另一方面，從治學的理路方法方面看，與朱子相比，錢穆身上又多出很多具有時代特色的地方。因此，我們可以得出這樣的結論：從朱熹到錢穆——學脈的傳承與範式的轉換。

　　先說學脈的傳承。錢穆本人在總結中國學術特性時，曾提出過這樣的看法：

> 　　現在再把先秦諸子，隋唐新佛學和宋明儒的理學，用一種綜合會通的方法，來看他們之間的思想方法和求知態度之相通合一處，這可以看出中國人心智之特點，和中國文化傳統之內在血脈及其統一精神之所在。一、孔子曾說，知之為知之，不知為不知，是知也。這一態度，可說是此後中國知識分子共同抱有的態度。他們都求能安於所可知，不向不可知處去勉強求知。……二、……中國思想，常求在易簡處見繁賾，常求於無限中覓具足。三、……中國人看宇宙，常看成為渾然之一體。……換言之，天即在人之中，理即在事之中，道即在器之中。……四、……一切真理不僅在思辨中見，更要在行動中見。……亦可謂中國人所認為的真理，都由觀察和踐行得來。五、……體用……觀念之存在。……。中國思想常是在事象

行動一切實際的用上來探究其形而上的本體。六、中國人又好言全
體大用。……七、但中國人又常認用由體來。……認爲體由用見，
是其「知識」。認爲用由體來，則可謂是其「信仰」。……中國人對
此宇宙整全體自始至終抱有一種樂觀的可信任的信仰。〔註1〕

在錢穆看來，中國人心智的特點，中國文化傳統內在血脈以及其統一精神，
主要表述爲上述六個方面。其實，錢穆的意思可以換一種方式進行概括，即，
其一是中國知識分子普遍有著「知之爲知之，不知爲不知」的實事求是精神；
其二是中國人處理問題講究方法，人生藝術化；其三是中國人喜歡「渾淪」
地整體地看待問題，喜求會通，不喜追問；其四是中國人重視經驗與實效。
正因爲中國人心智、中國文化傳統內在血脈以及統一精神有如此特性，所以，
中華民族才能始終在困境中屢僕屢起，中華文化血脈才能從古到今綿延數千
年。

　　錢穆對中國文化特性的看法，既是學通四部之後得出的眞知灼見，更是
用心研讀朱子學問後的智慧結晶。可以說，錢穆所說的這六個方面，在朱子
學上均有表現，只不過，有的表現明顯，有的表現隱晦而已。作爲一個中國
傳統文化孕育出的知識分子，錢穆的身上無疑也具有這些方面的特性。

　　在學脈上，錢穆有很多承緒朱子之處，如宏大的學術視野，囊宇宙與人
文於一體；廣泛的學術涉獵，精通四部之學；內外並重，格物窮理；堅定的
儒學立場，同時兼收並蓄；直承孔學的道德理想主義；等等。可以說，不管
學界對錢穆是否是「新儒家」有多少爭論〔註2〕，但對於錢穆是儒家這一點則
沒有異見。

　　可以說，無論是孔子還是朱子，他們眼中的儒學都是以「天人合一」爲
最初預設和最高境界，以「知之爲知之，不知之不知」爲認識論的限斷，將
目光集中投射於現世人生，重視道德教化，以人之爲人的重要範疇教育人、
影響人。就此而言，錢穆跟孔子、朱子一樣，也有著純正的儒家血脈。〔註3〕

〔註1〕錢穆：《中國學術通義・四部概論》（增訂三版），臺灣學生書局，1982年版，
　　　　第43～48頁。
〔註2〕對於錢穆是否是「新儒家」問題，港臺學界曾有一場影響很大的爭論，由錢
　　　　穆的弟子余英時所寫《錢穆與新儒家》一文爲導火線。
〔註3〕臺灣學者許炎初寫有《如何理解錢賓四先生的「孔子——朱子學脈論」——
　　　　本〈論語新解〉理解〈朱子新學案〉》一文，可參見，該文錄於華梵大學「第
　　　　六屆儒佛會通學術研討會」論文集，2002年版。

錢穆也是懸天道爲人道之標準與最高境界，側重人道立論（無論是他的史學、經學著作，還是思想史、學術史著作，都具有這樣的一個突出特徵），彰顯人道的倫理屬性，這正是儒家眞血脈的流動與眞學脈的傳承；錢穆也關注近現代西方高度發達的物質文明，但他始終認爲精神應掌控物質、物質文明應服務於精神文明，不受人道所掌控的科技技術無勝於有，這無疑也就彰顯了他爲學與做人相統一的原則，將目光再一次由外界拉回了人自身；爲了達到「一天人合內外」境界，錢穆更是積極倡導學者應讀書，應如朱子一般積極進取，勇於探索，這也正是他所提倡的乾道精神。因爲前文對此已多有論述，所以此處不再細說。

但正像儒學在宋明時期朱子那裡呈現出與先秦時期孔孟荀那裡所不同的鮮明屬性一樣，儒學在近現代中國錢穆那裡也呈現出與宋明時期朱子那裡所不同的鮮明屬性。也可以這樣說，儒學到了錢穆手中，又被賦予了很多新的屬性，我們姑且把這些新的屬性定性爲「範式的轉換」，這種轉換也就代表著儒學由宋明時期的面孔向近現代面孔的轉換。接下來，我們就大致看一下錢穆與朱子相比，在學術範式上的不同。

「範式」（Paradigm）一詞原本不是中國學術語言，它是美國著名科學哲學家托馬斯・庫恩於 1962 年在《科學革命的結構》中正式提出的一個詞彙。著作一問世，該詞彙立刻被學界所接受，並且在學界展開了激烈的爭論。

庫恩長期從事科學史研究，他發現一種累積性的科學史觀統治著這個領域，但他認爲這種認識不能眞正反映科學史本貌。庫恩自述一旦他找到了「範式」這個詞彙，一切的困惑當即冰釋。不過這個「範式」卻並不是一個簡單的字眼。如果非要簡單的概括的話，它的內涵至少有兩層：科學共同體的共同承諾集合和科學共同體共有的範例。再進一步說，可以簡化爲一種約定，就是範例。範式具有實用主義的傾向，它保證了在一個特定的歷史時期內某些問題具有特定的解，賦予圍繞這些問題而展開的研究以崇高的價值。從歷史上來看，範式一般也是在過渡創新期才被推崇。一旦範式穩固下來，人們往往就趨於保守、不寬容。

朱子學是過渡創新期出現的理論成果，錢穆的朱子學研究也是在內憂外患並存的社會轉型期進行的研究。正如理學與原始儒學相比，有範式上的轉換一樣，與南宋時期的朱子相比，錢穆在範式上也存在轉移，而且非常明顯。

首先，在天道觀上，朱子和錢穆都以天道爲人道的依託，宇宙觀裏有擬

人化思維的運用，但朱子眼中的天是完滿的，錢穆眼中的天是成長的；朱子眼中的天是兼理氣而言的，錢穆眼中的天是兼自然人文的。所以。朱子談天心，談天地之仁，而錢穆要說史心、談人心大生命。這種變化的出現是因為錢穆的思維有了更多生物進化論的影子。

其次，錢穆也重視人生之道，重視生存之理，重視人心之同然，但與朱子不同的是，錢穆時刻不離歷史來立論，與朱子思維中的先驗論傾向不同。可以說，錢穆用自己的方式扭轉了朱子學的先驗論趨向，使儒學回轉到史學的舊軌之上。

不僅如此，錢穆還努力使傳統理念同現時代話語接軌，如他常借用西方的自由與平等觀念分析理學思想的前提性觀念「性善」論，他還以「能」為一個重要術語，來析解中國傳統思想文化。錢穆所理解的與「質」對舉的「能」，是類似於「道」、「理」、「心」的概念，但不同的是，「能」比「道」多了一些力量，比「理」多了一些靈動，比「心」多了一些具體。

前面只是從幾個大的方面來看，錢穆與朱子的相同與相異之處，從朱子到錢穆，「同」在都是兼收並蓄的儒家血脈，「異」在運思方式發生時代性的轉換。因此，可以說，從朱子到錢穆——學脈的傳承與範式的轉換。

臺灣著名詩人、文論家余光中曾說錢穆的「儒家的駝鳥」，在本文看來，錢穆更像身負兩座高高的駝峰，為中國文化任勞任怨，不惜辛苦跋涉、為族群服務的駱駝。他的 70 餘年執教經歷，著作等身的學術成就，一生都在尋找中華文化不亡根源的學術追求，都足以證明。可以這樣說，研究 20 世紀的中國文化不能忽視了錢穆。

參考文獻

相關古代書籍

1. 〔漢〕司馬遷，史記〔M〕，北京：中華書局，1982 年。

2. 〔漢〕董仲舒，春秋繁露〔M〕，北京：中華書局，1975 年。

3. 〔漢〕班固，漢書〔M〕，北京：中華書局，1982 年。

4. 〔宋〕周敦頤，周敦頤集〔M〕，北京：中華書局，2009 年。

5. 〔宋〕張載，張載集〔M〕，北京：中華書局，2009 年。

6. 〔宋〕程顥、程頤，二程集〔M〕，王孝魚，點校，北京：中華書局，2004 年。

7. 〔宋〕程顥、程頤，二程遺書〔M〕，上海：上海古籍出版社，2000 年。

8. 〔宋〕朱熹，四書章句集注〔M〕，長沙：嶽麓書社，2008 年。

9. 〔宋〕朱熹，朱子語類〔M〕，北京：中華書局，1986 年。

10. 朱傑人、嚴佐之、劉永翔，朱子全書〔M〕，上海：上海古籍出版社，合肥：安徽教育出版社，2002 年。

11. 〔宋〕陸九淵、〔明〕王陽明，象山語錄・陽明傳習錄〔M〕，楊國榮，導讀，上海古籍出版社，2000 年。

12. 〔元〕脫脫等，宋史「M」，北京：中華書局，1975 年。

13. 〔明〕陳建，學蔀通辨〔M〕，四庫全書存目叢書本（子 11），濟南：齊魯書社，1995 年。

14. 〔清〕黃宗羲等，宋元學案〔M〕，北京：中華書局，1986 年。

15. 〔清〕黃宗羲，明儒學案〔M〕，北京：中華書局，1985 年。

16. 〔清〕王懋竑，朱熹年譜〔M〕，北京：中華書局，1998 年。

17. 〔清〕阮元，十三經注疏〔M〕，上海：上海古籍出版社，1987 年。

18.〔清〕段玉裁,說文解字注〔M〕,上海:上海古籍出版社,1988 年。

19.〔明〕羅欽順,困知記〔M〕,北京:中華書局,1990 年。

20.〔清〕戴東原,戴震集〔M〕,上海:上海古籍出版社,1980 年。

21.〔清〕焦循,孟子正義〔M〕,北京:中華書局,1987 年。

錢穆著作及文章

1. 錢穆,國學概論〔M〕,北京:商務印書館,1997 年。

2. 錢穆,中國近三百年學術史〔M〕,北京:九州出版社,2011 年。

3. 錢穆,國史大綱(上、下)〔M〕,北京:九州出版社,2010 年。

4. 錢穆,文化與教育〔M〕,北京:生活・讀書・新知三聯書店,2009 年。

5. 錢穆,中國文化史導論〔M〕,北京:九州出版社,2010 年。

6. 錢穆,中國歷史精神〔M〕,北京:九州出版社,2010 年。

7. 錢穆,文化學大義〔M〕,臺北:聯經出版事業公司,1998 年。

8. 錢穆,中國思想史〔M〕,北京:九州出版社,2011 年。

9. 錢穆,國史新論〔M〕,北京:生活・讀書・新知三聯書店,2006 年。

10. 錢穆,宋明理學概述〔M〕,北京:九州出版社,2010 年。

11. 錢穆,四書釋義〔M〕,北京:九州出版社,2010 年。

12. 錢穆,人生十論〔M〕,桂林:廣西師範大學出版社,2004 年。

13. 錢穆,陽明學述要〔M〕,北京:九州出版社,2010 年。

14. 錢穆,中國思想通俗講話〔M〕,北京:生活・讀書・新知三聯書店,2002 年。

15. 錢穆,學籥〔M〕,北京:九州出版社,2010 年。

16. 錢穆,湖上閒思錄〔M〕,北京:生活・讀書・新知三聯書店,2005 年。

17. 錢穆,民族與文化〔M〕,臺北:聯經出版事業公司,1998 年。

18. 錢穆,中國歷史研究法〔M〕,臺北:聯經出版事業公司,1998 年。

19. 錢穆,論語新解〔M〕,北京:生活・讀書・新知三聯書店,2007 年。

20. 錢穆,中華文化十二講〔M〕,臺北:聯經出版事業公司,1998 年。

21. 錢穆,中國文化叢談〔M〕,臺北:聯經出版事業公司,1998 年。

22. 錢穆,中國文化精神〔M〕,臺北:聯經出版事業公司,1998 年。

23. 錢穆,朱子新學案(1~5)〔M〕,臺北:臺北三民書局,1971 年。

24. 錢穆,中國史學名著〔M〕,臺北:聯經出版事業公司,1998 年。

25. 錢穆,理學六家詩鈔〔M〕,臺北:聯經出版事業公司,1998 年。

26. 錢穆,孔子傳〔M〕,北京:九州出版社,2010 年。

27. 錢穆，孔子與論語〔M〕，北京：九州出版社，2011 年。

28. 錢穆，中國學術通義（增訂三版）〔M〕，臺北：臺灣學生書局，1982 年。

29. 錢穆，靈魂與心〔M〕，桂林：廣西師範大學出版社，2004 年。

30. 錢穆，中國學術思想史論叢（1～8）〔M〕，合肥：安徽教育出版社，2004 年。

31. 錢穆，世界局勢與中國文化〔M〕，臺北：聯經出版事業公司，1998 年。

32. 錢穆，從中國歷史來看中國民族性及中國文化〔M〕，臺北：聯經出版事業公司，1998 年。

33. 錢穆，歷史與文化論叢〔M〕，臺北：聯經出版事業公司，1998 年。

34. 錢穆，雙溪獨語〔M〕，臺北：聯經出版事業公司，1998 年。

35. 錢穆，八十憶雙親師友雜憶合刊〔M〕，臺北：聯經出版事業公司，1998 年。

36. 錢穆，宋明理學三書隨劄〔M〕，北京：生活・讀書・新知三聯書店，2002 年。

37. 錢穆，現代中國學術論衡〔M〕，北京：生活・讀書・新知三聯書店，2001 年。

38. 錢穆，晚學盲言（上、下）〔M〕，北京：生活・讀書・新知三聯書店，2010 年。

39. 錢穆，中國文學論叢〔M〕，臺北：聯經出版事業公司，1998 年。

40. 錢穆，中國史學發微〔M〕，北京：生活・讀書・新知三聯書店，2009 年。

41. 錢穆，新亞遺鐸〔M〕，北京：生活・讀書・新知三聯書店，2005 年。

42. 錢穆，論史隨劄〔M〕，臺北：聯經出版事業公司，1998 年。

43. 錢穆，素書樓餘瀋〔M〕，臺北：聯經出版事業公司，1998 年。

44. 錢穆，錢賓四先生全集（1～54）〔M〕，臺北：聯經出版事業公司，1998 年。

45. 錢穆，講堂遺錄〔M〕，北京：九州出版社，2010 年。

46. 錢穆，中國今日所需要之新史學與新史學家〔A〕，陳潤成，李欣榮，天才的史學家——追憶張蔭麟〔C〕。

47. 錢穆，等，中國高層講座第一輯文化的坐標〔C〕，北京：新世界出版社，2006 年。

48. 錢穆、胡適、金庸，等，歷史、家國與中國人的生活情調〔A〕，明報・大家大講堂〔C〕，北京：新星出版社，2008 年。

49. 錢穆，錢穆先生全集（新校本）〔M〕，北京：九州出版社，2010～2011 年。

相關著作

1. 〔美〕包弼德，歷史上的理學〔M〕，〔新加坡〕王昌偉譯，杭州：浙江大學出版社，2010 年。

2. 〔美〕白詩朗，論創造性——朱熹、懷特海和南樂山的比較研究〔M〕，陳浩譯，北京：中國社會科學出版社，2012 年。

3. 蔡方鹿、舒大剛、郭齊，新視野 新詮釋——朱熹思想與現代社會（上）〔M〕，成都：四川大學出版社，2007 年。

4. 成中英，合內外之道——儒家哲學論〔M〕，北京：中國社會科學出版社，2001 年。

5. 成中英：從中西互釋中挺立〔M〕，北京：中國人民大學出版社，2005 年。

6. 陳啟雲，治史體悟——陳啟雲文集（一）〔M〕，桂林：廣西師範大學出版社，2007 年。

7. 陳來，朱子哲學研究〔M〕，北京：生活·讀書·新知三聯書店，2010 年。

8. 陳來，宋明儒學論〔M〕，上海：復旦大學出版社，2010 年。

9. 陳來，中國近世思想史研究〔M〕，北京：商務印書館，2003 年。

10. 陳來，宋明理學〔M〕，上海：華東師範大學出版社，2004 年。

11. 陳來，朱子書信編年考證〔M〕，上海：上海人民出版社，1989 年。

12. 陳榮捷，朱子新探索〔M〕，上海：華東師範大學出版社，2007 年。

13. 陳榮捷，朱熹〔M〕，上海：華東師範大學出版社，2007 年。

14. 陳榮捷，朱學論集〔M〕，上海：華東師範大學出版社，2007 年。

15. 陳榮捷，近思錄詳注集評〔M〕，上海：華東師範大學出版社，2007 年。

16. 陳勇，錢穆傳〔M〕，北京：人民出版社，2001 年。

17. 陳勇，國學宗師錢穆〔M〕，北京：北京大學出版社，2007 年。

18. 陳勇、謝維揚，中國傳統學術的近代轉型〔M〕，上海：上海人民出版社，2011 年。

19. 陳春文，回到思的事情〔M〕，武漢：武漢大學出版社，2007 年。

20. 陳代湘，現代新儒學與朱子學〔M〕，長沙：湖南人民出版社，2003 年。

21. 蔡仁厚，宋明理學·南宋篇〔M〕，長春：吉林出版集團有限責任公司，2009 年。

22. 蔡方鹿，朱熹經學與中國經學〔M〕，北京：人民出版社，2004 年。

23. 蔡方鹿，宋明理學心性論〔M〕，成都：四川出版集團、巴蜀書社，2009 年。

24. 蔡方鹿，朱熹與中國文化〔M〕，貴州：貴州人民出版社，2001 年。

25. 宋志明，中國現代哲學通論〔M〕，北京：中國人民大學出版社，2008 年。

26. 鄧曉芒，康德哲學諸問題〔M〕，北京：生活・讀書・新知三聯書店，2006 年。

27. 〔美〕狄百瑞，中國的自由傳統〔M〕，李弘祺譯，貴州：貴州人民出版社，2009 年。

28. 杜維明，現代精神與儒家傳統〔M〕，臺北：臺北聯經出版事業公司，1996 年。

29. 戴景賢、錢穆〔A〕、王壽南，中國歷代思想家・現代（三）〔C〕，北京：九州出版社，2011 年。

30. 〔美〕鄧爾麟，錢穆與七房橋世界〔M〕，藍樺譯，北京：社會科學文獻出版社，1998 年。

31. 馮友蘭，中國哲學史〔M〕，上海：華東師範大學出版社，2011 年。

32. 馮契，哲學大辭典（分類修訂本）〔M〕，上海：上海辭書出版社，2007 年。

33. 范壽康，朱子及其哲學〔M〕，北京：中華書局，1983 年。

34. 封祖盛，當代新儒家〔M〕，北京：生活・讀書・新知三聯書店，1989 年。

35. 郭齊勇、汪學群，錢穆評傳〔M〕，南昌：百花洲文藝出版社，1995 年。

36. 龔穎，「似而非」的日本朱子學——林羅山思想研究〔M〕，北京：學苑出版社，2008 年。

37. 宮哲兵，唯道論——質疑中國哲學史唯物唯心體系〔M〕，武漢：武漢出版社，2004 年。

38. 高令印、高秀華，朱子學通論〔M〕，廈門：廈門大學出版社，2007 年。

39. 高全喜，理心之間：朱熹與陸九淵的理學〔M〕，北京：三聯書店，1992 年。

40. 韓復智，錢穆先生學術年譜〔M〕，臺北：五雲圖書出版公司，2005 年。

41. 韓秋紅、龐立生、王豔華，西方哲學的現代轉向〔M〕，長春：吉林人民出版社，2007 年。

42. 黃意明，道始於情——先秦儒家情感論〔M〕，上海：上海交通大學出版社，2009 年。

43. 霍韜晦，法言「錢穆悼念專輯」〔C〕，香港：法言出版社，1990 年（10）。

44. 何祐森，錢賓四先生的學術〔A〕，項維新，劉福增，中國哲學思想論集（第八冊）〔C〕，臺北：臺北牧童出版社，1978 年。

45. 侯外廬、邱漢生、張豈之,宋明理學史〔M〕,北京:人民出版社,1984年、1987年。

46. 侯外廬,中國古代思想學說史〔M〕,上海:國際文化服務社,1950年。

47. 侯外廬、趙紀彬、杜國癢,中國思想通史〔M〕,北京:人民出版社,1957年。

48. 洪軍,朱熹與栗谷哲學比較研究〔M〕,北京:中國社會科學出版社,2003年。

49. 洪曉楠,哲學的文化轉向〔M〕,北京:人民出版社,2009年。

50. 〔法〕亨利‧博格森,創造進化論〔M〕,蕭聿譯,北京:華夏出版社,2003年。

51. 江蘇省無錫縣政協,錢穆紀念文集〔C〕,上海:上海人民出版社,1992年。

52. 〔德〕伽達默樂,真理與方法〔M〕,王才勇譯,瀋陽:遼寧人民出版社,1987年。

53. 金春峰,朱熹哲學思想〔M〕,臺北:東大出版社,1997年。

54. 〔韓〕金永植,朱熹的自然哲學〔M〕,上海:華東師範大學出版社,2003年。

55. 〔德〕卡西爾,人論〔M〕,甘陽譯,上海:上海譯文出版社,1986年。

56. 勞思光,新編中國哲學史〔M〕,桂林:廣西師範大學出版社,2005年。

57. 梁漱溟,東西文化及其哲學〔M〕,濟南:山東人民出版,1989年。

58. 李振聲,錢穆印象〔M〕,上海:學林出版社,1997年。

59. 李木妙,國史大師錢穆先生傳略〔M〕,臺北:八方文化企業公司、揚智文化事業股份有限公司,1995年。

60. 李敖,我最難忘的人和事〔M〕,北京:中國友誼出版公司,2002年。

61. 李帆,古今中西交匯處的近代學術〔M〕,北京:北京師範大學出版集團、北京師範大學出版社,2010年。

62. 李澤厚,人類學歷史本體論〔M〕,天津:天津社會科學出版社,2008年。

63. 李澤厚,歷史本體論‧己卯五說(增訂本)〔M〕,北京:生活‧讀書‧新知三聯書店,2006年。

64. 李澤厚,批判哲學的批判——康德述評〔M〕,天津:天津社會科學出版社,2003年。

65. 〔英〕羅素,中國人的性格〔M〕,王正午,北京:中國工人出版社,1993年。

66. 羅義俊，錢穆學案〔A〕，方克立，李錦全，現代新儒家學案（中）〔C〕，北京：中國社會科學出版社，1995 年。

67. 羅義俊，評新儒家〔M〕，上海：上海人民出版社，1989 年。

68. 羅義俊，生命存在與文化意識——當代新儒家史論〔M〕，上海：學林出版社，2009 年。

69. 羅義俊，錢穆對新文化運動的省察疏要〔A〕，方克立，李錦全，現代新儒學研究論集〔C〕，北京：中國社會科學出版社，1991 年。

70. 劉夢溪，中國現代學術要略〔M〕，北京：生活・讀書・新知三聯書店，2008 年。

71. 劉宗賢、蔡德貴，陽明學與當代新儒學〔M〕，北京：中國人民大學出版社，2009 年。

72. 劉述先，理想與現實的糾結〔M〕，長春：吉林出版集團有限責任公司，2011 年。

73. 劉述先，論儒家哲學的三個大時代〔M〕，貴州：貴州出版集團、貴州人民出版社，2009 年。

74. 劉述先，朱子哲學思想的發展與完成〔M〕，臺北：臺灣學生書局，1982 年。

75. 〔韓〕劉承相，朱子早年思想的歷程〔M〕，上海：華東師範大學出版社，2010 年。

76. 陸玉芹，未學齋中香不散——錢穆和他的弟子〔M〕，廣州：廣東教育出版社，2007 年。

77. 蒙培元，朱熹哲學十論〔M〕，北京：中國人民大學出版社，2010 年。

78. 蒙培元，理學範疇系統〔M〕，北京：人民出版社，1989 年。

79. 馬先醒，民間史學「錢賓四先生逝世百日紀念」〔C〕，臺北：民間史學雜誌社，1990 年。

80. 牟宗三，心體與性體〔M〕，臺北：正中出版社，1979 年。

81. 孟淑慧，朱熹及其門人的教化理念與實踐〔M〕，臺北：國立臺灣大學出版委員會，2003 年。

82. 〔德〕尼采，查拉圖斯特拉如是說〔M〕，北京：中國社會科學出版社，2009 年。

83. 彭永捷，朱陸之辯——朱熹陸九淵哲學比較研究〔M〕，北京：人民出版社，2002 年。

84. 錢偉長，懷念先叔錢穆——錢穆賓四先生逝世 10 週年憶養育之恩〔A〕，錢偉長文選（第五卷）〔C〕，上海：上海大學出版社，2004 年。

85. 錢行，思親補讀錄——走近父親錢穆〔M〕，北京：九州出版社，2011 年。

86. 〔日〕石立善，戰後日本的朱子學研究史述評：1946～2006〔A〕，鑒往瞻來——儒學文化研究的回顧與展望〔C〕，上海：復旦大學出版社，2006年。

87. 師永剛、馮昭、方旭，移居臺灣的九大師〔M〕，南昌：江西出版集團、百花洲文藝出版社，2008年。

88. 束景南，朱熹年譜長編〔M〕，上海：華東師範大學出版社，2001年。

89. 束景南，朱子大傳〔M〕，福州：福建人民出版社，1992年。

90. 孫正聿，哲學觀研究〔M〕，長春：吉林人民出版社，2007年。

91. 〔美〕田浩，宋代思想史論〔M〕，北京：社會科學文獻出版社，2003年。

92. 〔美〕田浩，朱熹的思維世界〔M〕，西安：陝西師範大學出版社，2002年。

93. 韋政通，儒家與現代中國〔M〕，上海：上海人民出版社，1990年。

94. 汪學群，錢穆學術思想評傳〔M〕，北京：北京圖書館出版社，1998年。

95. 王大鵬，百年國士・楚天遼闊一詩人〔M〕，北京：商務印書館，2010年。

96. 王豔麗著、何宇海繪，漫畫跟錢穆學歷史（M），北京：中國言實出版社，2009年。

97. 王曉清，學者的師承與家派〔M〕，武漢：湖北長江出版集團、湖北人民出版社，2007年。

98. 徐國利，錢穆史學思想研究〔M〕，臺北：臺灣商務印書館，2004年。

99. 徐國利，一代儒宗錢穆〔M〕，武漢：湖北人民出版社，2011年。

100. 許文娟，向國學大師學淡定人生〔M〕，長春：東北師範大學出版社，2011年。

101. 薛曉源，天與人——儒學走向世界的前瞻：杜維明 范曾對話〔M〕，北京：北京大學出版社，2010年。

102. 余英時，朱熹的歷史世界——宋代士大夫的政治文化〔M〕，北京：生活・讀書・新知三聯書店，2004年。

103. 余英時，現代學人與學術〔M〕，余英進文集（第五卷），桂林：廣西師範大學出版社，2006年。

104. 余英時，猶憶風吹水上鱗——錢穆與現代中國學術〔M〕，臺北：三民書局股份有限公司，1991年。

105. 余英時，現代儒學論〔M〕，上海：上海人民出版社，1998年。

106. 嚴耕望，怎樣學歷史：嚴耕望的治史三書〔M〕，瀋陽：遼寧教育出版社，2006年。

107. 印永清，百年家族——錢穆〔M〕，石家莊：河北教育出版社、廣東教育出版社，2003 年。

108. 楊國榮，存在之維——後形而上學時代的形而上學〔M〕，北京：人民出版社會，2004 年。

109. 楊國榮，心學之思——王陽明哲學的闡釋〔M〕，北京：中國人民大學出版社，2009 年。

110. 嚴平，伽達默爾集〔M〕，鄧安慶，等譯，上海：上海遠東出版社，2003 年。

111. 張岱年，中國古典哲學概念範疇要論〔M〕，北京：中國社會科學出版社，1989 年。

112. 張岱年，中國哲學大綱：中國哲學問題史〔M〕，北京：中國社會科學出版社，1982 年。

113. 張岱年，中國哲學大辭典〔M〕，上海：上海辭書出版社，2010 年。

114. 張立文，朱熹思想研究〔M〕，北京：中國社會科學出版社，2001 年。

115. 張豈之，張豈之自選集〔M〕，北京：學習出版社，2009 年。

116. 張豈之，中華人文精神〔M〕，西安：陝西人民出版社，2007 年。

117. 張豈之，中國歷史十五講〔M〕，北京：北京大學出版社，2003 年。

118. 張豈之，儒學·理學·實學·新學〔M〕，西安：陝西人民教育出版社，1994 年。

119. 張豈之，中國歷史大辭典·思想史卷〔M〕，上海：上海辭書出版社，1989 年。

120. 張永，中國文明的新探索〔M〕，臺北：正中書局，1991 年。

121. 朱傳譽，錢穆傳記資料〔M〕，臺北：臺灣天一出版社，1981 年。

122. 朱謙之，日本的朱子學〔M〕，北京：人民出版社，1999 年。

123. 周爲筠，在臺灣——國學大師的 1949〔M〕，北京：金城出版社，2008 年。

124. 曾議漢，錢穆「文化學」思想初探〔A〕，林慶彰，中國學術思想研究輯刊（第 28 冊）〔C〕，臺北：花木蘭文化出版社，2010 年。

125. 宗福邦、陳世鐃、蕭海波，故訓彙纂〔M〕，北京：商務印書館，2004 年。

126. 臧克和、王辛，說文解字新訂〔M〕，北京：中華書局，2002 年。

127. 鄭柏彰，錢穆先生《莊子纂箋》及其莊子學研究〔M〕，臺北：花木蘭文化出版社，2006 年。

相關論文

1. 張蓬，近代以來學術發展的路徑抉擇及其反思——以錢穆與馮友蘭為中心〔J〕，河北學刊，2012 年（5）：144～148。

2. 趙建軍，論錢穆的人文主義歷史存續觀〔J〕，河北學刊，2012 年（3）：49～55。

3. 王曉黎，從「為古人申冤」到「復興中國文化」——錢穆人生哲學發展脈絡述評〔J〕，廣東社會科學，2012 年（2）：68～72。

4. 杜維明，二十一世紀新儒家的願景〔J〕，明報月刊（第四十七卷第二期），2012 年（2）：19～23。

5. 許家星，「哲學與時代」朱子學國際學術研討會綜述〔J〕，中國哲學史，2012 年（1）：125～126。

6. 曾春海，朱熹理一分殊的理氣論與馮友蘭新理學之對比研究〔J〕，湖南大學學報（社會科學版），2012 年（1）：11～18。

7. 彭國翔，近三十年（1980～2010）英語世界的朱子研究——概況、趨勢及意義，湖南大學學報（社會科學版），2012 年（1）：34～38。

8. 張凱作，朱子哲學中「心之德」的思想，中國哲學史，2012 年（1）：67～73。

9. 林月惠，羅欽順與日本朱子學〔J〕，湖南大學學報（社會科學版），2012 年（1）。

10. 丁為祥，朱子理氣關係的三種不同解讀〔J〕，江南大學學報（人文社會科學版），2012 年（1）。

11. 袁名澤，朱子自然哲學的審視與糾偏〔J〕，重慶大學學報（社會科學版），2011 年 17（2）。

12. 武才娃，朱子學研究的成果及意義〔J〕，博覽群書，2011 年（12）：9～12。

13. 方旭東，道德實踐中的認知、意願與性格——論程朱對「知而不行」的解釋〔J〕，哲學研究，2011 年（11）：44～54，128。

14. 尉利工，朱子《易》學詮釋思想的形成與特點〔J〕，哲學動態，2011 年（10）：45～50。

15. 陳樹林，當代文化哲學範式的回歸〔J〕，哲學研究，2011（11）：118～123。

16. 譚忠誠，郭店儒簡的重「情」論〔J〕，北京大學學報（哲學社會科學版），2011 年（9）：19～23。

17. 楊儒賓，兩種氣學兩種儒學——中國古代氣化身體觀研究〔J〕，中州學刊，2011 年（9）：143～148。

18. 張品端，朱子學在新加坡的傳播與影響〔J〕，武夷學院學報，2011 年（8）：8～14。

19. 文碧方，從「湖洛之爭」看朝鮮儒者的朱子性理學詮釋〔J〕，現代哲學，2011 年（6）：113～119。

20. 李寶紅，「虛心」與「懷疑」：錢穆、胡適對朱子讀書法的不同體認〔J〕，廣東社會科學，2011 年（6）：27～34。

21. 趙士林，略論「情本體」〔J〕，哲學動態，2011 年（6）：90～96。

22. 林啓屏，心情與性情：先秦儒學思想中的「人」〔J〕，文史哲，2011 年（6）：25～35。

23. 孫正聿，哲學的形而上學歷險〔J〕，天津社會科學，2011 年（5）：12～17，100。

24. 王振，朱子之學在近現代中國〔D〕，山東師範大學：2011 年（5）。

25. 鄔曉東，《大學章句》中的「出發點喪失」問題〔J〕，周易研究，2011 年（5）：62～69。

26. 陳來，朱子學與陽明學及其現代意義〔J〕，泉州師範學院學報，2011 年（5）：1～9。

27. 麻堯賓，《大學》、《中庸》天人範式議論——以朱子疏釋爲關鍵的視域〔J〕，哲學研究，2011 年（5）：37～42。

28. 盧睿蓉，美國朱子學研究發展之管窺〔J〕，現代哲學，2011 年（4）：122～126。

29. 許家星，朱子、張「仁說」辨析〔J〕，中國哲學史，2011 年（4）：30～40。

30. 許剛，宋學精神與漢學工夫——錢穆與張舜徽清代學術史研究之比較〔J〕，齊魯學刊，2011 年（4）：55～59。

31. 喬清舉，朱子心性論的結構及其內在張力〔J〕，中國哲學史，2011 年（3）：21～30。

32. 柴文華，論馮友蘭的朱子學〔J〕，中國哲學史，2011 年（2）：121～129。

33. 陳勇，論錢穆文化民族主義史學思想的形成〔J〕，史學理論研究，2011 年（2）：87～99。

34. 周良發、張飛，錢穆文化民族主義探微〔J〕，運城學院學報，2011 年（2）：44～47。

35. 〔馬來西亞〕陸思麟，錢穆清代學術思想史研究考論〔J〕，江南大學學報（人文社會科學版），2011（2）：65～69。

36. 〔韓〕金祐瑩，朱子易學之哲學的分析——通過《易學啓蒙》理解「理」的「窮極」義〔J〕，周易研究，2011 年（2）：49～56。

37. 劉光順、薛虹，朱熹理學思想中的系統生成論〔J〕，系統科學學報，2011年（2）：20〜24。

38. 劉述先，朱子與儒家的精神傳統〔J〕，湖南大學學報（社會科學版），2011年（1）：5〜1。

39. 許家星，「更是《大學》次序，誠意最要」——論朱子《大學章句》「誠意」章的詮釋意義〔J〕，南昌大學學報（人文社會科學版），2011年（1）：18〜25。

40. 蔡方鹿，試論全球化時代朱子學的現代意義及未來發展展望〔A〕，2006年，海峽兩岸朱子學論壇：全球化時代的朱子學現代意義與未來展望會議論文集〔C〕，2006年。

41. 陳來，朱子思想中的四德研究〔J〕，哲學研究，2011年（1）：26〜33，44，128。

42. 蒙培元，論朱子「生」的學說〔J〕，鄱陽湖學刊，2011年（1）：32〜55。

43. 陳勇、張慧，中國現代史學學脈的傳承——呂思勉與錢穆〔J〕，中國圖書評論，2010年（11）：34〜42。

44. 吳長庚，安徽安慶「朱子學及其在海外的傳播與影響」學術研討會綜述〔J〕，合肥學院學報（社會科學版），2010年（11）：23〜25。

45. 陳水德，朱熹理本論及其根柢之誤〔J〕，江南大學學報（人文社會科學版），2010年（10）：5〜9。

46. 楊俊峰，牟宗三視野中的朱子思想〔J〕，牟宗三視野中的朱子思想，2010年（10）：13〜15。

47. 朱平安、王中華，生理、生意與生活——朱子的生命體驗與生態情懷〔J〕，學術界，2010年（10）：125〜131，287。

48. 吳志翔，朱子理學的美學意蘊〔D〕，武漢大學，2010年。

49. 丁為祥，如何進入朱子的思想世界——朱子哲學視野的發生學解讀〔J〕，陝西師範大學學報（哲學社會科學版），2010年（7）：58〜67。

50. 李山河，錢穆的朱子哲學思想研究〔D〕，福建師範大學，2010年。

51. 賴功歐，朱子之「理」的天道自然觀基礎及其理氣二元結構〔J〕，上饒師範學院學報，2010年（4）：1〜6。

52. 朱平安、王中華，從「一原」到「一體」——朱子物我同一性淺析〔J〕，中國哲學史，2010年（4）：66〜70。

53. 劉嫄嫄，文化衛道的困境與理想：錢穆「傳統政治非專制論」考評〔D〕，上海師範大學，2010年（4）。

54. 王秋，朱子學與現代哲學的思想空間——20世紀朱子學研究〔D〕，黑龍江大學，2010年。

55. 王秋，牟宗三判定朱熹別子爲宗標準的疏解與反思〔J〕，吉首大學學報（社會科學版），2010 年（3）：7～10。

56. 郭齊勇，綜論現當代新儒學思潮、人物及其問題意識與學術貢獻——兼談我的開放的儒學觀（上）〔J〕，探索，2010 年（3）：47～56。

57. 王曉黎，錢穆與梁漱溟「文化三路向」說之比較〔J〕，徐州師範大學學報（哲學社會科學版），2010 年（3）：78～82。

58. 路新生，錢穆《中國近三百年學術史》中幾個值得商榷的問題〔J〕，歷史教學問題，2010 年（3）：13～16。

59. 朱人求、周燕春，朱子學的當代發展與創新——「朱子學與理學學派」學術研討會綜述〔J〕，上饒師範學院學報，2010 年（2）：2～5。

60. 陳啓雲，中國人文學術的近代轉型——胡適、傅斯年和錢穆個案〔J〕，河北學刊，2010 年（1）：1～7。

61. 歐陽奇，論新儒家的儒學現代化觀和儒學的現代化路徑〔J〕，貴州大學學報（社會科學版），2010 年（1）：23～27。

62. 梁民愫、戴晴，近二十年中國大陸學界關於錢穆學術思想研究的新取向〔J〕，上饒師範學院學報，2009 年（8）：64～70。

63. 史少博，朱熹論「義」、「利」及其現代意義〔J〕，長安大學學報（社會科學版），2009 年（11）：86～90。

64. 李承貴，論宋儒重構儒學利用佛教的諸種方式〔J〕，哲學研究，2009 年（7）：54～62。

65. 王玉強，近世日本朱子學的確立〔D〕，吉林大學，2009 年。

66. 閆寶明，毛奇齡與朱子學〔D〕，南開大學，2009 年。

67. 侯宏堂，錢穆對「宋學」的現代詮釋〔J〕，近代史研究，2009 年（6）：48～67。

68. 許家星，「聖門末後親傳密旨」——朱子「忠恕一貫」章解的思想意義〔J〕，人文雜誌，2009 年（5）：23～30。

69. 戴景賢，論錢賓四先生之義理立場與其儒學觀〔J〕，臺大文史哲學報（第七十期），2009 年（5）：85～111。

70. 張秀麗，反科學主義思潮下中國現代史學的人文指向〔D〕，山東大學，2009 年。

71. 牟堅，朱子對「克己復禮」的詮釋與辨析——論朱子對「以理易禮」說的批評〔J〕，中國哲學史，2009 年（1）：20～33。

72. 王曉黎，中國傳統文化精神的準確把握——析錢穆先生關於中國道德精神超宗教性思想〔J〕，理論學刊，2009 年（1）：79～81。

73. 魏義霞，「知在先」與「行爲重」：朱熹知行觀探究〔J〕，合肥學院學報，2008 年（11）：3～8。

74. 蒙培元，朱熹心說再辨析〔J〕，杭州師範大學學報（社會科學版），2008年（11）：5～11。

75. 張先飛，錢穆與中國現代學術史體制的創制——以《國學概論》為中心〔J〕，史學月刊，2008年（8）：23～29。

76. 金春峰，宋明理學若干特性的再認識〔J〕，陝西師範大學學報（哲學社會科學版），2008年（7）：42～50。

77. 常裕，朱熹論「夢」的理學意蘊——兼論「孔子不夢周公」之辨〔J〕，孔子研究，2008年（6）：98～107。

78. 李維武，近50年來現代新儒學開展的「一本」與「萬殊」〔J〕，南京大學學報（哲學・人文科學・社會科學），2008年（6）：91～100。

79. 陳澤環，以小生命融入文化和自然的大生命——錢穆「人生論」初探〔J〕，江蘇行政學院學報，2008年（6）：11～16。

80. 項念東，陳寅恪與錢穆史學思想之分歧〔J〕，博覽群書，2008年（6）：47～54。

81. 吳展良，朱子世界觀體系的基本特質〔J〕，臺大文史哲學報（第68期），2008年（5）：135～167。

82. 陳復興，關於錢穆先生國學思想的再認識〔J〕，社會科學戰線，2008年（5）：185～193。

83. 崔罡、黃玉順，構建中國當代歷史哲學的思想視域問題——讀徐國利教授《錢穆史學思想研究》〔J〕，安徽史學，2008年（5）：122～125。

84. 趙中國，朱熹易學觀述論〔J〕，社會科學，2008年（5）：120～128，191。

85. 蒙培元，朱熹關於世界的統一性與多樣性——「理一分殊說」〔J〕，北京大學學報（哲學社會科學版），2008年（5）：16～26。

86. 朱人求，錢穆文化哲學探微〔J〕，福建師範大學學報（哲學社會科學版），2008年（4）：12～17。

87. 路新生，「尊德性」還是「道問學」？——以學術本體為視角〔J〕，天津社會科學，2008年（4）：119～129。

88. 梁承武，韓國朱子學的研究現狀與發展前景〔J〕，杭州師範大學學報（社會科學版），2008年3（2）：42～49。

89. 方旭東，《近思錄》新論〔J〕，哲學研究，2008年（3）：77～84。

90. 陳來，中國哲學研究三十年回顧（1978～2007）〔J〕，天津社會科學，2008年（1）：15～19，58。

91. 李明輝，朱子對「道心」、「人心」的詮釋〔J〕，湖南大學學報（社會科學版），2008年（1）：19～27。

92. 賴功歐、黎康，論錢穆的朱子學〔A〕，中國書院論壇（3）〔C〕，2002年：1～14。

93. 田浩（Hoyt Cleveland Tillman），論朱熹和天──跟隨史華慈老師研究宋代思想史〔J〕，華東師範大學學報（哲學社會科學版），2008 年（1）：1～8，17。

94. 呂變庭，内外之學與朱熹的「物我」觀〔J〕，孔子研究，2008 年（1）：61～72。

95. 丁爲祥，儒者與政：「國是」、「朋黨」、「僞道學」──以余英時《朱熹的歷史世界》爲例〔J〕，陝西師範大學學報（哲學社會科學版），2008 年（1）：88～94。

96. 張思齊，錢穆黃帝觀的宗教意識〔J〕，煙臺大學學報（哲學社會科學版），2008 年（1）：61～67。

97. 薛其林，錢穆著眼文化創新的「合内外而開新」說〔J〕，長沙大學學報，2007 年（11）：40～44。

98. 何仁富，錢穆、唐君毅對新亞校訓「誠明」的釋義〔J〕，湖南科技學院學報，2007 年（11）：16～19。

99. 尤吾兵，朱熹「理一分殊」中「分」之正名〔J〕，南昌大學學報（人文社會科學版），2007 年（11）：12～14。

100. 陳啓雲，錢穆的儒學觀念與中國文化〔J〕，中國文化研究，2007 年（秋）：1～18。

101. 侯宏堂，從陳寅恪、錢穆到余英時──以「新宋學」之建構爲線索的探論〔D〕，華東師範大學，2007 年（4）。

102. 蕭發榮，論朱熹對張載思想的繼承與發展〔D〕，陝西師範大學，2007 年。

103. 詹石窗，楊燕，朱熹與《周易》先天學關係考論〔J〕，中國社會科學，2007 年（5）：181～190，208。

104. 李守愛，論朱子學對江戶時代現代意識的啓發〔J〕，日本學刊，2007 年（4）：116～129，160。

105. 陳良中，「十六字心傳」理論的形成及内蘊〔J〕，蘭州學刊，2007 年（4）：158～160，184。

106. 史少博，朱熹論命〔J〕，管子學刊，2007 年（3）：107～109，125。

107. 李景林、田智忠，朱子心論及其對先秦儒學性情論的創造性重建〔J〕，中國社會科學，2007 年（3）：88～99，205。

108. 陳曙光，錢穆「中國文化最優論」評析〔J〕，中南大學學報（社會科學版），2007 年（2）：90～96。

109. 任劍濤，文化衛道與政治抉擇──以徐復觀、錢穆爲例的討論〔J〕，文史哲，2007 年（2）：95～102。

110. 金春峰，國學現代化與中國哲學史──幾個方法論問題〔J〕，孔子研究，2007 年（2）：4～14。

111. 陳居淵，20 世紀清代學術史研究範式的歷史考察〔J〕，史學理論研究，2007 年（1）：87～97。

112. 方旭東，道學的無鬼神論：以朱熹爲中心的研究〔J〕，哲學研究，2006年（8）：32～36，128。

113. 何俊，推陳出新與守先待後──從朱熹研究論余英時的儒學觀〔J〕，學術月刊，2006 年（7）：61～68。

114. 徐公喜，《朱子學提綱》之朱子學精神〔J〕，合肥學院學報（社會科學版），2006 年（5）：18～21，27。

115. 蔡志強，平鋪化社會的衝突與整合──兼議錢穆關於中國古典政治文明的論述〔J〕，湖南城市學院學報，2006 年（5）：8～12。

116. 韓東育，日本「京學派」神道敘事中的朱子學〔1〕，求是學刊，2006 年（4）：124～129。

117. 徐波，和合會通之魂〔D〕，山東師範大學，2006 年。

118.〔韓國〕朱光鎬，朱熹哲學中「太極」概念的幾種涵義〔J〕，中國哲學史，2006 年（3）：90～95。

119. 韓東育，「道統」的自立願望與朱子學在日本的際遇〔J〕，中國社會科學，2006 年（3）：187～201，208。

120. 楊澤波，牟宗三三系論的理論貢獻及其方法終結〔J〕，中國哲學史，2006年（2）：116～125。

121. 徐國利，錢穆學術研究的重要推進──大陸首屆「錢穆學術思想研討會」綜述〔J〕，上海大學學報（社會科學版），2006 年（1）：153～155。

122. 蘇志宏，封建制度與遊士社會──錢穆史學觀初探〔J〕，甘肅社會科學，2006 年（1）：65～69。

123. 梁秉賦，經、史之間：淺談康有爲與錢穆的經學研究〔J〕，中國文化研究，2006 年（春）：11～13。

124. 韓軍，錢穆的文言世界及其現代視域〔J〕，吉首大學學報（社會科學版），2006 年（1）：100～104。

125. 蕭向東，論錢穆中西文化觀與學術思維的形成〔J〕，甘肅社會科學，2006年（1）：60～65。

126. 汪學群，錢穆的理學觀〔J〕，甘肅社會科學，2006 年（1）：73～76。

127. 鄧子美、孫群安，論錢穆獨特的人文教育理念〔J〕，無錫教育學院學報，2005 年（12）：7～10，28。

128. 蕭向東，「錢穆學術思想」研討會述評〔J〕，江南大學學報（人文社會科學版），2005 年（12）：19～21。

129. 趙建軍，錢穆學術史觀的美學意義〔J〕，江南大學學報（人文社會科學版），2005 年（12）：11～15。

130. 石興澤，傅斯年與錢穆的交往和分歧〔J〕，鹽城師範學院學報（人文社會科學版），2005 年（5）：84～89。

131. 劉桂秋，新發現的錢穆佚文《與子泉宗長書》〔J〕，江南文史，2005 年（4）：58～59。

132. 徐國利，錢穆的學術史方法與史識——義理、考據與辭章之辨〔J〕，史學史研究，2005 年（4）：61～70。

133. 王廣，「理一分殊」理念下的朱熹哲學〔D〕，山東大學，2005 年。

134. 翁有爲，求眞乎？經世乎？——傅斯年與錢穆學術思想之比較〔J〕，文史哲，2005 年（3）：115～122。

135. 孫劍秋，融通以達變：論錢穆先生對《易傳》的詮釋〔J〕，周易研究，2005 年（3）：72～80。

136. 翁有爲，求眞乎？經世乎？——傅斯年與錢穆學術思想之比較〔J〕，文史哲，2005 年（3）：115～122。

137. 盧鍾鋒，評錢穆的中國社會演變論〔J〕，史學理論研究，2005 年（3）：40～45。

138. 李帆，從《劉向歆父子年譜》看錢穆的史學理念〔J〕，史學史研究，2005 年（2）：46～54。

139. 金春峰，朱熹晚年思想〔J〕，山東大學學報，2005 年（1）：70～80。

140. 朱漢民，朱熹《四書》學與儒家工夫論〔J〕，北京大學學報（哲學社會科學版），2005 年（1）。

141. 杜保瑞，從朱熹鬼神觀談三教辨正問題的儒學理論建構〔J〕，東吳哲學學報第十期，2004 年（8）：55～92。

142. 宮哲兵，唯道論的創立〔J〕，哲學研究，2004 年（7）：34～40。

143. 陸玉芹、朱峰，薪火相傳 各領風騷——錢穆余英時中西文化觀比較〔J〕，福建師範大學學報（哲學社會科學版），2004 年（6）：104～110。

144. 芮宏明，錢穆文學研究述略〔D〕，華東師範大學，2004 年。

145. 張立文，《朱熹經學與中國經學》序〔J〕，中華文化論壇，2004 年（4）：102～106。

146. 廖名春，錢穆孔子與《周易》關係說考辨〔J〕，河北學刊，2004 年（3）：88～93。

147. 朱寰，錢穆天人觀的轉變〔J〕，青島大學師範學院學報，2004 年（3）：12～16。

148. 陸玉芹，論戴景賢對錢穆學術思想的解讀〔J〕，鹽城師範學院學報（人文社會科學版），2004 年（2）：17～21。

149. 陳祖武，錢賓四先生與《清儒學案》〔J〕，北京師範大學學報（社會科學版），2004 年（1）：61～66。

150. 陸玉芹、錢穆，余英時學術傳承管窺——以中西文化觀爲例〔J〕，江西社會科學，2004 年（1）：98～103。

151. 廖建平，錢穆的人類生命觀及其意義〔J〕，江漢論壇，2003 年（11）：65～67。

152. 程利田，朱子學的世界傳播和影響〔J〕，南平師專學報，2003 年（9）：21～26。

153. 楊澤波，「道德他律」還是「道德無力」——論牟宗三道德他律學說的概念混亂及其眞實目的〔J〕，哲學研究，2003 年（6）：48～53，95。

154. 柴文華，現代新儒家文化觀研究〔D〕，黑龍江大學，2003 年。

155. 楊澤波，論牟宗三「以縱攝橫，融橫於縱」綜合思想的意義與不足〔J〕，東嶽論叢，2003 年（3）：60～64。

156. 路新生，理解戴震（續）——錢穆余英時「戴震研究」辨正〔J〕，華東師範大學學報（哲學社會科學版），2003 年（3）：48～53。

157. 徐國利，錢穆的歷史文化構成論及其中西歷史文化比較觀——對錢穆歷史文化哲學的一個審視〔J〕，中國社會科學院研究生院學報，2003 年（2）：55～61。

158. 路新生，理解戴震——錢穆余英時「戴震研究」辨正〔J〕，華東師範大學學報（哲學社會科學版），2003 年（1）：21～27。

159. 陳勇，「不知宋學，則無以評漢宋之是非」——錢穆與清代學術史研究〔J〕，史學理論研究，2003 年（1）：48～58。

160. 廖建平，論錢穆的藝術人生觀〔J〕，求索，2003 年（1）：150～153。

161. 劉衛、徐國利，錢穆的史學方法論思想〔J〕，史學月刊，2002 年（10）：12～16。

162. 徐剛，試論朱熹生命哲學思想〔J〕，哲學研究，2002 年（10）：31～36。

163. 陳代湘，現代新儒家的朱子學研究概述〔J〕，哲學動態，2002 年（7）：25～28。

164. 許炎初，如何理解錢賓四先生的「孔子——朱子學脈論」——本《論語新解》理解《朱子新學案》〔A〕，華梵大學「第六屆儒佛會通學術研討會」〔C〕，2002 年（5）。

165. 張新民，朱子「去惡全善」思想的本體論與工夫論〔J〕，孔子研究，2002 年（4）：44～53。

166. 陳代湘，論錢穆與牟宗三對朱子中和學說的研究〔J〕，泉州師範學院學報（社會科學），2002 年（1）：97～100，146。

167. 徐國利，錢穆的人文歷史認識思想述論〔J〕，求是學刊，2002 年（1）：110～115。

168. 陳代湘，錢穆的朱子心學論評析〔J〕，中國文化研究，2001 年（秋）：74
～78。

169. 魏宗禹，朱子學與當代中國思維〔J〕，山西師大學報（社會科學版），2001
年（10）：23～27。

170. 湯一介，「道始於情」的哲學詮釋──五論創建中國解釋學問題〔J〕，《學
術月刊》，2001 年（7）：40～44。

171. 楊國榮，理念與境遇──論朱熹的倫理思想〔J〕，孔子研究，2001 年（3）：
88～93。

172. 潘立勇，「氣」在朱子理學美學中的意義〔J〕，中國哲學史，2001 年（2）：
29～36。

173. 陳代湘，論錢穆與牟宗三對朱子中和學說的研究〔J〕，泉州師範學院學
報（社會科學），2001 年（1）：97～100。

174. 張立文，超越與創新──20 世紀朱子學研究的回顧與展望〔J〕，中華文
化論壇，2001 年（1）：75～79。

175. 黃俊傑，錢賓四史學中的「國史」觀：內涵、方法與意義〔J〕，臺大歷
史學報（26），2000 年（12）：1～37。

176. 戴景賢，論錢賓四先生「中國文化特質」說之形成與其內涵〔J〕，臺大
歷史學報（26），2000 年（12）：39～62。

177. 吳展良，學問之入與出：錢賓四先生與理學〔J〕，臺大歷史學報（26），
2000 年（12）：63～98。

178. 王南湜，範式轉換：從本體論、認識論到人類學──近五十年中國主流
哲學的演變及其邏輯〔J〕，南開學報，2000 年（6）：1～9。

179. 徐國利，錢穆的史學思想研究〔D〕，中國社會科學院研究生院，2000 年。

180. 徐國利，錢穆論史體與史書〔J〕，史學史研究，2000 年（4）：53～60。

181. 周國棟，兩種不同的學術史範式──梁啓超、錢穆《中國近三百年學術
史》之比較〔J〕，史學月刊，2000 年（4）：110～117。

182. 徐國利，錢穆的歷史本體「心性論」初探──錢穆民族文化生命史觀疏
論〔J〕，史學理論研究，2000 年（4）：39～51。

183. 彭永捷，論理學人性論的兩個方向──以朱子和象山爲中心〔J〕，東方
論壇，2000 年（4）：1～10。

184. 張立文，儒佛之辯與宋明理學〔J〕，中國哲學史，2000 年（2）：14～25。

185. 鄭吉雄，錢穆先生治學方法的三點特性〔J〕，文史哲，2000 年（2）：22
～26。

186. 楊小明，朱熹理學本體論的科學內涵和意義發微〔J〕，華僑大學學報（哲
社版），1999 年（4）：109～113。

187. 李冬君，錢穆的儒家本位文化現述評〔J〕，華僑大學學報（哲社版），1999年（4）：88～96。

188. 劉巍，二三十年代清字史整理中錢穆與梁啓超胡適的學術思想交涉——以戴震研究為例〔J〕，清華大學學報（哲學社會科學版），1999年（4）：63～72。

189. 彭永捷，朱子「宇宙生成論」之檢討〔J〕，孔子研究，1999年（2）：68～75。

190. 李承貴，理欲關係的歷史壇變〔J〕，南昌大學學報（哲社版），1998年（6）：8～13。

191. 彭永捷，「理一分殊」新釋——兼論朱子對「理」的本體地位的論證〔J〕，中國人民大學學報，1998年（1）：39～44。

192. 羅義俊，論士與中國傳統文——錢穆的中國知識分子觀（古代篇）〔J〕，史林，1997年（4）：1～9。

193. 郭齊勇、汪學群，錢穆學術思想探討〔J〕，學術月刊，1997年（2）：20～26。

194. 李景林，讀《錢穆評傳》〔J〕，中國哲學史，1997年（1）：122～125。

195. 羅義俊，錢穆及其史學綱要〔J〕，歷史教學問題，1997年（1）：13～16。

196. 羅義俊，論錢穆與中國文化〔J〕，史林，1996年（4）：84～94。

197. 王曉毅，錢穆先生文化生命史觀的意義——兼論史學的困境與出路〔J〕，史學理論研究，1996年（1）：57～61，28。

198. 成中英，當代新儒學與新儒家的自我超越：一個致廣大與盡精微的追求〔J〕，中國社會科學季刊，1995年（秋季卷）。

199. 楊嵐，錢穆論中國現代文化的出路〔J〕，中州學刊，1995年（6）：140～144。

200. 石小晉，論錢穆的史學思想〔J〕，江漢論壇，1995年（6）：51～55。

201. 湯一介，讀錢穆先生《中國文化對人類未來可有之貢獻》〔J〕，北京大學學報（哲學社會科學版），1995年（4）：50～52。

202. 徐剛，張載自然哲學對朱熹的影響〔J〕，華東師範大學學報（哲學社會科學版），1995年（4）：59～64。

203. 楊嵐，錢穆的「心論」淺析〔J〕，天津黨校學刊，1995年（3）：20～23。

204. 翁有為，錢穆政治思想研究〔J〕，史學月刊，1994年（4）：62～67。

205. 羅義俊，活潑潑的大生命，活潑潑的心——錢穆歷史觀要義疏解〔J〕，史林，1994年（4）：14～20，27。

206. 辛華，話說余英時對新儒家的質疑〔J〕，人文雜誌，1994年（3）：35～39，118。

207. 陳勇，從錢穆的中西文化比較看他的民族文化觀〔J〕，中國文化研究，1994 年（春）：22～29。

208. 陳勇，略論錢穆的歷史思想和史學思想〔J〕，史學理論研究，1994 年（2）：47～62。

209. 龔振黔，朱熹「氣」的學說初探〔J〕，貴州社會科學，1994 年（2）：43～47。

210. 陳勇，「理一分殊」在朱熹倫理學體系建構中的核心作用〔J〕，孔子研究，1993（1）：82～89。

211. 蔡尚思，天人合一論即各家的託天立論——讀錢穆先生最後一篇文章有感〔J〕，中國文化，1993 年（1）：65。

212. 翁有為，錢穆文化思想研究〔J〕，河南大學學報（社會科學版），1992 年（4）：45～52。

213. 陳來，「新理學」形上學之檢討〔J〕，中州學刊，1991 年（2）：61～66，55。

214. 劉述先，朱熹思想究竟是一元論還是二元論〔J〕，中國文哲學研究集刊（創刊號），1991 年（3）：181～198。

215. 蒙培元，從心性論看朱熹哲學的歷史地位〔J〕，福建論壇（人文社會科學版），1990 年（6）：1～6。

216. 陳來，此亦一述朱，彼亦一述朱〔J〕，讀書，1989 年（9）：105～108。

217. 王健，簡論朱熹理氣思想的認識論構架〔J〕，哲學研究，1989 年（5）：66～70。

218. 錢碗約，錢穆及其文化學研究〔J〕，武漢大學學報（社會科學版），1989 年（5）：97～102，45。

219. 黃克剋，現代文化的儒學觀照——讀錢穆《文化學大義》〔J〕，中國文化，1989 年（1）：174～180。

220. 〔美〕杜維明，儒學傳統的改建——錢穆《朱子新學案》評介〔J〕，孔子研究，1987 年（1）：115～123。

221. 羅義俊，論錢穆先生的史學對象論——錢穆先生史學方法論探索之一〔J〕，史林，1987 年（1）：35～45。

附　錄

附錄一：錢穆著述年表

（按著述首字拼音和初版時間綜合排序）

首字拼音	著述名稱	時　間			初版單位	相關說明
		寫作時間	修訂時間	初版時間		
B	《八十憶雙親》	1974 年		1975 年	香港中大新亞校友會	
	《八十憶雙親師友雜憶合刊》	1977 年秋至 1982 年		1983 年 1 月	臺北東大圖書公司	
C	《從中國歷史來看中國民族性及中國文化》	1978 年 10 月		1979 年 8 月	臺北聯經出版事業公司	
D	《讀墨闇解》			1918 年	未刊，見《師友雜憶》	
	《讀史隨劄》	多篇寫於 1941 年喪母之後		1998 年	聯經出版事業公司	生前未付梓
G	《國學概論》	1926 年夏～1928 年春	1956 年	1931 年 5 月	上海商務印書館	
	《國史大綱》（上、下）	1938 年 5 月 10 日至 1939 年 6 月 14 日	1974 年 9 月 1991 年 4 月	1940 年 6 月	上海商務印書館	
	《國史新論》	1941 年、1950 年、1951 年	1988 年	1953 年 5 月	香港自刊本	
	《古史地理論叢》	30 年代	1981 年	1982 年 7 月	臺北東大書公司	

首字拼音	著述名稱	時 間			初版單位	相關說明
		寫作時間	修訂時間	初版時間		
H	《惠施公孫龍》	1929 年	1977 年	1931 年 8 月	上海商務印書館	
	《黃帝》			1954 年	臺北勝利出版社	
	《湖上閒思錄》	1948 年春		1960 年 5 月	香港人生出版社	
J	《講堂遺錄》	1945 年 12 月起至 1975 年夏		1998 年 5 月	臺北聯經出版事業公司	講堂記錄稿
K	《孔子論語新編》			1963 年	臺北商務印書館	
	《孔子傳》	1973 年 9 月～1974 年 2 月	1975 年 7 月	1974 年 8 月	臺北孔孟學會	初版因故未付印，1987 年 7 月由臺北東大圖書公司正式發行
	《孔子與論語》	由歷年單篇論文匯輯		1974 年 9 月	臺北聯經出版事業公司	
	《孔子略傳〈論語〉新編》			1975 年 10 月	臺北廣學社印書館	
L	《論民國今後之外交政策》			1912 年 4 月	《東方雜誌》徵文三等獎，未刊	
	《論語文解》	1913～1918 年		1918 年 11 月	上海商務印書館	先生第一部正式著書
	《論語要略》	1924 年		1925 年 3 月	上海商務印書館	
	《論語新解》（上、下）	1952 年春 1960 年春至 1963 年		1963 年 12 月	香港新亞研究所	

首字拼音	著述名稱	時　間			初版單位	相關說明
		寫作時間	修訂時間	初版時間		
L	《劉向歆父子年譜》			1930 年	《燕京學報》第七期	
	《老子辨》			1932 年	上海大華書店	
	《兩漢經學今古文評議》			1958 年 8 月	香港新亞研究所	
	《理學六家詩鈔》	1971 年至 1973 年秋		1974 年一月	臺北臺灣中華書局	
	《靈魂與心》	1942 年 1975 年		1976 年 2 月	臺北聯經出版事業有限公司	
	《歷史與文化論叢》	1949 年到 1979 年		1979 年 8 月	臺北東大圖書公司	
M	《墨經闇解》			1918 年	未刊，見《師友雜憶》	
	《孟子要略》	1925 年		1926 年	上海大華書局	
	《墨子》	1929 年		1930 年 3 月	上海商務印書館	
	《孟子研究》			1948 年	上海開明書店	
	《民族與文化》	1959 年 9 月	1989 年	1960 年 6 月	臺北聯合出版中心	
P	《闢宥言》（八篇）			1919 年春	見《師友雜憶》，後四篇收入《朱懷天先生紀念集》	
Q	《清儒學案》	1942 年				為國立編譯館寫，稿成佚失

首字拼音	著述名稱	時 間			初版單位	相關說明
		寫作時間	修訂時間	初版時間		
Q	《秦漢史》	1931 年秋至 1932 年 1956 年		1957 年 3 月	香港新華印刷股份公司	
	《錢賓四先生全集》（54 冊）			1998 年 5 月	聯經出版事業公司	
R	《人生十論》	1949 年入港後	1982 年 7 月	1955 年 6 月	香港人生出版社	
	《人生三步驟》			1978 年 12 月 19 日	《中華日報》	初爲香港大學講演辭
S	《宋明理學概述》	1952 年 10 月～1953 年	1976 年 8 月	1953 年 6 月	中華文化出版事業社	
	《四書釋義》	1924、1925、1953 年	1978 年 6 月	1953 年 6 月	中華文化出版事業委員會	刪訂時以《論語要略》爲多
	《史記地名考》	1939 年夏至 1940 年夏	1966 年 4 月	1942 年	上海開明書店	初版時未署錢穆之名
	《史學導言》			1970 年 5 月	臺北中央日報社	
	《世界局勢與中國文化》	1975 年		1977 年 5 月	臺北東大圖書公司	
	《雙溪獨語》	1972 年秋至 1973 年夏	1983 年 3 月	1981 年 1 月	臺北臺灣學生書局	
	《宋明理學三書隨箚》	1981 年秋至 1983 年 4 月		1983 年 10 月	臺北東大圖書公司	
	《素書樓餘瀋》			1998 年 5 月	臺北聯經出版事業公司	沒有歸類之零篇
W	《王守仁》	1928 年春	1954 年 10 月易名《陽明學述要》	1930 年 3 月	上海商務印書館	

首字拼音	著述名稱	時　間			初版單位	相關說明
		寫作時間	修訂時間	初版時間		
W	《文化與教育》	抗戰期間	1975 年歲末	1942 年 6 月	重慶國民圖書出版社	
	《文化學大義》	1950 年 12 月	1987 年	1952 年 1 月	臺北正中書局	
	《王陽明先生傳習錄及大學問節本》			1957 年 6 月	香港人生出版社	
	《晚學盲言》（上、下）	約 1978 年至 1986 年秋		1987 年 8 月	臺北東大圖書公司	
X	《先秦諸子繫年》（上、下）	1923 年秋，積四五載	1956 年 6 月	1935 年 12 月	上海商務印書館	
	《學籥》	1935 年、1948 年、1955 年～1956 年		1958 年 6 月	香港自刊本	
	《現代中國學術論衡》	1983 年冬		1984 年 12 月	臺北東大圖書公司	
	《新亞遺鐸》	新亞主校政期間		1989 年 9 月	臺北東大圖書公司	
Y	《陽明學述要》			1955 年 3 月	臺北正中書局	
Z	《朱懷天先生紀念集》			1919 年 8 月	上海自刊本	
	《周公》	1926 年		1931 年 1 月	上海商務印書館	
	《中國近三百年學術史》	1931 年秋至 1936 年		1937 年 5 月	上海商務印書館	
	《中國文化史導論》	1943～1944 年	1987 年	1948 年 7 月	上海正中書局	
	《政學私言》	1945 年抗戰末期	1967 年後	1945 年 11 月	重慶商務印書館	
	《中國人之宗教社會及人生觀》			1949 年 5 月	臺北自由中國出版社	

首字拼音	著述名稱	時間			初版單位	相關說明
		寫作時間	修訂時間	初版時間		
Z	《中國社會演變》			1950 年 10 月	臺北中國問題研究所	
	《中國知識分子》			1951 年	香港中國問題研究所	
	《中國歷史精神》			1951 年 11 月	臺北國民出版社	
	《莊子纂箋》	1948 年 12 月 9 日～1949 年 2 月 9 日	1955 年 1957 年 1962 年	1951 年 12 月	香港東南印務公司	
	《中國歷史精神》	1951 年	1954 年 1 月 1964 年	1952 年 7 月	印度尼西亞雅加達天聲日報社	北防組約組軍之特應國高官之應臺國演講
	《中國歷代政治得失》	1952 年	1955 年	1952 年 11 月	香港自刊本	北應何欽之邀作演講在臺受
	《中國思想史》	1950 年冬至 1951 年 8 月	1977 年春 1980 年	1952 年 11 月	臺北中華文化出版事業委員會	
	《中國思想通俗講話》	1955 年 3 月	1979 年 1987 年	1955 年 3 月	香港自刊本	原為 1954 年夏應蔣經國之邀所作演講
	《莊老通辨》	1923 年夏至 1957 年	1971 年	1957 年 10 月	香港新亞研究所	
	《中國歷史研究法》	1961 年	1987 年	1961 年 12 月	香港孟氏教育基金委員會	港孟氏基金會作應香孟氏基金之邀演講在

首字拼音	著述名稱	時　間			初版單位	相關說明
		寫作時間	修訂時間	初版時間		
Z	《中國文學講演集》			1963 年 3 月	香港人生出版社	後增訂為《中國文學論叢》
	《中華文化十二講》	1967 年	1985 年	1968 年 7 月	臺北三民書局	應國防部之邀為軍民作演講
	《中國文化傳統的潛力》			1968 年	臺北幼獅文化事業出版社	
	《中國文化叢談》（一）（二）	多數寫於 1949 年以後		1969 年 11 月	臺北三民書局	
	《中國文化精神》	1971 年春		1971 年 7 月	臺北三民書局	應國防部之邀為軍民作演講
	《朱子新學案》（1～5）	1964 年夏至 1970 年		1971 年 9 月	臺北三民書局	
	《朱子學提綱》			1971 年 11 月	臺北自刊本	
	《中國史學名著》	1970 年至 1972 年	1980 年	1973 年 2 月	臺北三民書局	由戴景賢據錄音寫出
	《中國學術通義》	1947 年 9 月至 1980 年春	1982 年 1 月	1975 年 9 月	臺北臺灣學生書局	
	《中國學術思想史論叢》（1）			1976 年 6 月	臺北東大圖書公司	以春秋為斷
	《中國學術思想史論叢》（2）	60 年來之散篇論文匯輯		1977 年 2 月		春秋戰國
	《中國學術思想史論叢》（3）			1977 年 7 月		秦漢至南北朝

首字拼音	著述名稱	時　間			初版單位	相關說明
		寫作時間	修訂時間	初版時間		
Z	《中國學術思想史論叢》（4）	60年來之散篇論文匯輯		1978年1月	臺北東大圖書公司	隋唐
	《中國學術思想史論叢》（5）			1978年7月		兩宋
	《中國學術思想史論叢》（6）			1978年11月		宋以後至明初
	《中國學術思想史論叢》（7）			1979年7月		有明一代理學
	《中國學術思想史論叢》（8）			1980年3月		有清一代
	《中國通史參考資料》			1981年12月	臺北東升出版公司	
	《中國文學論叢》		書出以後	1983年7月	臺北東大圖書公司	原名《中國文學講演集》
	《中國文化特質》			1983年9月	陽明山莊	
	《中國史學發微》	1939年、1950年，多數作於移臺之後		1989年3月	臺北東大圖書公司	
	《中國文化對人類未來可有的貢獻》			1990年9月26日	《聯合報》	
	《中國經濟史》	1954～1955年		2013年12月	北京聯合出版公司，後浪出版公司	錢穆講授，葉龍記錄整理

注：該表所列「修訂時間」，僅指經作者本人對原著親手修訂的時間，其他人對錢穆作品所做修訂時間沒有列入其中。

附錄二：人心與天理的較量——
《論語》朱熹注本與錢穆注本的比較

摘　要

　　《論語》的朱熹注本是歷來的通行本。雖然錢穆一再稱道朱注本，且晚年歸宗朱子，但他的思想卻明顯的具有不同於朱熹的以「天理」爲著眼點的心學特質。這一特質體現在他的注本《論語新解》中，就是要以自己看重的「人心」來替換朱熹看重的「天理」。本文通過對兩注本的比較發現，無論是朱注本還是錢注本，都是用「一以貫之」的思維解讀《論語》的典範之作，都爲我們深入理解孔子思想提供了好的門徑。但不可否認，兩注本都有這樣或那樣的瑕疵。瑕疵出現的原因固然是多方面的，但本文認爲，「一以貫之」的思維是主要原因。在注解經文時如果不能徹底地貫徹歷史與邏輯相統一的原則，那麼「一以貫之」的想法只會讓注本偏離經文，成爲自說自話。

關鍵詞：論語；人心；天理；一以貫之

　　《論語》，儒家的聖經。爲了更好地理解孔學的本質、人道的內涵，歷來對《論語》進行解讀的著作多如牛毛，形成了蔚爲大觀的論語學。但因爲時代、體例等原因，不同的注本在訓解同一語句時，就有了這樣或那樣的不同，這個不同的產生跟注者本人的學術特質有著密切關係。

　　朱熹《四書章句集注》中的《論語集注》，是宋以來的通行本，錢穆本人也一再稱道朱注本：

> 朱子注《論語》有三大長處：一、簡明。古今注《論語》書多矣，獨朱注最爲簡單明白。二、朱注能深入淺出。初學可以淺讀，成學可以深讀，可以使人終身誦讀不厭。三、朱注於義理、考據、辭章三方面皆優。〔註1〕

可以說，錢穆的評價是切合實際的。既然如此，錢穆爲何還要再寫作《論語新解》呢？對於這個問題，錢穆自己這樣解釋：

> 及抗戰時在成都，病中讀《朱子語類》……約半年，讀《朱子語類》始畢，乃知朱子注《論語》，於義理亦多錯，並多錯在性與天道等大綱節上。此乃程朱與孔孟思想分異所在。〔註2〕

錢穆認爲，朱注本多在「性與天道等大綱節上」出錯，而此等「大綱節」處正是朱注本力圖對《論語》進行宏觀把握的「一以貫之」之處。這個「一以貫之」之處體現在朱注本中，一言以蔽之，就是「天理」二字。正是有鑒於此，錢穆在 20 世紀的 60 年代完成了他晚年的又一代表性著作——基於「人心」解讀《論語》的《論語新解》。而對比朱注本和錢注本，就能很好地看出二人在思想上各自的旨趣所在。

一、「天理」本於「人心」

　　眾所周知，錢穆是近現代少有的通儒，他學淹四部，而晚年以《朱子新學案》爲標誌歸宗朱子。錢穆研究朱子學最引人注目的地方莫過於他從「心」的角度解讀朱子學，甚至認爲稱朱子學爲心學亦未嘗不可。而錢穆對朱子學之所以會有這樣的認識，歸根到底，來自他對整個儒家思想的體認。對於儒學的濫觴處的孔子思想，錢穆就一直以心學目之：

〔註1〕錢穆：《新亞遺鐸·〈論語〉讀法》，生活·讀書·新知三聯書店，2005 年版，第 312 頁。

〔註2〕錢穆：《新亞遺鐸·〈論語〉讀法》，生活·讀書·新知三聯書店，2005 年版，313 頁。

　　孔子的學問，一種是「心學」，一種是「史學」，史學還要從心學入手。不瞭解人的心，斷不能瞭解人的事。……孔子之學，實在是六通四闢，廣大無邊，但發端則只在「一心」。〔註3〕

「心」在錢穆的思想體系裏既不等同於陸王心學的「心」，也不等同於程朱理學「心統性情」的「心」。錢穆言「心」主要是基於史學立場的，用他自己的話說這個「心」就是「文化心」，是公心而非私心，是道心而非人心。錢穆的「心」學體現了他力圖打通朱陸之間壁壘，使「尊德性」與「道問學」融通為一的努力。這種努力體現在《論語新解》中，就是用「心」和「學」同時解讀孔學，使「學」成為「心」的學問，認為孔學是真正的「為己」之學。與朱熹思想的重「天理」的特點相比，錢穆思想重「人心」的特點在《新解》中得到了淋漓盡致的展現。下面就試舉兩個例子加以說明。

　　對於《顏淵篇》的「克己復禮」章，朱注這樣說：

　　　　仁者，本心之全德。克，勝也。己，謂身之私欲也。復，反也。禮者，天理之節文也。為仁者，所以全其心之德也。蓋心之全德，莫非天理，而亦不能不壞於人欲。故為仁者必有以勝私欲而復於禮，則事皆天理，而本心之德復全於我矣。歸，猶與也。又言一日克己復禮，則天下之人皆與其仁，極言其傚之甚速而至大也。又言為仁由己而非他人所能預，又見其機之在我而無難也。日日克之，不以為難，則私欲淨盡，天理流行，而仁不可勝用矣。（《四書章句集注·論語集注·顏淵篇》）

對於朱熹的解讀，錢穆不甚滿意。他這樣說：

　　　　克，猶克。有約束義，有抑制義。克己，約束己身。或說：克去私欲。下文為仁由己，同一己字，皆指身，不得謂上一己字特指私欲。……蓋人道相處必以仁，古訓，「仁者相人偶」。若立心行事，專以己身為主，不顧及相偶之對方，此乃一切不仁之本源，故仁道必以能約束己身為先。……為仁，猶謂如是乃為仁。仁存於心，禮見於行，必內外心行全一始成道，故論語常仁禮並言。一說：此為字作行字解，謂克己復以行仁，今不從。天下歸仁焉，一說，歸猶與。言能一日克己復禮，則天下之人莫不歸與其仁，極言其傚之速

　　且大。然仁爲己之心德，以存諸己者爲主，不以外面效應爲重，且
　　亦無此速效。即如所解，當云「天下歸仁矣」，今言「歸仁焉」，焉
　　有於此於彼之義。言天下於此歸仁，原義當謂苟能一日克己復禮，
　　即在此處，便見天下盡歸入我之仁心中。〔註4〕

可以說，在「克己復禮」這個孔顏相授的切要問題上，朱注和錢注有著較大
的分歧。而這個分歧集中地體現在「天理」與「人心」的較量上。朱注以「本
心之全德」解「仁」，以「天理之節文」解「禮」，這樣，要成「仁」，就必須
克去不屬於天理的私欲，只有這樣，才能使自己復之於「禮」，從而達成「仁」
道。這種把「天理」高懸於「人心」之上，使得本於「人心」的「天理」變
得生硬、缺少人情味的解讀，是錢穆所不贊成的。在錢穆的眼中，無論是「天
理」還是「人欲」，一本於「人心」。只不過「人心」有私心與公心的區別罷
了，錢穆通常所說的心卻都是指公心，即共通心。既然如此，朱熹所說的「天
理」也只有在「人心」之相通處才有存在的可能，而這一可能又必須以個體
的心的存在與修爲爲依據。只有本於人心說「天理」，本於人心說「仁」和「禮」，
才更易於人接受和踐行。錢穆不是不看重天理，而是把天理放回了人心。這
樣，天理就不再是高高在上的道德他律，而變成了源於個體內心的道德自律。
從這一意義上說，不能說錢注不比朱注更切入人心，更切合儒家人道精神的
實際。

　　類似的例子還有很多，姑且再拈出一則。對於《學而篇》的「禮之用，
和爲貴」章，朱熹注解爲：

　　　　禮者，天理之節文，人事之儀則也。和者，從容不迫之意。蓋
　　禮之爲體雖嚴，而皆出於自然之理，故其爲用，必從容而不迫，乃
　　爲可貴。……愚謂嚴而泰，和而節，此理之當然，禮之全體也。
　　（《四書章句集注・論語集注・學而篇》）

錢注則這樣說：

　　　　禮主敬，若在人群間加以種種分別。實則禮貴和，乃在人群間
　　與以種種調融。……父子夫婦，至爲親密，然雙方亦必有別，有節
　　限，始得相與成和。專一用和，而無禮以爲之節，則亦不可行，言
　　外見有禮無和之不可行，故下一「亦」字。本章大義，言禮必和順
　　於人心，當使人由之而皆安，既非情所不堪，亦非力所難勉，斯爲

〔註4〕錢穆：《論語新解》，東大圖書公司，1988年版，第413〜415頁。

可貴。若強立一禮，終不能和，又何得行？故禮非嚴束以強人，必於禮得和。〔註5〕

朱注依舊是本於高高在上的「天理」來談禮，就連對「和」的解讀也是本於「天理」：「和者，從容不迫之意。蓋禮之爲體雖嚴，而皆出於自然之理，故其爲用，必從容而不迫，乃爲可貴。」其實，「和」應是作爲「天理之節文」的禮所追求的最高境界，是禮在運用時達到的人與人之間的一種和樂的狀態。即便如朱注所說，「和」是從容不迫的意思，禮之爲用，又必然會從容不迫，那麼「和爲貴」三字豈不多餘？依據朱注的思路，莫不如把語錄原文改爲「禮之用，必爲和」似乎更爲妥當。而且，朱注還說「和而節，此理之當然」，既然在朱子看來，「和」都是當然的，那又哪裏用得上再說「和而節」，前後豈不衝突？所以說，僅僅關注天理而忘記了人心人情來談人道，這不能不說是個不足。而錢注在這一點上就處理得較好，讓人從切己之處思考「禮」的問題，順於人心，不忘人情，因此，也就使「禮」眞正的成爲發於人心的「天理之節文」。

二、「人心」也要服從「天理」

以上舉的兩個例子說明了錢注高於朱注之處，但同樣是基於「人心」與「天理」的視角，也有朱注高於錢注之處。

在《爲政篇》中，對「孟懿子問孝。子曰『無違』」一句，朱注是這樣解讀：

無違，謂不背於理。（《四書章句集注·論語集注·爲政篇》）

錢注這樣說：

蓋欲其善體父命卒成父志。〔註6〕

從後面孔子對此回答的進一步解釋「生，事之以禮；死，葬之以禮」來看，無疑朱注的以「不背於理」來解釋「無違」二字是恰當的；而錢注用了「善體」二字來加以解釋，顯然體現的是以「人心」爲視角來解經的一貫思路。在錢穆的視域中，兒子如果不能用自己的心來好好體會父親的心，那就不足以稱爲孝。如果單看此句，這樣說也未嘗不可，且《子路篇》中還有孔子主張「父爲子隱，子爲父隱」的話。但專就本章來看，一如前面的分析，錢注這樣的解讀顯然是不合適的。

〔註5〕 錢穆：《論語新解》，東大圖書公司，1988 年版，第 21～22 頁。
〔註6〕 錢穆：《論語新解》，東大圖書公司，1988 年版，第 39 頁。

從上面所舉的例子可以看出，「天理」雖然體現了「人心之同然」，但「人心」也自有其局限。最大的局限莫過於「公心」與「私心」的難於區分，而一本於「情」也就難免於悖「理」。

同樣的情況在《爲政篇》的第三章中也有出現。在解讀「道之以政，齊之以刑，民免而無恥；道之以德，齊之以禮，有恥且格」一句時，朱注認爲：

> 政者，爲治之具。刑者，輔治之法。德禮則所以出治之本，而德又禮之本也。此其相爲終始，雖不可以偏廢，然政刑能使民遠罪而已，德禮之效，則有以使民日遷善而不自知。故治民者不可徒恃其末，又當深探其本也。（《四書章句集注·論語集注·爲政篇》）

錢穆對於此章的解讀是：

> 以政事領導民眾，仍是居上臨下，法制禁令，其效不能深入人心。……導之而不從，以刑罰齊一之，民知有畏而已，其心無所感化。……德者，在上者自己之人格與心地，以此爲領導，乃人與人心與之相感相通，非居上臨下之比。……禮，制度品節。人人蹈行於制度品節中，此亦有齊一之效。然一於禮，不一於刑。禮之本在於雙方之情意相通，由感召，不能畏懼。……格，至義。在上者以德化之，又能以禮齊之，在下者自知恥所不及，而與上同至其所。[註7]

兩人注解的根本區別在對「政刑」和「德禮」的態度上。朱注在肯定「德禮」爲「本」的基礎上，並沒有否定「政刑」作爲「末」的作用；而錢注在這個環節上沒有著力去辨析，只是把著眼點放在「德禮」上，並說「一於禮，不一於刑」，似乎有只要本不要末的傾向。而就後文「君子懷刑，小人懷惠」的思想來看，顯然朱子的注解更接近孔子的原意。這也同樣說明，只憑「人心」來解《論語》是不夠的，而弄不好還會出現人爲拔高的弊端，下面舉的例子也可以說明這一點。

在《學而篇》的第一章，在對人人耳熟能詳的「學而時習之」一章的解讀中，朱注和錢注的不同主要體現在對最後一句「人不知而不慍，不亦君子乎」的理解上。朱注認爲：

> 愚謂及人而樂者順而易，不知而不慍者逆而難，故惟成德者能之。然德之所以成，亦曰學之正、習之熟、說之深，而不已焉耳。
> （《四書章句集注·論語集注·學而篇》）

〔註 7〕 錢穆：《論語新解》，東大圖書公司，1988 年版，第 32～33 頁。

錢注這樣說：

> 本章乃敘述一理想學者之畢生經歷。……最後一境，本非學者
> 所望。學者深造日進，至於人不能知，乃屬無可奈何。聖人深造之
> 已極，自知彌深，自信彌篤，乃曰「知我者其天乎」，然非淺學者所
> 當驟企也。〔註8〕

孔子的偉大任誰也都不會否認，聖人的境界不可輕易企及這也是人所共知。
但專就本章來講，孔子的思想僅是重在勸「學」，學什麼？學為人之道；光學
來為人之道還不行，還要善用為人之道，僅此而已。

善用為人之道首先體現在自己的生活中：有志同道合的朋友從遠方來共
同學習，當然是件樂事；但依然有人不深明人道，不瞭解我，對之能不惱怒，
而只有君子才能做到這一點。

善用為人之道還體現在「教」的環節上：有朋自遠方而來求教自然是樂事，
但在教的過程中，如自己反覆講解，對方仍不知「道」，自己也不惱怒，能做
到這一點的人才可稱為君子。「人不知而不慍」是承接前面「學」字而來，主
要是談「教」的問題，是修業與進德應同時並進的問題，可以說這是孔子在教
導學生既要做一個好的學者，又要做一個好的教者。「慍」與「樂」相對而提，
對不知我者「不慍」比對知我者「樂」更能體現出一個人的道德修為。因此，
本章的三句話與其說是學者在求學中達到的三種境界，還不如說是孔子教導學
生：隨著進德修業程度的加深，在面對不同情形時只有具備了這樣的心態才是
君子。這樣看來，朱注似更妥當，而錢注人為拔高的色彩就很濃了。

三、「人心」與「天理」之外

「天理」本於「人心」，「人心」也要服從「天理」，這句話可以在一般的
意義上談，也可以專就《論語》本書談。錢注本在依據「史學」的基礎上，
從「心學」的視角來解讀《論語》；朱注本也在「史學」的視域中，卻依據「理
學」還分析《論語》。不能否認，兩個注本都是透視孔學的很好的注本。但也
應看到，《論語》並非一時一人所記，且即便是一時一人所記，記的也是孔子
與其門人弟子不同時期的言行，因此，其中涉及到的孔子及其弟子的思想也
就不能保證就是絕對的「一以貫之」。因此，用一種思維來歸納孔學精神可以，

〔註8〕　錢穆：《論語新解》，東大圖書公司，1988年版，第3～4頁。

用來涵蓋整部《論語》的方方面面，則有可能背離《論語》。下面舉的例子就是兩個注本都背離了《論語》原文意思的明顯例證。

在《里仁篇》中有這樣的話：「君子懷德，小人懷土；君子懷刑，小人懷惠。」朱注解讀為：

> 懷，思念也。懷德，謂存其固有之善。懷土，謂溺其所處之安。懷刑，謂畏法。懷惠，謂貪利。君子小人趣向不同，公私之間而已。尹氏曰：「樂善惡不善，所以為君子；敬安務得，所以為小人。」

（《四書章句集注·論語集注·里仁篇》）

錢注為：

> 懷，思念義。德，指德性。土，謂鄉土。小人因生此鄉土，故不忍心離去。君子能成德性，亦不忍違棄。……刑，刑法。惠，恩惠。君子常念及刑法，故謹於自守。小人常念及恩惠，故勇於求乞。

〔註9〕

我們首先來分析原文。這一章十六個字是明顯分為兩組，既可以用「君子」「小人」為標誌來分，也可以直接從中間斷開。無論如何分，都是兩兩相對。關鍵是要先理清其中的內在理路。朱注用「固有之善」來解釋「德」，用「所安之處」解釋「土」，用「法」來解釋「刑」，用「利」來解釋「惠」，並總結說「君子小人趣向不同，公私之間而已」，這依然是在「天理」與「人欲」對立的框架下解經，抓住了君子與小人兩相對立的事實，有一定道理。只是「懷德」與「懷刑」，「懷土」與「懷惠」之間到底應是何種關係，在朱注則沒體現出來，因此也就很難說朱注就切中原文。

錢注有和朱注相通處，但更多的是不同。錢注釋「土」為「鄉土」，說「小人因生此鄉土，故不忍心離去。君子能成德性，亦不忍違棄。」這明顯不是以「德」而是以「位」在說君子小人。而後面又說「君子常念及刑法，故謹於自守，小人常念及恩惠，故勇於求乞。」這又是以「德」在說君子小人。這樣，不光是「懷德」與「懷刑」，「懷土」與「懷惠」之間到底應是何種關係沒說清，連在何種意義上談君子與小人也分不清了。況且，只「念及刑法，故謹於自守」的人與前面談的「懷德」的君子之間也沒有了相似點。因此，這種力圖深入「君子」和「小人」內心深處來理解他們的結果，是使注解不再成為注解。

〔註 9〕 錢穆：《論語新解》，東大圖書公司，1988 年版，第 126～127 頁。

　　究竟孰是孰非，作為後學的我們只能從《論語》文本出發，在把握了文本的內在理路的基礎上，查找資料，才有可能給出一個更為合適的解答。

　　首先我們必須肯定的是，這一章中的君子和小人或是就「德」言或是就「位」言，不能是在二者之間游離。而依據本章前後章多談「仁」的特點，此章的君子與小人應是以「德」言。既然就言「德」，那麼君子和小人顯然是截然不同的。「鄉土」和「德性」不能夠成鮮明的對立，所以不能解「土」為「鄉土」。其次，還要看「刑」與「惠」的關係。如果君子就是「常念及刑法，故謹於自守」或「畏法」的話，那也不足以稱之為君子，否則，君子的「德」從何體現？又與小人的汲汲於「利」何以別？再次，「懷德」與「懷刑」，「懷土」與「懷惠」之間僅是一種簡單的並列關係嗎？顯然也不是。

　　那麼到底應該如何理解這一章呢？可以說，對於這一章的解釋歷來是眾說紛紜。何晏引孔安國的注釋為：

　　　　懷，安也。……刑，法制。(《十三經注疏・論語注疏・里仁篇》)

楊伯峻認為：

　　　　古代法律制度的「刑」作「刑」，刑罰的「刑」作「井刂」，從

　　刀井，後來都寫作「刑」了。這「刑」字應該解釋為法度。〔註10〕

楊注的這個「法度」和朱注的「畏法」的「法」有相通之處，只不過朱注解釋得不具體，且「畏」字用得不好。可以說，楊伯峻的訓解代表了最普遍的意見，「刑」的原義也即是「正人之法」。但是這裡面也有一個問題，如果訓「刑」為「法度」的話，那麼君子就不再需要有作為，「德」與「刑」之間也就沒有了一種動態的的關係，君子的「德」也就無法在行為上體現出來。因此，楊注的解釋也不能讓人滿意。

　　仁者必然是智者，君子必須是德行兼備。《後漢書》中曾引孔子的話說：

　　　　智者見變思刑，愚者睹怪諱名。(《後漢書・李固傳》)

這裡的「刑」和《周禮》中「刑」的意思有相通之處：

　　　　天子立司寇，使掌邦刑，刑者，所以驅恥惡，納人於善道也。

　　(《周禮注疏・卷三十四》)

　　　　刑者所以糾正天下，故云「糾萬民」也。(《周禮注疏・卷二》)

〔註10〕楊伯峻：《論語譯注》，中華書局，1980年版，第38頁。

　　　　大司寇之職，掌建邦之三典，佐王刑邦國，詰四方。

　　《周禮·秋官·序官》

這裡的「刑」本義都是「法」，但到了「佐王刑邦國」這裡，「刑」在本義的
基礎上就引申出了「以正人之法進行治理」的意思。如果我們把「刑」理解
爲「治理」，那麼，「懷德」是內是因，「懷刑」是外是果；同樣，「懷土」也
是內是因，「懷惠」也是外是果。這樣一來，這一章也就基本理順了。

　　再舉一個例子。在《陽貨篇》中涉及到了孔子唯一的一次談到「性」的
問題。而這一句「性相近習相遠」也衍生出了孟荀在此問題上的巨大紛爭，「性」
也成爲了宋明儒學的一個核心命題，尤其是程朱理學，更是主張「性即理」，
並反過來用「性即理」的思維來注解孔子的原文，這也就出現了清儒所說的
「增字詁經」的毛病。朱注的原文是這樣：

　　　　此所謂性，兼氣質而言者也。氣質之性，固有美惡之不同矣。

　　　　然以其初而言，則皆不甚相遠也。但習於善則善，習於惡則惡，於

　　　　是始相遠耳。（《四書章句集注·論語集注·陽貨篇》）

錢穆認爲朱注在這裡犯了「不曾嚴格分別本義與引申義」（《新亞遺鐸·談論
語新解》）的錯誤，因爲在孔子的視域中，還沒有氣質之性與天命之性的概念。
於是，爲了避免出現朱注那樣的問題，錢注採取了避輕就重的做法：

　　　　子貢曰：「夫子之言性與天道，不可得而聞。」《論語》惟本章
　　　　言及性字，而僅言其相近。性善之說始發於孟子。蓋孔子就人與人
　　　　言之，孟子就人與禽獸言之也。孔子沒而道家興，專倡自然，以儒
　　　　家所言人道爲違天而喪眞，故孟子發性善之論以抗之。然亦未必盡
　　　　當於孔子之意，故荀子又發性惡之論以抗孟子。本章孔子責習不責
　　　　性，乃勉人爲學。〔註11〕

錢穆雖然沒具體闡發「性相近」的含義，但卻準確地分析了孔子說這句話時
的心理狀態，也即是品出了言外之音，即「責習不責性」、「勉人爲學」。也就
是說，「性」在孔子那裡不是要闡述的重點，而「習」才是孔子眞正要強調的
地方。或者說，正是因爲孔子言有側重，所以錢穆就沒有具體解釋「性」，這
樣也變規避了矛盾。事實上，孔子爲學的一貫精神是「知之爲知之，不知爲
不知」，對於自己不能確定知道的東西，孔子從來不強不知以爲知，他只看重
後天的生成，不講先天的本原，因此他才罕言性與天道的問題。

〔註11〕錢穆：《論語新解》，東大圖書公司，1988 年版，第 615～616 頁。

但在解釋下一章「唯上知與下愚不移」時，兩注則犯了類似的錯誤。朱注這樣說：

> 此承上章而言。人之氣質相近之中，又有美惡一定，而非習之所能移者。(《四書章句集注·論語集注·陽貨篇》)

錢注這樣說：

> 本章承上章言。中人之性，習於善則善，習於惡則惡，皆可遷移。惟上知不可使爲惡，下愚不可與爲善，故爲不可移。〔註12〕

本章的確是承上章而言。但孔子的意思只是「勉人爲學」，並未談到學習的內容對人的影響的問題。注重學習的內容與環境對人的影響，這是墨子和荀子要強調的重點而非孔子。孔子強調的只是學習對人的重要性，且補充說只兩類人「不移」，一是「上智」，因爲他們是「生而知之」者，不用學；另一類人是「下愚」，因爲他們不想學或不能學。除此兩類人是特例之外，則人人可學，人人可以通過學習使自己變得更好。而錢注在這裡也犯了「增字詁經」的毛病，朱注在這裡雖沒有展開解釋，但思路和錢注基本是一致的。孔子只說學習可以使人「相遠」，何曾說學習的不同內容會使人向上移或向下移？而且錢穆後面的解釋和前面的解釋又自相矛盾，他說：

> 孟子言：「人皆可以爲堯舜」，惟「自暴自棄」者不然。此與孔子言若有異。然孔子「困而不學，民斯爲下。」則下愚亦因其不學耳。故荀子又曰：「人皆可以爲禹」，不言堯舜而轉言禹，亦孔子勸學之旨。〔註13〕

可以說，錢注後面的這些分析是切合孔子原意的，但語言前後之間的矛盾也自此顯現。

四、總　結

毋庸置疑，無論是立足於「人心」的錢注本還是立足於「天理」的朱注本，都是能爲後學指點出一條入學門徑的好注本。但作爲後學的我們也應該看到，任何注本都會有瑕疵，求全責備固然不應該，但只學不思恰恰背離了先賢們爲學的初衷。雖然解讀《論語》不能沒有時代性，但重要的是在解讀的過程中努力避免人爲因素的干擾。能做到宏觀的「一以貫之」固然是好，

〔註12〕錢穆：《論語新解》，東大圖書公司，1988年版，第616頁。
〔註13〕錢穆：《論語新解》，東大圖書公司，1988年版，第616頁。

但再一般性的理論也有其不能通行的時候。只有依據歷史與邏輯相統一的原則，才能有望還經書原貌。

（該文原載於《合肥學院學報》，2013 年第 1 期）

致　謝

風景一如以往之迷人，我卻要匆匆地趕路！

——題記

人世間的風景很多，有自然方面的，有生活方面的，更有人情方面的；或許是因爲我曾經過於貪戀風景忘記了趕路，也或許是因爲我期待未來能有更多的時間和更好的心情欣賞風景，我此刻選擇或被選擇了匆匆趕路。

正因爲匆匆趕路，才有了手中這本擺放了二十幾萬個方塊字的論文；正因爲趕路匆匆，才有了論文中二十幾萬個方塊字的胡亂擺放。我的滿足與惶惑並存，我期待有一天我沒有後者。爲了這樣的一天早點到來，我還要匆匆趕路。雖然心裏很明白，我期待的很可能只是那個「戈多」。

無論如果，博士畢業的我，已經在路上。我還要趕路，但不能時時帶著這本擺放了二十幾萬個方塊字的論文趕路，也就是說，從此刻開始，它可以脫離我，與我並存於時間的脈絡中，並有時作我的代言人，雖然此是我惶惑中之惶惑者，但它畢竟已是一獨立的個體，這個個體有它存在的理由。爲此，作爲一個最瞭解論文內情的人，我要爲它說幾句話，讓以後見到它的人能知道與它有關的人和事。

其一，這個論文見證了師長們襟懷的博大與治學的嚴謹。

還記得兩年前論文選題的時候，因爲準備不充分，開題報告寫得非常之艱難。在見導師張豈之先生前，謝揚舉老師打算先行瞭解我們對論文的準備情況。看著別的同學手中厚厚的開題報告，聽著他們思路清晰的論文設想，我蒙掉了：我有什麼？我手中只有可憐的一頁紙，我嘴上更說不出個子午卯

酉。輪到我發言的時候,我清楚地記得那時我只說了一句話:謝老師,您不要罵我!謝老師沒有罵我,我很感謝他。

在和導師面談開題報告的時候,雖然已有了一些準備,但心中依然是忐忑。作爲張先生那樣出名學者的學生,我眞的怕我的一句無知的話語觸怒了他老人家。但是,老人家沒有,他自始至終都面帶微笑,還說我的精神狀態好,選題好,並提了很多有價值的意見,我感謝他!

在正式開題之前,方光華老師已寫來親筆信,肯定了論文選題的價值並幫我預見了寫作中可能遇到的問題。在開題報告會上,我以花哨的幻燈片和高聲的開題發言,力圖轉移師友們對我開題報告本身的興趣和掩飾我的心虛。但一切都是徒然,張茂澤老師高屋建瓴地幫我設計了論文的框架,鄭熊老師一針見血地指出我開題報告的諸多問題,師弟程鵬宇、代超熱心幫我籌劃論文的寫作,我感謝他們!

開完題後,我又暈頭轉向了,因爲我知道自己沒有能力同時駕馭有關錢穆和朱子這兩大家的資料。但是因爲還是沒有明確的研究側重點,所以,之後很長一段時間,我都只是埋頭讀書,不問論文。這種情形持續了近一年。

漸漸地,我發現,我的興趣點在錢穆,於是一度扔下「朱子學」。待只寫作錢穆這個想法明晰起來後,我向所裏提出了修改論文題目的申請。在我看來很小的一件事,在所裏掀起了一場我所沒想到的波瀾。張軍師兄苦口婆心地勸我不要這樣衝動,謝老師、鄭老師等諸位老師更是聚在一起探討我新的論文題目的寫作價值及寫作成功的可能。後來達成的一致見解是:堅持原題。現在想來,自己當初之所以要放下「朱子學」,主要是因爲存在畏難情緒。沒讓我在困難面前退縮的,是我的師友,因此,我感謝他們!

還是我的師友,在論文的具體撰寫過程中,時時發來關切與鼓勵,時時提出建設性的意見和建議,所以,我爲這本即將脫離我「獨立」出去的論文,感謝你們,我的師長與學友!

如果說,學校是論文寫作的前方陣地,那麼,家就是論文寫作的後勤保障。我的父母都已年近古稀,可爲了支持我的學業,他們毅然幫我擔負起了撫育幼女的責任。從出生一個多月到至今的四歲半,活潑可愛但也淘氣頑皮的女兒就在東北一個偏僻農村的姥姥家裏生活。每當想到別人家的老人在同樣的年紀都已享上清福,別人家的小孩都是他父母身邊快樂成長,我心裏就無比的愧疚;每當想到家裏老的老、小的小,老人和小孩子

都無人照顧，我就無比的自責。爸、媽、寶寶，我欠你們的，以後會加倍補償！

　　常言說，「大恩不言謝」，說的是恩情深重，言語已不足以表達。即使如此，我也要以我蒼白的語言，辭不達意地正式地說：我衷心地感謝所有幫助過我的師長與學友，感謝我的一家老小，感謝所有直接或間接幫助過我的人！

　　過去的時光，已經交給了歷史；現在的時光，也正走進歷史。歷史於我，是駝峰之於駱駝。我不是背著包袱前行，而是載滿能量出發。至於未來是什麼樣子，我不知道也不想知道，我此刻所能做也是應該做的，是擺放好面對未來的心態。這讓我想起了列文森在《儒教中國及其現代背景》一書結尾處講述的那個猶太故事：有一個人，每當面臨一項困難的任務時，他總是到叢林中的某個地方，點燃一堆火，並默默地禱告，於是他要完成的任務就都完成了；他的下一代面臨同樣的任務時，也進入叢林，說：我再也不能點火了，但我們仍能默默地禱告，結果，他也完成了任務；這個人的再一代也面臨了同樣的任務，這時他也走進了叢林，說：我們再也不能點火了，也不知道禱告者的冥想是什麼，但我們還知道叢林中屬於所有人的這個地方，之後，他的任務也出色地完成了；再後來，他的更後面的子孫也面臨了同樣的任務，那個人坐在他大樓的金椅子裏，說道：我們不能點火，不能禱告，也不知道叢林中的那個地方，但我們知道這項任務是怎樣完成的。

　　最後面的那個人完成任務了嗎？這已不是問題，因為講故事的人想告訴我們的我們已明白。這個故事中的所有人物在我眼裏，更像同一個人不同人生階段的形象化展示。我們從原始處走來，我們身上曾有很多跟「天」很近的東西，因此那時我們可以依靠「神示」來完成任務；但隨著我們越走越遠，我們就越來越得不到來「神」的幫助，我們所能藉以依靠的東西越來越少，之後使人明白了：以後真正能幫助自己的，只能是你自己！